# 从中亚古道到新大陆
# 哈佛汉学史话

李若虹 著

上海文艺出版社

## 歷代小史卷之六十三

### 松漠記聞

宋 洪皓 撰

女眞即古肅眞國也東漢謂之挹婁元魏謂之勿吉隋唐謂之靺鞨開皇中遣使貢獻文帝因宴勞之使者及其徒起舞於前曲折皆爲關之狀上謂侍臣曰天地間乃有此物常作用兵意其蠢分六部有黑水部即今之女眞其水掬之則色微黑契丹目爲混同江其江甚深狹處可六七十步闊處至百步唐太宗征高麗靺鞨佐之戰甚力駐蹕之敗高延壽高惠眞以衆及靺鞨兵十餘萬來降太宗悉縱之獨坑靺鞨三千人開元中其酋來朝拜爲勃利州刺史遂置黑水府以部長爲都督刺史朝廷爲置長史監之賜府都

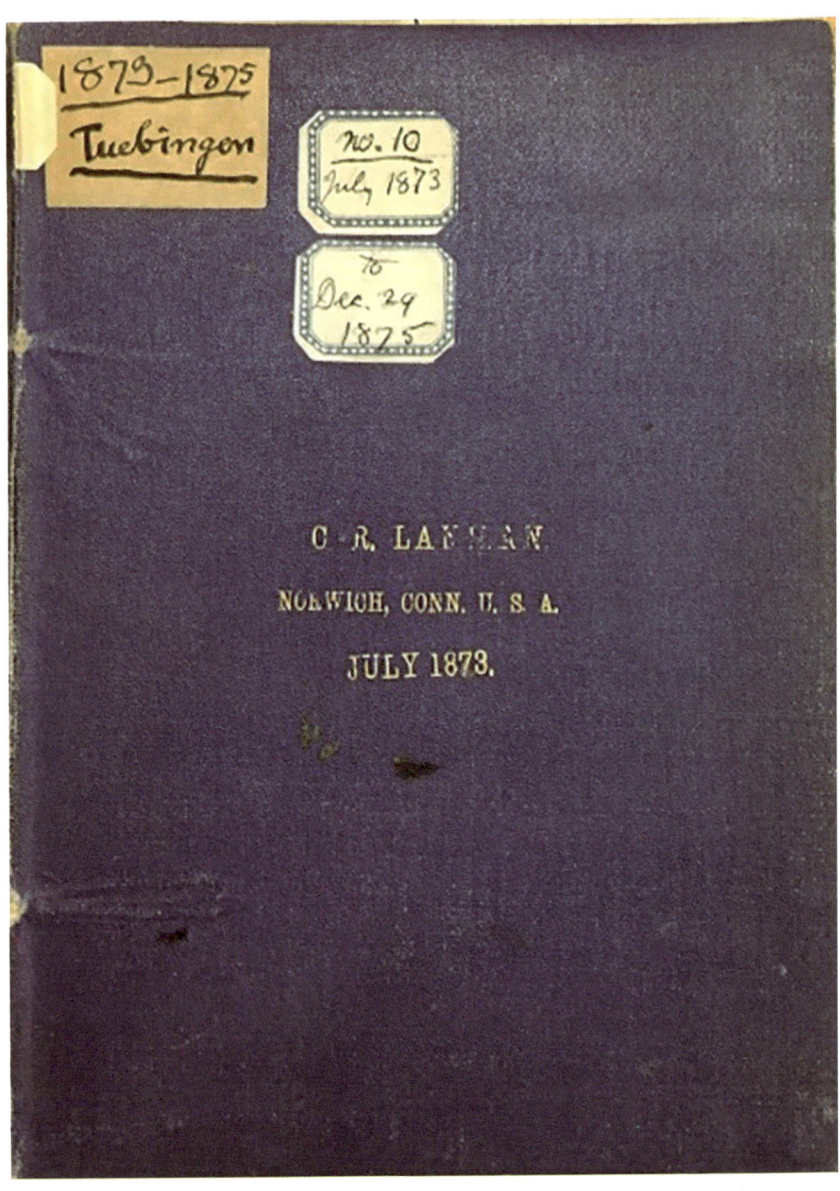

蓝曼日记封面

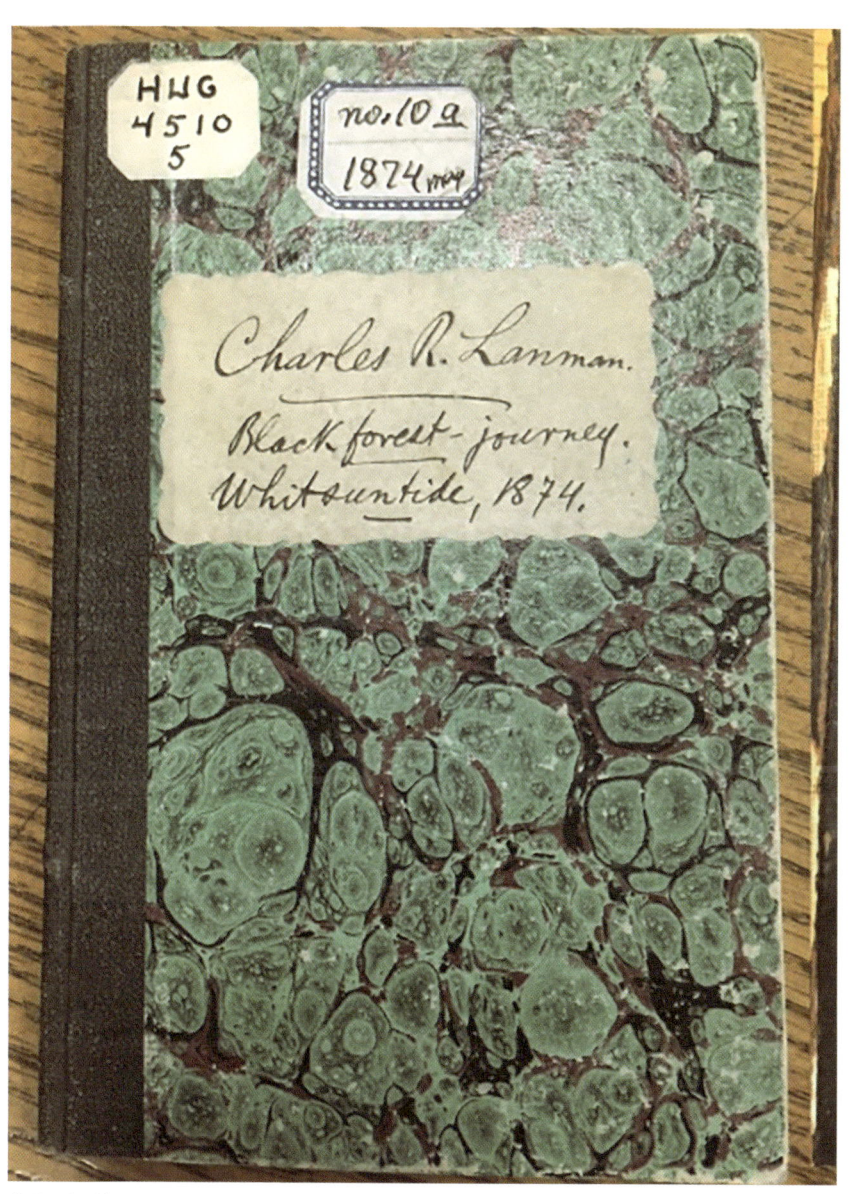

HUG 4510 5

no. 10a
1874 may

Charles R. Lanman.
Black-forest-journey.
Whitsuntide, 1874.

蓝曼日记封面

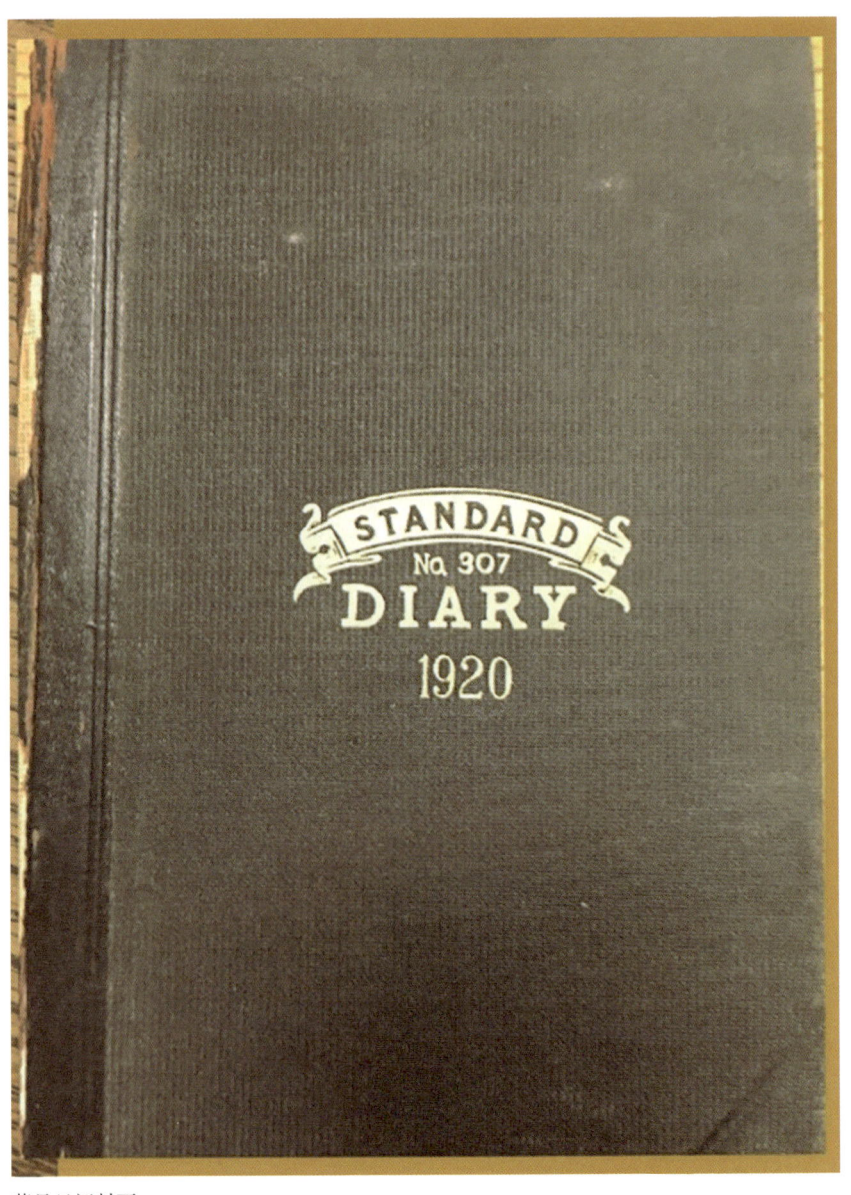

蓝曼日记封面

Paris
November 1, 1937

Doctor Serge Elisséeff
Director of the Harvard-Yenching Institute
Boylston Hall
Harvard University
Cambridge, Massachusetts

Dear Doctor Elisséeff:

    At this time I have the honor of submitting to you a general report relative to the courses of study which I have followed during this past academic year and the use which I have made of the fellowship granted to me by the trustees of the Harvard-Yenching Institute for the year 1936-1937.

    In order to prepare myself adequately for the lectures and courses which I was planning to follow in Paris, I devoted myself entirely to the study of French from the first of September to the first of November inclusive in the Alliance Française (101 Boulevard Raspail). In passing, I would like to remark that I was very favorably impressed by the quality and method of instruction at the Alliance Française.

    At the beginning of the academic year I registered at the Ecole Nationale des Langues Orientales Vivantes and at the Sorbonne. At the E.N.L.O.V. I followed throughout the year the third year course in Chinese conducted by M. Demiéville. The course is described in the *Livret de l'Etudiant* (1936-1937, p.240) as follows: "Les lundis, à 9h. 30, étude de textes anciens choisis dans tous les genres de la littérature chinoise (3e année)." As a matter of fact, many of the texts read were selected from the writers of the Sung, Yüan and Ch'ing periods.

At the Sorbonne I followed courses in three branches of the Faculté des Lettres, namely:
1. Institut des Hautes Etudes Chinoises
2. Institut de Civilisation Indienne.
3. Ecole Pratique des Hautes Etudes.

At the Inst. des H.E.C. I followed the course of M. Pelliot described vaguely as "Bibliographies chinoises, le jeudi, à 16h. 15" in the *Liv. de l'E.* p.189. In this course we translated some bibliographical notices and M. Pelliot devoted several lectures to the origin and development of printing in China.

At the Inst. de Civ. Ind. I followed the "Lecture commentée du Lalita-Vistara, mercredi, à 16h. 30" (*Liv. de l'E.* p.227) conducted by M. Foucher. I prepared and translated the text at each meeting of the course.

With M. Bacot at the Ecole Pratique des Hautes Etudes I began my study of Tibetan. The description of the course in the *Liv. de l'E.* (p.225) is very exact: "Les vendredis à 11 heures: Le verbe parlé et le verbe écrit.—Explication de textes modernes. La guerre des oiseaux et des songes par le 11e Dalaï-lama."

In January M. Pelliot and M. Maspero opened their courses at the Collège de France. With M. Maspero I followed the "Etude des textes taoïstes des six Dynasties, les samedis, à 14 heures." (Liv. de l'E. p. 214) and "Recherches sur l'histoire du Bouddhisme en Chine avant les T'ang, les mardis, à 14 heures" (Liv. de l'E. p. 214)

On Mondays at 3.30 P.M. M. Pelliot gave his very interesting course on "Les voyages de Marco Polo" (Liv. de l'E. p. 214). This I followed as well as his course entitled "Explication de documents turcs et mongols, les vendredis, à 11 heures." (Liv. de l'E. p. 214). This description of the course is not quite exact: Inasmuch as there were several serious students interested in doing Mongol and, further, inasmuch as they were all beginners, M. Pelliot decided to give a good beginner's course. Consequently he devoted several lectures to the morphology and syntax of Classical Mongol before starting us on a text. As a text we read the second chapter of the "Üligärün Dalai (Sea of Comparisons) edited by Schmidt in his Mongol Grammar (St. Petersburg 1832)

For the purpose of my study, I availed myself naturally of the facilities available in the various Institutes and Schools which I have mentionned above. In particular, I worked with the library at the Inst. des H.C. and at the Inst. de Civ. Ind.

Aside from my formal course work, I did much work of a bibliographical nature in order to become more familiar with the books of references and scholarly publications available in western languages to students of Far-Eastern studies. I have read many articles by leading scholars such as Prof. Pelliot and Prof. Maspero in order to learn more about their method of scholarship.

At the close of the academic year in Paris, I left on the 29th of June for Heidelberg, Germany. At the University of Heidelberg, I took the course in German for foreigners. The course lasted for six weeks. During my stay in Heidelberg, I was able to take several interesting trips. I spent four days in München on the occasion of the inauguration of the Haus der Deutschen Kunst, took the Rhine trip as far as Koblenz and took an interesting trip to Frankfort as well as one through the Odenwald region. At the end of my course in Heidelberg, I returned to France to visit the Exposition Internationale and then

柯立夫致叶理绥信

went from Paris to Ambleteuse (Pas de Calais) where I spent almost a month on the beach as the guest of an American friend, Mr. Wilbur Albertson. Although my stay at Ambleteuse afforded me a pleasant vacation, it gave me a wonderful opportunity also to improve my French.

From Ambleteuse I returned to Heidelberg where I passed a week before going on to Nürnberg and finally Berlin. In Berlin I had the pleasure of meeting Prof. Haenisch and also his son who is in charge of the Chinese and Japanese books in the Staatsbibliothek. Through their kindness I was able to see the collection there. I visited naturally the Sinologisches Institut on Breitestrasse as well as the Museum für Völkerkunde to see the collection of things brought back from Central Asia.

After spending three weeks in Berlin, I went on to Brussels where I stayed a week before returning to Paris.

With my fellowship, which has permitted me to live very comfortably and has adequately covered all my expenses of travel, registration fees and numerous incidental expenses, I have been able to buy many books important for my study. I have acquired, in particular, such works as the T'ai Chan of Chavannes which are out of print and difficult to find.

柯立夫致叶理绥信

In closing, I am certain that I need not emphasize the fact that, aside from my formal study as such, my year in France, together with my long vacation in Germany, has afforded me many cultural advantages and has been instrumental in bringing me into contact with many nice and interesting people.

I take this opportunity to thank once again the trustees of the Institute and its Director for making it possible for me to continue in this way my Far-Eastern studies. I trust that the work I have done and shall do will meet the full approval of the Institute to which I am deeply indebted. Believe me, Doctor Elisseeff, to be very sincerely yours,

Francis W. Cleaves

柯立夫致叶理绥信

a work of this sort? Could the Institute grant a certain sum of money so that I could have some scholars of Tibetan to assemble the material from Tibetan sources? I look forward, justice, to the same thing for Mongolian studies. More about that later.

My present program shapes up as follows

| | M. | T. | W. | T. | F. | S. |
|---|---|---|---|---|---|---|
| 9. | 白話 | 白話 | 白話 | 白話 | 白話 | 白話 |
| 10. | 蒙҈ | 蒙҈ | 文話 | 文話 | 蒙҈ | 蒙҈ |
| 11. | | | | | | |
| 2. | 白話 | 白話 | 白話 | 白話 | 白話 | 白話 |
| 3. | 隨便看書 | | 文話 | 文話 | 隨便看書 | |
| 4. | | | | | | |

Just before closing this letter I wish to state that I went to the funeral of the late Mrs. Ferguson, representing, as it were, our Institute. I thought that you might like to have me do this, although, of course, I did not know the deceased.

In a few days I shall send you the continuation of this letter.

Very sincerely yours,

Francis W. Cleaves.

P.S. Have just heard that Mr. Goodrich is on Japan on his way out to...

柯立夫和洪业在哈佛园内赑屃石碑前，约二十世纪五十年代（Harvard-Yenching Library）

作者在毕业典礼上和孔飞力及杜维明教授合影

杨联陞下围棋

梵文图书馆

哈佛燕京图书馆馆藏纳西东巴经文

# 序：在哈佛回望学术史

葛兆光

我不太敢轻易给人写序，主要是担心自己知识太狭窄，理解有偏差，弄不好就成了古人痛斥的"佛头着粪"。不过，我倒很愿意给李若虹博士这部《从中亚古道到新大陆》写一个介绍，这是因为我有幸先看了书稿，对她书中讲的故事特别有兴趣，也引发了我对二十世纪学术史的一些思索。下面，就是我不成片断的感想，其实，主要是借了李若虹书中提到的各位前辈学人，谈谈二十世纪学术史上的一些问题。

## 1

蓝曼（Charles Rockwell Lanman，1850—1941）留在身后的日记，跨越了十九世纪下半叶和二十世纪上半叶。七十来册日记本，除了岁月的磨损和留痕，一本本依然齐整无缺。最早的一本记于1863年，距今足有一个半世纪。1880年之前的本子，大小、封面色彩不一，但是之后用的全是当年康桥日记本公司出产的清一色黑封皮本子。

李若虹《从中亚古道到新大陆》书中的这段话，原本只是交代她使用的资料，却勾起了我当年在哈佛燕京图书馆借阅杨联陞日记的记忆。杨联陞先生的日记也是这样，基本上用的是同一款每年发行的日记本，那四十四本日记，记录了杨联陞先生在哈佛大半生的喜怒哀乐，以及二十世纪下半叶北美中国学界一大批学者的学术踪迹。也许，这个曾是陈寅恪梵文教师的蓝曼的七十来册日记，也同样是哈佛的东方研究的学术留痕？

我没看过蓝曼的日记，不能妄测它的内容与价值。不过，日记总是研究有关学者最有价值的资料。有几年，我在普林斯顿和余英时先生常常聊起各种学者日记的内容，除了胡适外，聊得最多的是杨联陞、吴宓、金毓黻和邓之诚那几种。余先生跟我说，学术界是有故事的地方，学术史也应该有故事，但故事并不是八卦，也不是花边，是让人读其书知其人懂其学的"药引子"。至今我还记得，他当时还用了《西游记》中"无根水"的比喻，说听了学者的故事，就更容易理会学者的心情和学问，就好像有了药引子就能逼出药力一样。当然，想了解过去的学者和学术，除了日记之外还有书信和档案。哈佛是个好地方，出身欧美的哈佛名学者多，从中国到哈佛的名学者也多，自然在那里留下很多资料，对学术史有兴趣的中国学者到哈佛，往往会去淘这些资料，像中国的陈寅恪、汤用彤、吴宓，也有跟中国有关的钢和泰、拉铁摩尔。2014年，我在哈佛燕京图书馆就专门去翻过洪业（煨莲，1893—1980）先生留下的档案。这些资料陈毓贤当年写《洪业传》的时候可能看过，不过我没问过陈毓贤女士，尽管2023年4月在香港，我曾有机会多次和她聊天，现在想起来，居然忘记问她这件事儿，还真是有些懊悔。

从1993年李若虹从牛津到哈佛，她已经在哈佛待了三十年。三十年里，她不仅在哈佛读了博士学位，还在哈佛燕京学社任职好多年，就像她自己写到的，她不仅可以看到蓝曼和杨联陞留下来的日记，而且可以去哈佛档案馆、哈佛燕京图书馆、霍顿图书馆翻阅授予胡适荣誉博士的文件、柯立夫给叶理绥的长信，拉铁摩尔给华尔纳的函件，和艾伦教授1980年访问中国的笔记。就在哈燕社她自己的办公室里，居然也"整整齐齐地存放有一套洛克的档案资料"。这种得天独厚的条件，是外人无法企及的。因此，她的这本书，就有让我们站在哈佛，通过学者的故事了解学术史的意义。

## 2

有人说，如果你站在哈佛广场，没准儿十分钟就会遇到好几个名声赫赫的大学者，他们可能在引领如今国际学界好些个热门话题。当然，如果深入哈佛几十家图书馆去追寻旧时的档案，也许你还会看到前后相继的诸多学者，以及他们所象征的国际学术风云变幻。王德威教授曾跟我开玩笑说，哈佛总是熙熙攘攘，车水马龙，真像是个"东西水陆大码头"。不过，若是想回头看20世纪国际学界潮起潮落，人来人往，在哈佛确实太方便。

如果，1920年你在哈佛广场，你也许会遇见夹着布包，彳亍独行去蓝曼家听课的陈寅恪，那时候他住在特罗布里奇（Trowbridge）街，让人吃惊的是那所老房子依然还在。2014年我访问哈佛，就住在这个寓所五十米外，每天经过时，我都会看看左边一楼的窗户是否还亮着灯，想象他从那里一拐弯就到了哈佛广场。如果你1944年或1945年在哈佛广场，也许会遇到胡适，那一年，胡适应邀在哈佛大学远东系客座任教，这是作为哈佛荣誉博士的胡适，唯一一次在美国正式授课，就在那时候，胡适为授课写下中国思想史英文大纲，很羡慕那时听课的学生们，因为我们直到半个多世纪之后，才看到这份英文大纲的出版。那时候，在胡适身边总是围绕着一批来自中国的年轻学者，包括周一良和杨联陞。当然更多的时候，你会在哈佛广场看到费正清、柯立夫和魏鲁南，因为他们都在哈佛任教，费正清的住处离哈佛广场，也就两分钟的距离。

你不得不承认，风水轮流转，时势比人强。正如李若虹说的，"二十世纪二十年代是新大陆'兴旺的十年'（the Roaring Decade）。美国的社会生活正经历巨大的变化，新财源开始大量进入文化、教育、艺术和娱乐界，随之图书馆、艺术馆和博物馆馆藏有了史无前例的拓展。以波士顿为例，十九世纪后半叶创建的哈佛大学阿诺德树种园、波士顿公共图书馆和美术馆等都获得突飞猛进的发展，许多博物馆致力于艺术品和古董收藏，出现了一段'博物馆时期'（Museum Period）"。这使得美国逐渐取代了欧洲，哈佛成了亚洲研究的重心。不过，换一个方向，你也不得不承认，哈佛校方、美国商人，当然加上哈燕社，真的很有眼光，很国际化，也对真有学问的学者敏感。

有人说，当校长只有两件事，一件是募款，一件是找人，而商人也只有两件事情，一件是赚钱，一件是花钱。我看到李若虹书里记载了当年哈佛校长从艾略特到洛厄尔，审计师兼收藏家卡尔·凯勒（Carl T. Keller，1872—1955）以及哈佛燕京学社，他们与斯坦因、伯希和与蓝曼之间的故事。斯坦因由于有了支持，能够再度奔赴中亚；蓝曼因为受邀到了哈佛，成就了这里的梵文学；伯希和因为哈燕社的邀请，在那里上了一学期的艺术史课，还在博物馆做了演讲。我就觉得，哈佛校长真的是找对了人，而凯勒和萨克斯筹资有方花对了钱，哈燕社请对了学者。

也就是因为这样，渐渐地，哈佛才成为哈佛，成为国际学界的"大码头"，也成了东方学的大平台。这才出现了李若虹所说亚洲之学的转变，"十九世纪末二十世纪初，欧洲人对中国的向往是空前的"。继而出现的西方汉学及其发展，都离不开这些学科的开拓者。但这一领域起源于欧洲，二战后转移到美国，推动了美国亚洲学的研究。

所以在哈佛广场，你会看到"天才成群地来"。现在流行"穿越"这个词，说的是超越时间阻隔，把过去、现在和未来打通，但实际上"穿越"只是想象，今人能够看到古时月，却很难见到旧时人。不过，学术史需要做的，就是让过去的学者和现在的学者，穿越时空作"无尽的对话"——"无尽的对话"好像是科林武德的名言——如果在这种隔空对话中，后人对前辈，既能读其书，还能见其人，那就更有意思，因为在李若虹的书里，不只有故事，还附上了好些珍贵的照片。说实在话,我看这些照片的感受也相当新鲜。二十世纪初,日本学者服部宇之吉和姊崎正治的老照片,1950年代,柯立夫和洪业在哈佛园内赑屃石碑前的合影,我都是头一次见,而在书中看到斯坦因、蓝曼和柯立夫的手迹,更让我觉得亲切。

故事加上照片,让那些记忆中的学者们一个又一个地从历史中走出来,好像面对面地给我们讲过去的学术故事。

## 3

不过,也许因为李若虹本人是藏学和内亚研究出身吧,她的这部书中提及的学者里面,最多的是研究中国四裔(多指夷、蛮、戎、狄)的学者。

像前面说到的斯坦因(Marc Aurel Stein,1862—1943),"在二十世纪二十年代,他是丝绸之路上最重要的考古学家、探险家,也是一位地理学家",被了不起的学者伯希和称为"中亚的领衔人(the Dean of the Central Asia)",他一生都把精力放在西域,1915年之前三次探险的成绩,尽管曾被中国视为"劫掠",但在国际学界却获得崇高声誉,也使得凯勒对他那么着迷,费尽心力给他筹措第四次探险的经费;蓝曼呢,是专研印度梵文的教授,一生的兴趣除了划船,就只是教梵文、研究印度文字学和编辑"哈佛东方丛书";而柯立夫(Francis W. Cleaves,1911—1995)的兴趣是研究蒙古和北方游牧族群历史,"整个学术生涯倾注于对一系列蒙古碑文和《蒙古秘史》的翻译和诠释,致力古蒙文和汉文的语文学、文献学和历史比较语言学",正因为他在蒙古学方面的贡献,1953年荣获法国"汉学儒莲奖"(Stanislas Julien Prize)。而被李若虹干脆称为"游牧学者"的拉铁摩尔(Owen Lattimore,1900—1989)研究的就是中国边疆或者说四裔,他的名著《中国的亚洲内陆边疆》(Inner Asian Frontiers of China),大概很多人都读过,而作为中亚的探险者,就连斯坦因都称赞拉铁摩尔夫妇在探险方面"充满了勇气、胆量和远征的能耐"。就是那位通常不被看作是汉学家或中国学家的洛克(Joseph Rock,1884—1962),虽然是以异域博物之学著称,其实也是云南纳西历史和语言文字的专家,研究领域从植物学、鸟类学到西南边疆的人文地理、纳西宗教、语言和文化,如果没有他的收藏,哈燕图书馆不会有这么好的纳西文字文献的收藏。而李若虹本人求学时亲身接触的中国学者陈庆英和美国学者范德康(Leonard van der Kuijp),也是藏学专家。而全书第一篇写到的马继业(乔治·马戛尔尼,George Macartney,1867—1945),虽然他的中心舞台在新疆的喀什,工作是担任英国政府驻喀什的总领事,但他也是英国收藏的一部分库车文书,即婆罗谜文佛经写本的收集者。

我想,这当然是李若虹专业的偏好,不过,其实也可以看作二十世纪有关亚洲和中国学术大势的侧影。我曾经说过,二十世纪的西洋和东洋,对于中国研究的重大变化之一就是"空间放大",更注重中国的"四裔",也就是把研究视野放大到整个亚洲,不再仅仅围绕中原王朝或汉族世界,也不再仅仅依赖传世的汉文经典文献,甚至也不再仅仅围绕着传统的历史和语言。特别是敦煌的发现，实际上是把亚洲东部经由西域和世界联系起来。正是在这种学术潮流中，"殊族之文，异域之史"成了预流的学问，而李若虹笔下那些在哈佛来来往往的学者，也正好呈现了这个时代的某种学术趋向。

4

不过，在李若虹的书里，我们不仅看到二十世纪上半叶亚洲研究领域中关注四裔的研究动向，也看到了影响二十世纪后半程的另外一种变化，即李若虹书里说的"六十年代中期后，美国新兴的以区域研究为主的中国学取代了欧洲的传统汉学"。我想，这应该是关于中国或者亚洲研究的学术史上又一次最重要的变化。

在这一大变化过程中，李若虹书中写到的"从哈佛园到神学街"的哈佛燕京学社，以及柯立夫和杨联陞的故事，相当有象征性。正如李若虹所说，哈燕社最初的社长叶理绥来自欧洲汉学传统，所以才派了赖世和、柯立夫等人去巴黎学习，但后来主导哈佛中国学的领袖费正清，却和他理念不同。在叶理绥离任之后一年，李若虹说，"1956年年末，东亚学领域就有了一次大冲突——中国的训诂、考据学派的传统和欧洲汉学重典籍及语文学的传统，同新兴的美国中国学的发展方向和需求产生了争执"。这个冲突在杨联陞的日记中有记载，矛盾非常激烈，甚至超越学术风格和取向，到了"捶桌子、痛哭流涕的地步"。这一点和我当年读杨联陞日记的印象完全吻合，我也注意到，坚持西洋东方学和日本东洋学传统的杨联陞，对当时中国学领袖费正清的强烈不满，他不仅常常记载费正清弄权的手段，甚至会说费正清"有时太尖刻，今已高高在上，而犹如此，虽本性难移，亦是气量不足"。也许很多人记得，费正清曾被称为"汉学沙皇"，但也许很少有人知道，他和哈佛燕京学社之间，以及新兴中国学取向和欧洲汉学传统之间，会有这么尖锐的冲突。李若虹说，费正清计划拓宽远东系的领域（a broadened view of East Asian Studies），提出远东系和历史系的合作议题，居然会让杨联陞和柯立夫大为紧张，怀疑"费正清有意以历史系来并吞远东系"。

不过，也许仍是大势所趋。就像前面所说，原本叶理绥来担任哈燕社社长的时候，想把哈燕社带到欧洲东方学的传统上去，这是因为在哈佛燕京学社创办之时，"敦煌塞上及西域各地之简牍"、"敦煌千佛洞之六朝唐人所书之卷轴"和"中国境内之古外族遗文"等发现，为欧洲和法国的汉学大放异彩奠定了基础，也成为当时学界所谓"预流"的学问。所以，哈燕社早年支持的人文学，深受欧洲汉学传统影响，重文字学和文献的训诂考据，重汉地与边疆的交流和融合，也曾资助过不少边疆学与民族的考古和语言文字研究。但是，"在哈佛，费正清研究中国史的思路影响越来越大，他认为发展区域研究，以历史学和社会科学的方法取代传统汉学，才是研究中国真正有效的方法"。尽管哈燕社本身并没有太大变化，但是，整个美国对亚洲和中国研究的风气却大转向，这种转向最终成了趋势。

从李若虹的书里，你可以看到这个转向的一个侧面。

5

这部书的内容很丰富，我不能一一列举，其实，里面还写到了丹尼尔·艾伦（Daniel Aaron），写到了钱锺书，写到了孔飞力，写到了胡适，甚至还写到了波士顿的布拉特尔书店。不过，我这篇引言不打算全面地作内容介绍，而是想让读者了解，如果你想感受二十世纪有关东方学的国际学术史，也许，这本书会告诉你一些活生生的历史。这历史是一些"人物"，若干"故事"，加上很多"照片"，在这些故事、人物和图片里，不光有学术变迁的轨迹，还有学者的性格、生活和情感，更涉及东西方学者的互相刺激和彼此交流。其实，这个主题李若虹在《后记》里已经点出，她说，如果要描画二十世纪前期中西学者间的学术碰撞和交流，我们不妨找出10—15位学者来介绍，因为那个时代的国际学者并非独处而闭门造车，在他们的故事中，我们不仅能了解那时的中国学界，更能感受到国际有关亚洲或中国研究领域中外学者密切的交往和合作。

2009年和2014年，我两次到访哈燕社，在将近十个月的时间里，我也曾多次经过李若虹书中反复提到的地方，像博义思同楼旁的赑屃石碑，神学街二号的哈燕图书馆，人来车往的哈佛广场。不要说那些西方学者，就是在哈佛见到来自中国大陆的学者，都比我在国内见到的还多。这次有幸先读李若虹博士的这本《从中亚古道到新大陆》书稿，让我似乎重返哈佛，再一次站在哈佛广场上。恍惚之间，好像真的看到各路学人匆匆匆走过，在他们交错的身影和无声的步履中，再一次经历了百年学术史的风云变迁。

2023 年 10 月 5 日于上海

# 目录

| | |
|---|---|
| 序：在哈佛回望学术史 / 葛兆光 | i |
| **一抹晚烟荒戍垒，半竿斜日旧关城** <br> 马继业在喀什 | 001 |
| **从中亚古道到新大陆** <br> 斯坦因初行美国 | 029 |
| **哈佛的梵文课和世纪疫情** <br> 蓝曼与陈寅恪 | 067 |
| **心理东西本自同** <br> 杨联陞与柯立夫 | 079 |
| **卜居和飘零** <br> 胡适在哈佛任教 | 133 |
| **重识约瑟夫·洛克** | 161 |
| **记者和博物学家** <br> 斯诺与洛克 | 175 |
| **游牧学者欧文·拉铁摩尔** | 199 |

丹尼尔·艾伦与钱锺书的一段书缘　　　227

史学文人的领衔者　　　241
怀念孔飞力教授

陈庆英老师，从德令哈来……　　　255

布拉特尔书店　　　273

狱中阅读记　　　283
奇恩·塔巴克希 撰　李若虹 译

从哈佛园到神学街　　　293
哈佛燕京学社迁址忆述


后记　　　319

一抹晚烟荒戍垒，半竿斜日旧关城

马继业在喀什

本文的标题取自纳兰性德的词《浣溪沙·身向云山那畔行》:"身向云山那畔行,北风吹断马嘶声。深秋远塞若为情! 一抹晚烟荒戍垒,半竿斜日旧关城。古今幽恨几时平!"

1918 年，马继业（George Macartney, 1867—1945）从英国驻喀什总领事一职卸任。在饯行晚宴上，人们纷纷对他表示祝愿，对他的离别深表惋惜之情。8 月 11 日，马继业动身离开喀什之日，当地的英属印度居民、俄国侨民、瑞典人和汉人一起前往送别。从 1890 年开始，他先以英属印度非官方代表的身份留驻喀什，后来作为英国驻喀什的领事和总领事，在这座中亚边城生活了近三十年。继任的艾泽敦（Percy Etherton）在欢送会后写道："大家对马继业的敬业服务，表达了敬意和谢忱，难以想象还会有比这更真挚的了。显而易见，他在处理喀什事务方面有着不同凡响的影响力和公信度。"马继业素来自谦、低调，仅在这一天的官方备忘录里留下了简略的最后一笔。但了解他的为人处事和喀什的地缘政治局势的身边人都明白：这些年里，如果没有马继业，没有他持之以恒的努力，喀什的境况实难想象。[1]

---

[1] C. P. Skrine and Pamela Nightingale, *Macartney at Kashgar: New Light on British, Chinese and Russian Activities in Sinkiang, 1890-1918* (London: Methuen, 1973), p. 260. 后来担任总领事的斯克莱茵（Clarmont P. Skrine）和南丁格尔（Pamela Nightingale）历经十几年著成的《马继业在喀什噶尔》可以说是一本马继业传，但是由于个人材料的欠缺，这本书与其说是传记，还不如说是一本马继业在喀什的外交官生涯录，集中对世纪之交英俄在帕米尔高原的博弈的前因后果和争斗的复杂背景做了全面而细致入微的叙述和分析。Percy T. Etherton, *In the Heart of Asia* (London: Constable, 1925), p. 97.

十九世纪与二十世纪之交，不少英国的外交官、军人、考古学家、探险家来到中亚地区[1]，他们的足迹留在游记、政府公文和博物馆里。从寇松（George N. Curzon）到荣赫鹏（Francis Younghusband），从斯坦因（Aurel Stein）到塞克斯姐弟（Ella Sykes 和 Percy Sykes），从艾泽敦到西普顿（Eric Shipton），他们深入中亚的经历以不同形式呈现给了后人，但是对马继业，世人则所知甚少。政府公文和官方通信之外，马继业没有留下日记或笔记之类的个人资料，但幸运的是，由于他结识来往喀什的多方政府要员和不少传教士、考古学家、探险家、游客，故而被这一时期的多种游记和史料屡屡提及，后人能够从中了解他的身世和经历，进而了解世纪之交的中亚地区和当时穿越中亚的各色人等。马继业不凡的个人出身和经历，以及所驻的喀什独特的地缘政治位置，使他成为二十世纪初"大博弈"（The Great Game）中一个相当重要的人物。马继业长驻喀什稳住了当地的局势，否则汉人难以控制新疆，英国也会失去在帕米尔高原的势力和帝国的威望，而使俄国早早吞并这个地区。[2]

马继业是乔治·马戛尔尼的汉名。马戛尔尼（Macartney）家族在十七世纪从爱尔兰迁移到苏格兰，马继业的父亲哈利戴·马戛尔尼（Halliday Macartney，1833—1906）深以他的

---

[1] 本书提到的中亚为广义，包括中国新疆和内蒙古西部等地区。——编者注
[2] Skrine and Nightingale, *Macartney at Kashgar*, pp. 122-123, 209. Aurel Stein, "A Third Journey of Exploration in Central Asia, 1913-16", *The Geographical Journal*, Vol. XLVIII, No. 2 (August 1916), p. 111.

家族为荣。家族先辈老乔治·马戛尔尼（George Macartney，1737—1806）曾于1793年率领英国第一个访华使团来到清廷，觐见乾隆帝[1]，为此哈利戴在南京家中保存了斯当东（George Thomas Staunton）的马戛尔尼使团访华旅行记[2]，还给长子同样取名乔治。史料对马戛尔尼家族在苏格兰支系的记载不甚详细，不过祖业相传，老乔治·马戛尔尼和哈利戴、乔治父子走的都是外交仕途。

哈利戴·马戛尔尼从爱丁堡大学医学院毕业后，作为军医先被派往克里米亚半岛和加尔各答参军，后来随军被派往中国，服务于李鸿章和戈登手下的"常胜军"。[3]他随戈登的常胜军和李鸿章的淮军一起镇压了太平军之后，娶了中国女子王氏为妻，育有一女三子。史料中有关王氏的记录甚少，但是普遍认为她是南京人，来自太平天国纳王郜永宽的家族。[4]王氏貌美，有见识，但是完全游离于丈夫的职场和生活圈子之外。[5]第二次鸦片战争后，哈利戴深得李鸿章的信任，成为其得力助

---

1 James L. Hevia, *Cherishing Men from Afar: Qing Guest Ritual and the Macartney Embassy of 1793* (Durham: Duke University Press, 1995). Henrietta Harrison, *The Perils of Interpreting: The Extraordinary Lives of Two Translators between Qing China and the British Empire* (Princeton, NJ: Princeton University Press, 2021).

2 Demetrius C. Boulger, *The Life of Sir Halliday MaCartney* (London: John Lane, 1908), p. 295.

3 Jonathan D. Spence, *To Change China: Western Advisors in China 1620-1960* (New York: Penguin Books, 1980), p. 88. Demetrius C. Boulger, *The Life of Sir Halliday MaCartney*, pp.56-91.

4 郜永宽（1839—1863），字云官，湖北人。1852年攻占武昌前加入太平军。初无名，隶李秀成部。1860年夏，太平军二破江南大营后攻占苏州，续攻上海，郜始著闻，以功封简天义、简天安。为太平天国后期重要将领，封纳王。1863年奉命守苏州，后杀主将慕王谭绍光献降，但因李鸿章毁约，与投降的太平军一同遇害。

5 Demetrius C. Boulger, *The Life of Sir Halliday MaCartney*, p. 141.

手，并在苏州和南京督办李鸿章手下的兵工厂。李鸿章给他取了汉名"马格理"，还给他的儿子乔治·马戛尔尼取名"马继业"。对一个外交官世家来讲，"马继业"这一名取得再贴切不过。[1]

马格理于1877年随清朝首任驻英公使郭嵩焘返回英国，担任伦敦公使馆的翻译官。十岁的马继业也告别母亲，随父亲离开南京前往英国。母亲不久去世，父亲再婚法国女士珍妮·杜·索托伊（Jeanne du Sautoy）。马继业起初受教于伦敦的德威公学（Dulwich College），混血少年难以融入贵族气息浓厚的英国公学，不太合群，后来被送往法国上大学。马继业成年后还是难以融入英国的上层社会，和母方的中国亲戚似乎也失去了联系。深受父亲的影响，他一心指望在外交部门谋职，从事中国事务。潜移默化，父亲还传给他内向、审慎和持重不张扬的性格。[2]

马格理在公使馆任职，办事得力，担任翻译官不久就升任参赞，先后协助历届公使处理清朝的涉外事务近三十年。[3]他在南京时就结识了曾纪泽，后来两人又在伦敦公使馆同事多年，交往甚密。曾纪泽离任回京后，他们仍保持密切的联系。1889年曾纪泽给马格理的私人信件中曾提到马继业，他写道："欣闻您的儿子乔治现在就职缅甸。虽然他未能如愿在中国谋

---

1 Ibid., p. 144.
2 Ibid., pp. 306, 485.
3 李文杰，《中国近代外交官群体的形成（1861—1911）》（北京：生活·读书·新知三联书店，2016），第280、353页。

职，但我很高兴得知他能在锡金为当地的藏民和印度政府担任翻译。毫无疑问，英属印度政府在云南的一些谈判事务确实需要乔治的帮助。"[1] 曾纪泽识才，况且还与马格理有私交，于是引荐马继业步入仕途。[2] 对此，马继业的太太凯瑟琳多年后曾在回忆录中提到，当时清朝驻伦敦公使馆曾吩咐喀什的道台关照远在边疆任职的马继业。[3]

正如曾纪泽给马格理信中所提，年仅二十岁的马继业先被派往中国西南，协助英国驻缅甸特派员议定中英边界，之后前往锡金担任翻译。[4]1890 年，英属印度政府为了防止俄国进一步扩张在中亚的势力和占据帕米尔高原的要道，派荣赫鹏深入帕米尔地区，考察印度以北直至叶尔羌一带的地区，尤其是阿富汗和新疆之间 50 英里的帕米尔地带的地理和商贸线路，让马继业随行。一年里，荣赫鹏和马继业结伴长途跋涉，顺利完成了政府指派的考察任务。荣赫鹏私下里认为马继业过于矜持，也不够自信，往往以中国人的观念来处理外交事务，觉得

---

1 Demetrius C. Boulger, *The Life of Sir Halliday MaCartney*, p. 440.
2 刘志惠点校辑注，《曾纪泽日记》中册、下册（长沙：岳麓书社，1998）。曾纪泽担任驻英法公使时，马格理是他在伦敦公使馆的得力助手。两人私交甚密，曾纪泽在日记里几乎每天都写下"清臣［马格理］来，谈极久"。甚至马格理回老家休假刚回，即去见曾纪泽，"清臣自苏葛兰德归，来谈片刻"（《曾纪泽日记》下册第 912 页）。
3 Catherine Macartney, *An English Lady in Chinese Turkestan* (Hong Kong and Oxford: Oxford University Press, 1985), p. 61.
4 Annabel Walker, *Aurel Stein: The Pioneer of the Silk Road* (Seattle: University of Washington Press, 1995), p. 75. Emily Whewell, *Law Across Imperial Borders: British Consuls and Colonial Connections on China's Western Frontiers, 1880-1943* (Manchester, UK: Manchester University Press, 2020), pp. 97-119.

他并非正宗的英国人。[1] 不过，马继业身为翻译兼助手，还是给他留下了很深的印象，荣赫鹏称他为一个"不错的小伙子"，还写道："有他作为长途行旅的伙伴，我感到非常幸运。马继业是一位一流的中国学学者，能机智地和中国人交涉，而且行旅在外，他能随机应变，还懂得忍让、妥协。"[2] 11月1日，马继业随荣赫鹏第一次来到喀什这座中亚关城，入住其尼巴克（Chini Bagh，意为"中国花园"），他们一起在喀什住了九个月。喀什，古称"疏勒"，位于帕米尔高原和塔里木盆地的交接处，历来为中西交通的枢纽和商品集散地，既是南疆进入中亚腹地的要冲，也是丝绸之路北、中、南线的西端总交会处和必经要塞。十九世纪与二十世纪之交的数十年里，俄国、英国和阿富汗在中亚角逐，多国商人、外交使节、军人和传教士来此频繁活动，探险家和旅行家在深入帕米尔高原、克什米尔、天山南北两路和往西进入撒马尔罕和布哈拉时，也在这座边镇歇脚休整、添备粮马。史书和游记中不仅留下了有关喀什的征戍、谪迁、探险和朝圣的故事，也不乏对朔风胡马、冰峰雪岭和大漠落日的描述。[3]

1891年夏荣赫鹏离开时，马继业作为英方非官方代表，

---

[1] Patrick French, *Younghusband: The Last Great Imperial Adventurer* (London: Harper Collins, 1994), pp. 83-84.

[2] James McCarthy, *The Diplomat of Kashgar, A Very Special Agent: The Life of Sir George Macartney* (Hong Kong: Proverse Hong Kong, 2015), p. 164. Skrine and Nightingale, *Macartney at Kashgar*, p. 6.

[3] P. T. Etherton, *Across the Roof of the World: A Record of Sport and Travel through Kashmir, Gilgit, Hunza, the Pamirs, Chinese Turkistan, Mongolia and Siberia* (London: Constable, 1911), pp. 143-146. Annabel Walker, *Aurel Stein*, p. 88.

一抹晚烟荒戍垒，半竿斜日旧关城

喀什城，1915年

喀什城墙，1915年

留下来关照侨居喀什及周边地区的英国及英属印度公民。马继业刚开始留驻喀什时,既没有政府授予的头衔和官职,又远离亲友和内地。每当英国官员提到英国在喀什的影响时,往往只是轻描淡写地说:"英国在喀什并没有领事,不过有一位叫乔治·马戛尔尼的,作为英国驻克什米尔中国事务特派员在那里住着。"[1] 驻留喀什,马继业却有着得天独厚的优势,他有出众的语言能力和中西兼备的文化背景。1898年,他回英国休假,和马戛尔尼家族的世交博蓝德家族的女儿凯瑟琳(Catherine Borland)成婚。不久,新婚夫妇作蜜月之旅,一路经俄国,穿越帕米尔高原,迢迢千里,马继业带着新婚太太回到了喀什,夫妇俩就在这座中亚边关之城安顿了下来。此后在喀什的日子里,马继业不仅赢得了当地汉族和维吾尔族的信任和友谊,而且还为自己求得了一片生活和职业发展的天地。时运激荡,中国改朝换代之际,英俄两国为争夺中亚展开大博弈,喀什成为马继业施展才能的用武之地和宜居之处。虽然他寡言少语,但是凡事考虑周全,懂得在复杂的国际大环境里谨言慎行。他尽职尽责,乐于倾听他人的意见,以其谦逊、内向和敏感于文化差异的品性[2],机智地周旋于维吾尔族、哈萨克族、汉族、东乡族的官员和百姓之间,还结交了俄国驻喀什的领事和荷兰、瑞典来的传教士。马继业身为英国驻喀什的代表,斡旋于争夺中亚要地的多种势力之间,缓和、避免了不少争端,还就近为移居喀什和出入中亚边地的英国人直接提供了帮助。

---

[1] Foreign Department, Calcutta: National Archives of India, Frontier B, April 1901, No. 383.
[2] Skrine and Nightingale, *Macartney at Kashgar*, p. 209.

1908年，经清政府同意，马继业正式成为英国驻喀什的领事，两年后升任总领事。马太太凯瑟琳在回忆录里对他们在喀什的生活发过感慨："在我先生任职期间，我们送走了四位俄国领事，许多瑞典人也都走了。接着又来了许多新人，中国官员也都换了。有时候我们感到，尽管别人你来他往，不断更替，而我们几乎是命中注定，好像这边有名的克孜尔河水似的，一直流淌着，永远不会离开。"[1] 在喀什，其尼巴克不仅是英国领事馆的驻地，也是马继业一家多年的寓所。经过修整和扩建，这里有上下两层的花园，长满了当地的树木、瓜果和蔬菜，还有嫁接长成的英国种的苹果、梨、梅子和樱桃。站在高高的阳台上，喀什的市景一目了然；若往克孜尔河对岸的西北方向远眺，天山峰峦就在眼前。[2]

各路人马穿过帕米尔高原、准备进入天山南北两路时，总在喀什或逗留歇脚，或旅居聚集。凯瑟琳不通汉语，也不懂中亚语种，但是她以独特的笔触，对喀什的巴扎的色彩和声响，做过生动而又细致入微的描述，她还对一场圣诞聚会有过如下记录："我们与其他人围着圣诞树跳舞，唱圣歌，这些曲调大家都熟悉，但是每个人都用自己的语言在唱。在圣诞晚餐的桌子四周，人们用八种语言交谈着——俄语、英语、瑞典

---

[1] Catherine Macartney, *An English Lady in Chinese Turkestan*, p. 209. 引自中译本《外交官夫人的回忆》（王卫平译，乌鲁木齐：新疆人民出版社，2010），第186页。部分文字有更改。
[2] Ibid, p. 39. 参《外交官夫人的回忆》第43—33、186页。P. T. Etherton, *Across the Roof of the World*, p. 99.

英国驻喀什总领馆，1910 年

从西边远眺天山，1915 年

语、法语、汉语、维吾尔语、印地语和波斯语。"[1] 路经喀什，曾逗留、走访其尼巴克的考古学家、探险家确实不少，阿尔伯特·冯·勒柯克（Albert von Le Coq，1860—1930）、斯坦因（Aurel Stein，1862—1943）、斯文·赫定（Sven Hedin，1865—1952）和马达汉（Carl Gustaf Emil Mannerheim，1867—1951）等都多次途经，他们都把马继业视作自己的朋友。斯文·赫定写道："我从彼得罗夫斯基先生、马继业先生和瑞典传教士那里得到的善意和无私的帮助，让我终生不忘。"他还特意提到："马继业多次在其尼巴克慷慨殷勤地款待亨德里克斯神父和我本人。说实话，他在现任的位置上，真的是大材小用。他以出众的待人处事之能为英国政府提供了扎实的服务。"冯·勒柯克也提到马继业对其考古工作给予了热情的支持，称他为"一位最亲近的朋友"。[2] 不过和马继业交情最深的还数斯坦因。珍妮特·米尔斯基（Jeannette Mirsky）和安娜贝尔·沃克（Annabel Walker）先后为斯坦因立传，她们参阅斯坦因留下的丰富的笔记和史料，用不少笔墨描述了斯坦因多次经过喀什、深入新疆考察时与马继业的交往，弥补了马继业个人史料奇缺的空档。[3]

---

1 Catherine Macartney, *An English Lady in Chinese Turkestan*, p. 50. 参《外交官夫人的回忆》第 55、186 页。

2 Sven Hedin, *Through Asia*, Vol. 1, pp. 436, 660. Ildikó Bellér-Hann, "Chronicling the Turfan expeditions: the German archaeologist Albert von Le Coq in Xinjiang", *Studies in Travel Writing* 18:4 (2014), pp. 332-344.

3 Jeannette Mirsky, *Sir Aurel Stein, Archaeological Explorer* (Chicago: University of Chicago Press, 1976). Annabel Walker, *Aurel Stein: The Pioneer of the Silk Road* (Seattle: University of Washington Press, 1995). 马继业有两篇演讲稿，发表在英国中亚学会的会刊上。George Macartney, "Chinese Turkestan: the Chinese as Rulers over an Alien Race", in *Proceedings of the Central Asian Society*, 1909, pp.3-23; "Bolshevism as I saw it in Tashkent in 1918", in *Journal of the Royal Central Asian Society*, 1920, Vol. 7(2-3), pp.42-58.

斯文·赫定，1909 年

马继业和斯坦因都在中亚度过了相当长的时光，他们在喀什相识，如遇知己。米尔斯基对他们的默契和友情做过一番鞭辟入里的描述："斯坦因和马继业的相识和友谊纯属天注定的缘分。他们的深交不仅仅由于两位政府公务员被不约而同派往新疆的契机，更是意气相投所致。两人都是彬彬有礼之士，但谦逊的外表之下都蕴藏着追求自己目标的决心。这些品质为斯坦因赢得了多次翻山越岭来喀什、深入新疆进行考古挖掘的机会，也使得马继业能在帝国角逐中亚这一复杂的国际地缘政治形势下发挥他的影响，承担着至关重要的角色。"[1] 他俩年少就开始游走异乡，都有超群的语言能力——马继业懂汉语、英

---

1 Jeannette Mirsky, *Sir Aurel Stein*, p. 138.

语、法语、德语和拉丁语，长期在中亚生活，他又学会了波斯语、印地语、维吾尔语和俄语。斯坦因虽然不通汉语，但掌握了大多数欧洲语种，他还受过梵文的专业训练，也懂一些中亚语种。斯坦因在中亚做过三次大规模的考察，而每一次，马继业都在喀什予以得力的接应和帮助。

1900年，斯坦因动身前往新疆准备第一次考察之前，起步维艰。他经过多年的筹备，先得到了英属印度政府的资助和休假的准许，然后还需办理进入新疆的各种各样的许可公文。前前后后，有马继业驻喀什帮忙，斯坦因才得以顺利推进他的远征和考察计划。英国政府需要对斯坦因进入中国边疆的安危负责，当克什米尔官员就此向英国驻北京公使馆请示时，得到的答复是所有关于斯坦因穿过克什米尔进入新疆的事务都应向马继业咨询。

马继业为斯坦因提供了前期所需的信息。1900年5月末，斯坦因从克什米尔动身往北，经塔什库尔干前往喀什。斯坦因还在途中，马继业就派员前来接应，而且确保喀什官府提前得知斯坦因的行程。7月29日晚，斯坦因一行经过长途跋涉，终于看到了喀什的城墙。"（城墙）气魄宏大，此时城门已经关闭……左拐，只见杨树下的那条小径上灯笼亮光下的大门，那就是其尼巴克、马继业的寓所了。"[1] 在马继业的关照下，斯坦因一行在其尼巴克的大院里扎好帐篷安顿下来。这里不仅能给他带来有关新疆的可靠信息，而且还提供了"地道的英国家

---

1 Jeannette Mirsky, *Sir Aurel Stein*, p. 133. 其尼巴克位于喀什旧城墙之外。

居的舒适"。"其尼巴克以其古老而又宁静的风格迎接风尘仆仆的旅人。在高大的杨树下漫步在阳台，是清晨起来最好的锻炼，鸟鸣、花丛间的蜜吟和穿过宽敞的花园的溪水声，给河两岸的美景添加了无尽的光彩。所有这些，都给远道从印度来的或是回到喀什驻地的疲累的旅人以怡然之感。"[1]斯坦因在这里休整的五个星期里，马继业为他打通了官方渠道，说服了喀什的道台，并让他指示和田的官员准许斯坦因进入和田以南的山区考察。马继业还代为翻译，说明斯坦因一行的来由，并特意向道台解释斯坦因是沿着玄奘这位圣者的足迹来此远征的。与此同时，斯坦因雇好了骆驼，储备了粮马和远征行旅所需的一切物品。9月，斯坦因动身沿着天山南路，往叶尔羌出行。马继业为他安排好一路的住宿，尤其在叶尔羌，当地的印度人得知斯坦因是由马继业介绍来的客人，特地为他准备了一处夏宫留宿。[2]斯坦因一行不久深入塔克拉玛干沙漠，前往和田，因为他从当地人和斯文·赫定等中亚探险家那里得知，和田一带的黄沙中埋藏着古堡。果然，他在和田地区的尼雅遗址有了中亚考古史上罕见的发现，顺利完成了首次考古之旅。

1901年5月，斯坦因满载而归，回到喀什，又来到了马继业的寓所休整。他在分享考察所获时，反复强调如果没有马继业在这个地区的关系网、影响力和贴心关照，他不可能完成

---

[1] P. T. Etherton, *Across the Roof of the World*, pp. 99-100.

[2] Jeannette Mirsky, *Sir Aurel Stein*, pp. 140-141. Annabel Walker, *Aurel Stein*, pp. 82-83. Susan Whitfield, "Stein's Silk Road Legacy Revisited", *Asian Affairs* 40:2 (2009), pp. 224-242. DOI: 10.1080/03068370902871573.

这一次沙漠探险之旅。[1] 往后多次，其尼巴克成为斯坦因在克什米尔斯利那加（Srinagar）漠罕·马革（Mohand Marg）山巅的宿营帐篷之外，远征中亚边疆途中的一处最可靠的休憩站，也是他挖掘所得文物的储存处。正如魏泓（Susan Whitfield）所说，斯坦因以前在考察途中发现的易碎文物，不能随身携带，只好就地重新埋藏，结果被掘墓人挖走了。后来有马继业帮忙，斯坦因有了其尼巴克这一深入沙漠考察前后的驻地和后方。而随着考察的深入和规模的扩大，他越发感觉到喀什这一驻地的重要，因为他可以把挖掘所得的文物先运到喀什的领事馆暂存，整理好了再运往博物馆做妥善保存。

在斯坦因开始第二次中亚探险（1906年4月20日至1908年11月13日）之前，马继业就通知他说德国探险者冯·勒柯克和巴图斯（Theodor Bartus）已抵喀什，而且住了已足足有一个月，还告知其他国家探险队来往喀什的行踪，并为他行程所需的装备提供详细资讯。1906年，斯坦因再次来到喀什，准备开始第二次大规模的探险之旅。6月8日，斯坦因按预先计划的日程到了喀什，他笔下回到其尼巴克的最后一程写得犹如回家那么温暖："我在马背上跑了60英里，终于抵达喀什。炎热中这一路走了足足有十七个小时，其中有一段还顶着颇具当地特色的沙尘暴。虽在暗中，我还是按期行进，并找到了英国领事馆敞开的大门。我尘土满身，看上去是个十足的塔克拉

---

[1] Jeannette Mirsky, *Sir Aurel Stein*, p. 188.

玛干人！"[1] 斯坦因在此逗留了两个星期，但是这一次他并没有享受静坐其尼巴克阳台的悠闲，而是忙着准备上路，想要赶在德国人之前进入和田和罗布泊西北边的楼兰古国遗址。[2] 马继业不仅为他提供了筹备行程所需的信息，而且持续关注德国和法国考古学家前往楼兰的行踪，并及时关注德国探险队前往吐鲁番的进程。[3] 斯坦因就此写道："马继业全力以赴帮我做好了所有的准备工作，其中有八匹骆驼，好让我顺利启程……到现在为止，我的法国对手还没在此露面……而德国探险家冯·勒柯克目前在库尔勒一带，他们下一步去中国内地，还是去印度，看来还待定，反正马继业会密切关注着他们的行踪。"[4]

在楼兰的挖掘进展顺利，他把所得的一部分装满了六匹骆驼的驼背，先发送喀什，自己则随身带上经卷和文书，东往沙州（敦煌）。马继业为斯坦因物色了一位可靠又得力的助手蒋孝琬（斯坦因称他"蒋师爷"）。蒋孝琬协同斯坦因前往敦煌，一路上还顺便教斯坦因一点汉语。[5] 他帮斯坦因处理庶务，疏通关系，使斯坦因得以获取王道士保管的藏经洞经卷及佛画，并记录和整理一路所得。敦煌之旅结束时，蒋孝琬在和田为敦煌文物初编目录，不久还受马继业聘用，来到喀什英领馆担任

---

1　Ibid., pp. 237-238.

2　Annabel Walker, *Aurel Stein*, pp. 141-142.

3　Jeannette Mirky, *Sir Aurel Stein*, pp. 230-231.

4　Ibid., pp. 237-238.

5　Aurel Stein, *Ruins of Desert Cathay: Personal Narrative of Explorations in Central Asia and Westernmost China*. London: MacMillan, 1912, p. XVII.

斯坦因（中）和小狗 Dash、蒋孝琬（左二）以及其他探险队员在塔克拉玛干沙漠，1906—1908 年

中文秘书。[1]

马继业在 1908 年夏回英国休假，而斯坦因也正从克什米尔回到欧洲，探望家人后来到伦敦。1909 年 3 月，两位老朋友相遇于距喀什千里之外的伦敦，一起参加了中亚学会（Central Asian Society）的会议。会上马继业所作有关新疆的演讲和斯坦因的评论，都发表在中亚学会的会刊上[2]。同时，皇家地理学会还组织了一场有关斯坦因两次中亚考察的研讨会，在座的大

---

[1] Jeannette Mirsky, *Sir Aurel Stein*, pp. 230-231, 306. 王冀青,《蒋孝琬晚年事迹考实》,《敦煌学辑刊》2013 年第 3 期, 第 153—162 页;《蒋孝琬生年考证》,《西域研究》2014 年第 1 期, 第 74—79 页。

[2] George Macartney, "Eastern Turkestan: The Chinese as rulers over an alien race", in *Proceedings of the Central Asian Society*, March 10, 1909, pp. 3-23.

多是斯坦因的仰慕者，但是马继业和大家谈的并不是他为斯坦因的远征的帮助，而是饶有兴趣地和听众们分享新疆官府给予斯坦因的便利——当地官员不仅向他发放了通行证，而且为他的起居和旅行提供了诸多方便。马继业一贯谦逊、低调，认为斯坦因能顺利进入新疆，完成考察之旅，是因为斯坦因总是把自己的远征和玄奘西天取经相连，确确实实给当地人留下了身为一位真正学者的印象——沉静、不炫耀和深富文人修养。[1] 在英国逗留的这段时间里，斯坦因得到了爵士头衔，而马继业正式成为"英国驻喀什的领事"。虽然头衔并没给马继业本人带来多大影响，但是周旋于喀什的国际事务二十年后，毕竟他的所作所为第一次得到了政府的承认和赞赏。这是两位老友多次相聚喀什后第一次在英国谈中亚，聊喀什。

1913年7月31日，斯坦因从斯利那加出发，开始了第三次中亚考察之旅。那时他已有了两次大规模考察的经验，马继业也已成为英国驻喀什总领事，并得到爵士头衔。[2] 斯坦因在动身之前充满信心地告诉他在英国的挚友："马继业现在是本地的主人，能为我提供多方帮助。"[3] 马继业自己也确实感到在喀什立足了脚跟，能自如地周旋于汉族官员和俄国使馆官员之间，对斯坦因再一次前往中国边疆的探险和考古，同样踌躇满志。如同以往，马继业未等斯坦因动身就告诉他："假如您

---

1 Aurel Stein, "Explorations in Central Asia, 1906-08, Discussion", *The Geographical Journal*, Vol. 34, No. 3 (September 1909), pp. 264-271.

2 Skrine and Nightingale, *Macartney at Kashgar*, p. 209.

3 Jeannette Mirsky, *Sir Aurel Stein*, p. 360.

马继业（前排右二）和汉族官员，1915 年

前往阿富汗的计划未果，而您有心考虑再来喀什，那么我建议您越早动身越好。冯·勒柯克也在计划来这边，要是德国外交部没收到有关喀什乱局的消息——纯属俄国媒体制造的谎言所致——也许冯·勒柯克一行已到新疆。实际上汉人，至少这边的汉人对待英国人从没像现在这么友好。要是您打算再来，我可以肯定，本地的官员，您的老朋友们会热烈欢迎您的光临。"[1]

9月21日，斯坦因再次来到了喀什，距上次已有七年之久。在清末的新疆动乱局势中，马继业协调多方势力，使喀什免于陷入无政府状态。在马继业的精心关照下，斯坦因准备齐

---

1　Ibid., p. 354.

衙役，1915年

整，上路前往吐鲁番做第三次考察。[1] 对斯坦因这次深入沙漠腹地的考察，马继业却过于乐观了。启程后不久，马继业紧急写信通知斯坦因，乌鲁木齐的省政府不许斯坦因进入那些考古点，他也不得不给英国驻北京公使发电报，解释斯坦因一行从事的完全是科学考察。不过当马继业还在等候官方批准时，斯坦因决然自行上路，到了米兰，面对当地官员的质问和警告，斯坦因看似听从，但私下启程，匆匆进入沙漠。

1915年5月31日，斯坦因完成了第三次探险，放慢步子回到喀什领事馆休整。这次满载而归到其尼巴克时，刚好逢马

---

[1] Aurel Stein, "A Third Journey of Exploration in Central Asia, 1913-16", pp. 110-111. Jeannette Mirsky, *Sir Aurel Stein*, p. 463.

从英国驻喀什领事馆远眺吐曼河

继业回英国休假,领馆的事务由珀西·塞克斯(Percy Sykes)接替,因此两位老友失之交臂。之后,斯坦因从丝绸南路折回,北上蒙古戈壁,沿南疆的丝绸之路前往内蒙古,途中发掘了俄国探险家们留在身后的黑水城遗址,返回后进一步在吐鲁番挖掘,再经过俄属帕米尔地区的瓦罕(Wakhan),穿越帕米尔高原,往南抵达波斯东部,进入锡斯坦(Sistān)挖掘,成为到达这一地区的第一位欧洲考古学家。

马继业和斯坦因的交往和友谊始终围绕着斯坦因的考古、探险远征之旅。毫不夸张地说,如果没有英国驻喀什的领事馆,斯坦因在中亚将会是另外一番经历。没有马继业在喀什,没有他的悉心关照,也就没有斯坦因的考古成就。身在喀什,马继业为斯坦因提供了落脚点和紧要信息,而其尼巴克成了斯

在帕米尔高原准备行装

坦因穿越沙漠，长途行走、考察和探险的大后方。斯坦因的考察笔记中多次提及马继业，说自己总受到这位老友"倍加谨慎的关照"，马继业是一位"一直在帮着我的老朋友""一位最善意的朋友""我的办事最审慎的朋友和保护者"。[1] 斯坦因长期行走在帝国相互争夺和多民族冲突的中心地带，他的描述最能说明马继业的谨慎行事和细心关照对其远征行旅的深远意味。说起二十世纪初期进出中亚的考古学家和探险家，必提斯坦因，而书写斯坦因在新疆的行旅，便不能不提马继业。

1918年，马继业从英国驻喀什总领事一职离任。他离开喀什回到了欧洲，一直居住在泽西岛，但是他和喀什的缘分从没断过。1925年5月斯坦因回欧洲休假时，两位老友又有机

---

[1] Aurel Stein, *Ruins of Desert Cathay*, p. XVII.

会见面，和他俩共聚午餐的还有中亚学会会刊的编辑埃拉·塞克斯（Ella Sykes），他们的共同话题当然是中亚和帕米尔高原，还有喀什。此时美国的小西奥多和克米特·罗斯福兄弟在芝加哥菲尔德博物馆（The Field Museum）的资助下，正要去这一带展开寻找著名的马可·波罗羊之旅。他们联系到了斯坦因，斯坦因特意介绍说，兄弟俩该去见见马继业，这位最了解、"熟知中亚的人士"[1]。罗斯福兄弟去印度之前来到了伦敦和巴黎，还计划前往泽西岛拜访马继业。虽然美国国会图书馆馆藏的罗斯福档案中并没有他们见马继业的记录，不过他们在英国见到了不少曾经的中亚的猎人、旅行家和博物学家。1925年7月罗斯福兄弟抵达喀什时，英国驻喀什领事吉兰（Gillan）夫妇出来热情迎接。[2]

斯坦因在完成三次考察之后的好多年里，从未放弃过再次进入塔克拉玛干沙漠的愿望。1930年，六十八岁的斯坦因在哈佛大学的资助下，动身开始期待已久的第四次远征，准备再次深入和田挖掘。[3] 10月6日，他又一次来到了喀什。"我们沿着这条大道继续朝城里走，正午时分到达熟悉的雅加齐巴扎一带。当我们那些疲惫的牲畜们驮着我们穿过城郊的小巷走到北城墙，继而走入其尼巴克时，回忆往事，当年的一幕幕场景又

---

1 斯坦因致凯勒的信，1925年5月30日，哈佛大学霍顿图书馆藏。
2 Theodore Roosevelt and Kermit Roosevelt, *East of the Sun and West of the Moon* (New York: Blue Ribbon Books, 1926), pp. 18, 207-208.
3 Jeannette Mirsky, *Sir Aurel Stein*, p. 461.

愉快地浮现在我的脑海中。"[1]这一次，斯坦因未得到新疆官方的批准，不能深入塔克拉玛干沙漠，而只能在塔里木盆地外围转了五个月，仅仅在尼雅的沙漠古堡中寻回一些旧日的快乐。虽经舍里夫（George Sherriff）领事与喀什的旧相识和老关系帮忙多方交涉，均无济于事，斯坦因这位历来计划周密、从不轻易放弃的探险家也只得承认：这一次，他不得不放弃原定的远征计划。斯坦因的最后一次新疆之行成为他向喀什的老友的告别之旅，也是他与这片多年来占据了他的全身心的土地的告别之旅[2]。1931年4月25日，斯坦因转回喀什城里时在日记里写道："我们经阿图什道上的桥过了吐曼河，然后绕过城墙和巴扎，于上午11时到达其尼巴克。舍里夫和瓦兹（Watts）上尉热情欢迎我的归来。我被重新安顿在以前住过的房间。"[3]此时此刻，他怀念着马继业，怀念这位老友对他以往三次探险的全力帮助，他更不会忘记，当年完成第三次探险时，马继业曾告诫说：往后不能再对新疆的地方官员寄予过多的期望了。[4]他不禁动笔写信给马继业。斯坦因还和往日一样，在其尼巴克逗留，可是人事皆非。马继业早已远离喀什，而他自己也无法再次进入塔克拉玛干的荒沙古漠。老友、其尼巴克和喀什关城的一切，转眼间成了遥远的记忆。就在同一天，千里之外的马

---

1 王冀青,《斯坦因第四次中国考古日记考释：英国牛津大学藏斯坦因第四次中亚考察旅行日记手稿整理研究报告》（兰州：甘肃教育出版社，2004），第147页。

2 Susan Whitfield, "Stein's Silk Road Legacy Revisited", pp. 224-242.

3 王冀青,《斯坦因第四次中国考古日记考释》，第540页。舍里夫是当时英国驻喀什总领事，瓦兹是领事。

4 Annabel Walker, *Aurel Stein*, p. 216.

继业从报上读到斯坦因考察受阻的消息，便致信问候。三个星期后，斯坦因离开喀什，南行克什米尔。后来，斯坦因读着马继业1931年5月16日的来信，深有感慨地写下眉批："真是一个难以理解的巧合——或许这就是心灵感应？在长期杳无音信之后，我收到了马继业的来信。他早在1918年就退休了，此举何等明智！"[1]

对马继业离开喀什后移居欧洲的生活，我们所知极少。泽西岛挨近法国大陆，离英国本土并不远，却非英法领土，可就是这块位于英吉利海峡的飞地，竟成了马继业离开喀什后的归宿。世纪之交，在帝国博弈中亚、各色人等风云叱咤的空隙间，在一个不同寻常的处境和职位上，马继业谨慎行事，凭借超常的语言能力和低调、自谦和平稳踏实的个性，几乎是单枪匹马，为英国赢得了在中亚的势力。包尔格曾赞誉马继业的父亲马格理说："身陷乱世和纷争，马格理尽职尽责，不仅证实了自己的才能，而且身体力行表明他确实身处那个时代最出众的外交官之列。"[2] 这一评价能原封不动地用于马继业。马格理退休后，清朝驻英公使馆缺称职的翻译官，时常得把外交公文寄到苏格兰的马格理家，经他改正后才能正式发出[3]，并且公使馆的功用也是每况愈下。同样，马继业离任后，英国驻喀什领事馆也陷入很不得力的境地，继任的领事走马灯似的，三四年

---

1 王冀青，《斯坦因第四次中国考古日记考释》，第576、631页。
2 Demetrius C. Boulger, *The Life of Sir Halliday MaCartney*, p. 303. Skrine and Nightingale, *Macartney at Kashgar*, p. 261. Jeannette Mirsky, *Sir Aurel Stein*, p. 135.
3 李文杰，《中国近代外交官群体的形成（1861—1911）》，第210页。

一换，英国在中亚的影响也是一年不如一年。不同的是马格理告老返乡，退休后回苏格兰老家加洛韦（Galloway）安居，而马继业则选择了没有国度的泽西岛作为晚年安身之地。

马继业是一位欧亚混血儿，身兼多重种族身份，又与中西社会都格格不入。他既有默默周旋于国际风云的品性和能力，又始终不忘自己供职于英国政府的职责。他的传记作者概括道：马继业大半辈子都生活在争端之领地……只有像他这样具有超群的平衡心态和正直品性的人，才能应对这类国际冲突。[1]在喀什，马继业历经中亚复杂、动荡的岁月，找到了职业和生活的空间；三十年后，他安居所在的泽西岛，却在二战中被德军占领，一直到他去世前几天。中亚关城和海峡孤岛两地浓缩了马继业的一辈子——他在冲突的夹缝中穿行、协调和安顿，在战乱的硝烟散尽时，离别尘世。

---

1　Skrine and Nightingale, *Macartney at Kashgar*, p. 151.

# 从中亚古道到新大陆

## 斯坦因初行美国

一

1929岁末，离平安夜还有一个星期，美国波士顿市中心比肯丘弗农山街的善本俱乐部（Club of Odd Volumes）内，一场晚宴正在进行中。晚宴的东道主是一位叫卡尔·凯勒（Carl T. Keller，1872—1955）的本地著名审计师，他也是一位善本收藏家。晚宴设在这家高规格的私人聚会场所内，规模并不大，主客加起来不过二十位。入座的有哈佛大学艺术史、考古学以及历史学领域的几位教授，还有本地的知名律师、银行家和企业家。在凯勒的这些好友中，好几位是热衷周游世界，向往到异域，尤其是远东探险、考察的博物学家。晚宴的座上贵宾是远道而来的中亚探险家奥莱尔·斯坦因。

二十世纪初叶，斯坦因这一名字在世界各地的探险家和考古学家中，可谓无人不晓。斯坦因是丝绸之路上最重要的考古学家和探险家，也是一位地理学家和语言学家，他发掘了中西交接的千年古迹，曾被同道伯希和（Paul Pelliot，1878—1945）称为"中亚的领衔人"（the Dean of Central Asia）[1]。在英属印度

---

[1] 凯勒致萨克斯的信，1929年12月5日，哈佛大学艺术博物馆档案室藏。

政府任职期间，斯坦因从 1900 年开始了中亚探险之旅，从英属印度克什米尔穿越中国的西部疆界，进入和田，对这一鲜为人知的区域做了深入的考察。在往后十五年的三次大规模探险考察中，他接连发掘和收集了大量的古文献和文物，包括从新石器时代到八世纪的大量墓葬品和丝绸织品，其中以 1906 年从敦煌莫高窟藏经洞所得的大量写本和绘画最为珍贵。

斯坦因 1915 年之前穿越中亚内陆的三次探险，行程两万多英里，跨越帕米尔高原、兴都库什山和昆仑山，穿过塔克拉玛干沙漠和罗布泊，深入敦煌莫高窟，还挖掘了西夏黑水城的遗址。来自中亚的万卷古文书，揭开了丝绸之路的神秘面纱，后入藏大英博物馆，成为国际考古学界和博物馆界的珍宝。之后的十几年里，斯坦因勤于笔耕，把考察之旅的经历和成果写成多部专著。

凯勒来自美国内布拉斯加州，1894 年毕业于哈佛大学，长期就职于莱布兰德-罗斯兄弟-蒙哥马利会计师事务所（Lybrand, Ross Brothers and Montgomery）[1]。凯勒社交甚广，不仅在商界、政法界有不少同仁至交，而且与波士顿地区的学术界、博物馆和博物学界的许多举足轻重的人物有着密切的交往。他还经常参加波士顿洛厄尔研究所（Lowell Institute）举办的有关亚洲考古、探险的系列讲座，并由此结识了英美不少热衷中亚的人士。凯勒同十九世纪与二十世纪之交的一批西方

---

[1] 该事务所创办于 1898 年，曾为美国最大的审计公司，后来并入普华永道国际会计师事务所。

凯勒参加1894届本科生毕业二十五周年同学会时的肖像照，约1919年（Harvard University Archives）

传教士、探险家、植物学家和旅行家一样，对中国内亚边疆深怀热情和向往，自称"业余的考古学家"。他不仅对中亚地区的艺术品特别感兴趣，而且热衷文物收藏，以收集塞万提斯《堂吉诃德》（*Don Quixote*）的原版和世界各地的译本闻名。[1]

凯勒一直对斯坦因这位"中亚的领衔人"崇拜之至。早在认识斯坦因之前，凯勒不仅拜读和收藏了斯坦因的所有文章和专著，还不时关注他的行旅。每逢夏天去伦敦休假，他都要走访大英博物馆，欣赏斯坦因带回的文物。按他自己说的，"去伦敦的次数越多，我就越喜欢英国"。[2]

---

[1] 关于凯勒的《堂吉诃德》收藏，见 William A. Jackson, "The Keller collection of Don Quixote", *Harvard Library Bulletin*, Vol. 1, No. 3 (Autumn 1947), pp. 306-310。

[2] 凯勒致斯坦因的信，波士顿，1926年2月26日，哈佛大学霍顿图书馆藏。

斯坦因和凯勒第一次见面是在 1924 年。那年夏天，斯坦因从英属印度克什米尔回英国短住，而凯勒正在伦敦度假。皇家亚洲学会的埃拉·塞克斯（Ella Sykes）在伦敦举办了一场聚会，邀请了不少热爱中亚旅行、探险的客人，其中就有斯坦因，还有凯勒夫妇。埃拉和弟弟珀西·塞克斯（Percy Sykes）是当时英国的两位旅行作家。由于珀西早年在英属印度的军旅生涯，埃拉多次随他前往印度和波斯一带旅行。他们多次游览了波斯、帕米尔高原和克什米尔地区，著有多种有关波斯和中亚的游记。[1]

埃拉早就在伦敦听过斯坦因的讲座，但是直到 1915 年春才与他在喀什相识。当时正逢英国驻喀什总领事马继业回国休假，由珀西接任领事半年。埃拉随弟弟同去喀什，并一起前往波斯旅行。那时斯坦因刚刚结束了在塔克拉玛干沙漠长达两年的第三次探险，回到了英国驻喀什领事馆驻地其尼巴克歇脚。他很高兴认识塞克斯姐弟俩，和他们分享发掘所得。斯坦因告诉他们，这次考古之旅的收获足足装满了 150 箱，其中有书面文献、丝绸织品、毯子和陶瓷残片，等等。他还慨叹，千年来正是那里的沙漠才使这些文物得以保存下来，言语中流露出对茫茫荒漠的崇敬之意。在其尼巴克，斯坦因用了整整一个月来整理这些文物。珀西因公务必须马上赶赴俄属帕米尔地区，姐

---

1 Ella Sykes, *Through Persia on a Side-saddle* (London: J. MacQueen, 1901); *The Story-book of the Shah; Legends of old Persia* (London: J. Macqueen, 1901). Ella Sykes and Percy Sykes, *Through Deserts and Oases of Central Asia* (London: Macmillan, 1920); *Persia and Its People* (London: Methuen, 1910). Percy Sykes, *Central Asia, A History of Persia* (London, Macmillan, 1921); *A History of Exploration from the Earliest Times to the Present Day* (London: Routledge, 1935).

弟俩不能在喀什久住，但是斯坦因精细地清理、分类、安置考古文物的做法，给埃拉留下了极为深刻的印象。斯坦因的旅行笔记中也提及与塞克斯姐弟俩的交往，以及与他们在喀什一起度过的愉快时光。后来，他们还一起在帕米尔高原的昆迪克马斯（Kuntigmas）野营过。[1]

二十年代后期，塞克斯姐弟从中亚返回伦敦后，埃拉在皇家亚洲学会任职，和斯坦因一直保持着联系。每次回英国休假，斯坦因或是著文在皇家亚洲学会、皇家地理学会和中亚学会的会刊上发表，或是在大英博物馆整理文物，他们时有机会见面。而凯勒则一直是皇家地理学会和中亚学会会刊的忠实读者。1923年末、1924年初，凯勒还在波士顿洛厄尔研究所参加了珀西做的有关波斯的系列讲座。出于对中亚史地、文物的共同兴趣，凯勒与塞克斯姐弟俩结交为友。

正是1924年伦敦的这场夏日茶会上，埃拉作为主人介绍凯勒和斯坦因相识。凯勒对斯坦因深有相见恨晚之感，一回到波士顿，就主动和他联系。此后，两人的交往是通过源源不断的书信进行的。根据斯坦因的传记作者珍妮特·米尔斯基，书信是斯坦因一贯的交友方式。斯坦因从十岁就开始的这一习惯，保持了一辈子。长年在野外，通信是他与家人、朋友和不少学者联系和交流的唯一渠道。凯勒和斯坦因相识后近二十年里，不管多么繁忙，他们书信来往不断，彼此告知工作和生活

---

[1] 塞克斯致凯勒的信，伦敦，1929年11月9日。Ella Sykes and Percy Sykes, *Through Deserts and Oases of Central Asia*, pp.115-117, p.166.

近况。虽然凯勒去信的频率远远超出斯坦因，但斯坦因也以其固有的风格，每一封信都写得一丝不苟，描述克什米尔的高原风光、手下书稿的进展和将来的考古、研究计划。

凯勒和斯坦因间最初的通信穿越大西洋，往返在波士顿与欧洲之间。1924年11月28日凯勒给斯坦因的寄往牛津的那封信，是哈佛大学霍顿图书馆（Houghton Library）馆藏的凯勒-斯坦因档案中最早的一封。凯勒在信中表达了自己结识斯坦因的莫大荣幸，充满崇敬之情。从1924年夏到1925年秋，斯坦因在英国整理文物和手稿，拜访朋友，其间还去了一趟老家布达佩斯看望家人。在英国短住一年半后，斯坦因启程经马赛去孟买，返回德里工作了两个月后，前往远在千里之外的克什米尔斯利那加（Srinagar），回到他在漠罕·马革（Mohand Marg）山巅的宿营地。在漠罕·马革山巅，斯坦因从不歇息，总是把日程排得满满的。他一边抓紧时间完成《亚洲腹地》（*Innermost Asia*）的书稿[1]，一边琢磨着争取机会，准备再次进入新疆做考察。

转眼到了1926年的夏天，凯勒再次游历英国，他满心期待能在伦敦再次见到斯坦因，却从埃拉那里得知斯坦因已回印度，就要了斯坦因在克什米尔的通信地址。此后，他们的通信不断跨越迢迢千里的大洋和大陆：一边是凯勒位于波士顿联邦大街的公司办公楼和他在比肯丘的寓所；而另一边是搭建在斯

---

[1] Aurel Stein, *Innermost Asia: Detailed Report of Explorations in Central Asia, Kan-su and Eastern Iran, Carried out and Described under the Orders of H. M. Indian Government* (Oxford: The Clarendon Press, 1928).

利那加的漠罕·马革山巅的宿营帐篷。从波士顿到斯利那加，一封信在路上得走上整整一个月。9月17日，凯勒第一次往斯利那加给斯坦因写信："您又回斯利那加了，看来您可能又会从那儿翻山越岭去新疆。在过去的十五年、二十年里，您一次又一次穿过了崇山峻岭，这些行旅准定把您的心肺和筋骨练得很强健。说实在的，这真不容易！我可不行。对我来讲，与其亲身前往中亚旅行，还不如索性闲居家中，读您的著作更为享受。"[1]

斯坦因来自克什米尔的每一封信都让凯勒读着惊喜不已，在信中斯坦因介绍得最多的是他的宿营地，他还反复提及自己的山巅帐篷和身居帐篷放眼所见的景观。"我在'我的'山巅勤奋工作。漠罕·马革海拔3350米，比斯利那加还要高出1830米。在这里，我是周围一切的主宰。身居帐篷，居高远眺，我驾驭着美不胜收的高原风景。我想，像你们这样的百万富翁，即便闲居瑞士，都不会享有我眼前的这般好风光。对了，你问起收音机，谢天谢地，我身边并没有，不过，狗熊和雄鹿倒时常在这里出没。"[2] 这一生活画面，凯勒难以想象，可斯坦因对自己在漠罕·马革山巅的起居，早已习以为常。

斯坦因第一次去印度是在1887年，之后他一直在英属印度政府任职，长驻印度，印度成了他的"流浪之邦"，而漠罕·马革的宿营地便是他离开布达佩斯老家后，为自己寻到的

---

[1] 凯勒致斯坦因的信，波士顿，1926年9月17日，哈佛大学霍顿图书馆馆藏。
[2] 斯坦因致凯勒的信，斯利那加，1926年11月1日和1927年8月13日，哈佛大学霍顿图书馆馆藏。

一片个人天地。漠罕·马革山巅的帐篷不仅是他的宿营地,更是他往后四十年的家。1898年6月2日,他从那儿发出了第一封信:"我搬到了属于我的高山草坝上。这里给我一种回家的感觉,我实在难以想象,往后要是失去如此美妙的山上夏季,我该何去何从。"[1]

难怪米尔斯基在《斯坦因传》里会这样描写:"斯坦因并没有家。不管他的起居多么简单,对他而言,有一点缺之不可,那就是景观。"斯坦因选中漠罕·马革正是因其景观:立足地处斯利那加高山草坝,整个克什米尔的风光尽收眼底。[2] 只要工作安排可行,只要季候适宜,他总会在那个草坝上宿营,不停地阅读、写作,还接连不断地给亲友们写信。用他自己的话来讲,斯利那加简直就是一处"绿色天堂"(Green Paradise),那里有"'我的'山巅,深藏在喜马拉雅山的腹地。漫步在漠罕·马革山野鲜润的空气里,我只感到浑身充满了活力"。[3] 久而久之,他对自己在漠罕·马革的宿营地产生了贴心的依赖,竟然承认:"一旦迈出漠罕·马革的帐篷,我竟觉得自己形同生客。"[4]

斯坦因笔下的宿营地帐篷,在凯勒读来,犹如世外桃源。和克什米尔高原的风光形成鲜明对照的,是凯勒来往穿梭的位于波士顿市中心的审计公司大楼和比肯丘的寓所,还有他在信

---

1 Jeannette Mirsky, *Sir Aurel Stein, Archaeological Explorer* (Chicago: University of Chicago Press, 1977), pp. 77, 424.

2 Ibid., p. 15.

3 斯坦因致阿伦的信,1915年7月30日。Jeannette Mirsky, *Sir Aurel Stein*, p. 13, 383.

4 Jeannette Mirsky, *Sir Aurel Stein*, pp. 59, 77.

中向斯坦因展现的二十世纪二十年代的新大陆。

二十世纪二十年代是新大陆"兴旺的十年"（the Roaring Decade）。美国的社会生活正经历巨大的变化，新财源开始大量进入文化、教育、艺术和娱乐界，随之图书馆、艺术馆和博物馆馆藏有了史无前例的拓展。以波士顿为例，十九世纪后半叶创建的哈佛大学阿诺德树种园、波士顿公共图书馆和美术馆等都获得突飞猛进的发展，许多博物馆致力于艺术品和古董收藏，出现了一段"博物馆时期"（Museum Period）。波士顿美术馆收藏了斯坦因在敦煌发现的唐朝唐卡和壁画，哈佛大学福格美术馆得到了巨额捐赠，致力于发展亚洲艺术收藏。与此同时，斯坦因、伯希和与冯·勒柯克陆续在中亚开展的考古发掘给美国的美术馆和博物馆界带来了莫大的冲击和不言而喻的推动力。身处金融界，凯勒对身边繁荣和发展的境况深有体会，他用重彩浓墨，向斯坦因描绘文化和教育领域这一派繁华景象和欣欣向荣的局面："当今美国，社会发展如此兴旺，连我们生在其中的美国人都难以置信。工人，尤其是技术工人，每个工作日的薪水高达10到14美元。现在马路上跑着2400多万辆车子，还有2000万座电话正要投入使用。下一年，福特产的新型车……"他接着还介绍说："经济的繁荣带来了教育的发展。以杜克大学为例，杜克家族的烟草公司投入巨额捐赠，使得北卡罗来纳州原来一家小小的圣公会教会学院一下子扩展为一所大规模的综合性大学。"[1]

---

[1] 凯勒致斯坦因的信，波士顿，1928年1月6日，哈佛大学霍顿图书馆馆藏。

斯坦因回信说："读到您描述的美国繁荣兴旺的景象，尤其是经济发展带来的对教育的期望和慷慨资助，实在有意思。我相信，后人对你们为发展教育所付出的努力，肯定感激万分。社会欣欣向荣的发展是对力求上进的才能和个人创业精神的馈赠，你们国家多年来具有的这种精神正体现了美国那股独具一格的创业和开拓精神。"斯坦因生在欧洲，长在欧洲，在德国图宾根大学完成博士学位后，他在英国牛津大学做了两年学术研究。长驻印度期间，他虽时有机会在克什米尔和英国间走动，可从未踏上北美的土地。正是从凯勒的信中，他看到了生机勃勃的新大陆。相比之下，大洋彼岸的英国在二十年代中后期的境况并不乐观。1925年春，斯坦因向英国政府递交了申请，希望能利用庚子赔款的经费再次前往新疆塔克拉玛干沙漠做考察。他这一经过反复琢磨而写成的详细、周全的探险计划上交后，由于英国议会未能对庚款经费达成决议，几年来一直石沉大海。[1]

凯勒还在信中向斯坦因津津乐道他在波士顿的考古、探险和文物收藏界的朋友们，其中提得最多的就是哈佛大学福格美术馆（Fogg Art Museum，现已合并为哈佛大学艺术博物馆[Harvard Art Museums]）的兰登·华尔纳（Langdon Warner，1881—1955）。华尔纳是哈佛大学一位东亚艺术史的专家，曾

---

[1] 胡适曾在1926年秋前往伦敦参加庚子赔款委员会会议（the Advisory Council of the Boxer Indemnity），但是并没有对这一计划的实施做过记录。见曹伯言整理，《胡适日记全编》第四卷（合肥：安徽教育出版社，2001年），第375页。Ouyang Zhesheng（欧阳哲生），"Hu Shi and Sino-American Cultural Exchange", *Chinese Studies in History*, Vol.42, No.2 (2008), pp. 56-83.

在 1922—1925 年间两度前往中国，他随着斯坦因和伯希和的足迹来到敦煌，进入莫高窟，可谓丝绸之路上一位迟到的"外国魔鬼"，也是第一位进入这一地区的美国学者。

刚开始通信不久，凯勒就向斯坦因介绍华尔纳在中国的行踪，并且特意提到华尔纳对斯坦因在考古领域的巨大贡献深怀敬意。1926 年 11 月的一天，凯勒和华尔纳共进午餐后，即在信中跟斯坦因提到，华尔纳最近一次在中国的经历纯属"泡汤"（washout），他根本无法进入莫高窟。凯勒还写道："我正鼓励华尔纳给您写信，向您分享考古成果，但是华尔纳是一位谦逊之士，实在不愿在您前面显摆他微不足道的收获。"一个月后，凯勒又在信中提到："几天前华尔纳夫妇和我们一起进晚餐时，我分享了您的来信。当华尔纳得知您眼下在中东的考察之旅，兴奋不已。"到了 1927 年夏，华尔纳终于鼓起勇气，主动给斯坦因去信，并介绍自己在敦煌的经历。就这样，斯坦因和华尔纳这两位丝绸之路上的"外国魔鬼"[1] 开始了书信往来。

---

1 Peter Hopkirk, *Foreign Devils on the Silk Road: The Search for the Lost Cities and Treasures of Chinese Central Asia* (Amherst: The University of Massachusetts Press, 1980). 中译本为《丝绸之路上的外国魔鬼》（杨汉章译，兰州：甘肃人民出版社，1983）。

Camp Mohand Marg,
P.O. Srinagar, Kashmir: Aug. 13, 1927.

Dear Mr. Keller,

My conscience feels the weight of not having thanked you long ago for your full & interesting letters of December, February & May as well as your kind message from Hawaii. The first two found me engaged on a long & strenuous tour along the Waziristan border and through N. Baluchistan and since my return early in May I have been kept hard pressed by the heavy & urgent task of preparing the detailed report on the plentiful sites, mainly prehistoric, examined on this journey. So you may kindly excuse the delay and not think me ungrateful for all those proofs of your friendly interest. I was greatly pleased to learn that your visit to Honolulu was so complete a success and wish heartily that you may enjoy equally also your next summer's trip to England. If I should be there then (which is quite uncertain as yet) it will be a really great pleasure to see you & Mrs. Keller again. Time unfortunately, in spite of aeroplanes, radio & the rest is not yet reduced to an elastic element, and I find it rather difficult to compress all tasks and plans of holidays in regions which attract me into my "present birth." Otherwise I should feel tempted to take for once my way to the East through the U.S. and Canada, provided there were time to look round in their many interesting regions, — and to do so without lecture obligations.

I am afraid, the writing of magazine articles

斯坦因给凯勒的书信（Houghton Library, Harvard University）

## 二

书信来往中，凯勒还多次提到，自己会争取好时机，邀请斯坦因来美国访问、讲学，让国人好好聆听他有关中亚的讲座，领教他的考古成就。斯坦因对凯勒的善意一直表示莫大的感激，但是反复辞谢说自己眼下实在没空。他还说经常收到来自美方的邀请，其中包括老罗斯福总统的两个儿子小西奥多和克米特发来的邀请[1]，可是世上要做的事实在太多，苦于没有时间。虽然他从未去过北美，但可以想象波士顿这个好地方，不过他认为其魅力肯定不敌克什米尔的山区风光，以他自己的话说，"漠罕·马革的美景远远超出瑞士阿尔卑斯山脉的风光"。他还特意说，自己钟爱沙漠而不好水域，甚至"希望能用茫茫的荒沙来填平恒河三角洲！"[2]

斯坦因并非好出头露面、热衷讲学之人，仅仅做几场演讲并不足以使他动身远渡重洋作北美之行。从好几年的书信来往中，凯勒深知来美讲学并非斯坦因眼下的首要计划，也就不过于强求，可是斯坦因1928年5月19日发自漠罕·马革的一封长信一下子改变了现状。

信中斯坦因先介绍了自己上一年冬天在中东的一系列考察活动，但是他接着就说，自己更希望能回到新疆塔克拉玛干沙漠，进入罗布泊考察。他还告诉凯勒，自己早该退休了，可

---

1 小西奥多和克米特·罗斯福兄弟俩曾于1925年冬去印度见过斯坦因。
2 斯坦因致凯勒的信，1925年5月30日。哈佛大学霍顿图书馆馆藏。

是一推再推，到 11 月底他终于能离开英属印度政府的职位了。"退休后，我将离开印度回欧洲。至于打道回府时，是走远东的路线，还是取道近东回英国，尚未决定。当然，要是从远东走，我肯定会趁机再去一趟新疆，那是我过去多年来一直愉快地工作过的考古点。不过此时此刻，所有这些都是未知数。从印度和中国的现状来看，再次去新疆考古并非易事。至于经费，由于英国的庚子赔款的议案仍然冻结在议会，看来短期内他们根本不会考虑我的申请。"斯坦因在信尾说，1928 年夏他将在宁静的克什米尔宿营地完成《亚洲腹地》一书。这是他第三次探险的报告，足以让他忙上一阵子。"眼下，漠罕·马革山巅仍是白雪皑皑，我只得在山脚宿营。我至少还会在这里待上一年，然后计划动身回英国。"[1]

这封信写于斯坦因退休前半年。显然他仔细考虑过将来的打算，但是由于经费短缺而难以定夺。读完这封信，凯勒再也坐不住了。字里行间，他读出了邀请斯坦因来美的契机。而请斯坦因来访，最合适的方式就是请他来做波士顿洛厄尔研究所的系列讲座，于是凯勒马上去找他的朋友罗伯特·布莱克（Robert P. Blake，1886—1950）商议，请他出面向哈佛大学校长劳伦斯·洛厄尔（A. Lawrence Lowell）推荐邀请斯坦因来访。

布莱克在哈佛大学任教，专攻拜占庭史、亚美尼亚学和格鲁吉亚学，曾在俄国圣彼得堡留学、从事研究多年。当时他新

---

[1] 斯坦因致凯勒的信，Camp Manygam，1928 年 5 月 19 日，哈佛大学霍顿图书馆藏。

任哈佛大学图书馆馆长，同时还是刚刚创办的哈佛燕京学社董事会的成员。作为研究欧亚内陆的历史学家和考古学家，布莱克熟悉斯坦因在中亚的一系列重大的考古发现，对斯坦因慕名已久，于是他立即求见洛厄尔校长。

洛厄尔校长和洛厄尔研究所同名并非偶然。这一研究所是由洛厄尔家族先辈捐资设立的，身为哈佛大学校长的洛厄尔，同时也担任着自己家族创办的这一研究所的董事。这家研究所早有邀请欧洲的中亚考古探险家来做系列演讲的先例，十五年前，冯·勒柯克完成中亚探险之后，曾应邀来做系列演讲。1923年秋天，珀西·塞克斯也曾前来做过有关波斯的演讲。1924年初，伯希和再访波士顿时，也在洛厄尔研究所做了六场有关中亚历史的讲座。[1] 凯勒是这一系列讲座的忠实听众，正是冯·勒柯克展示的新疆岩画、珀西·塞克斯带来的波斯见闻和伯希和的学术魅力让他大开眼界，激发了他对亚洲内陆的浓厚兴趣。

经凯勒提议、布莱克沟通，邀请斯坦因来访的计划进展得非常顺利。洛厄尔校长办事一向雷厉风行，1928年6月23日，

---

[1] 洛厄尔研究所邀请欧洲的中亚探险家前来做系列演讲已有先例。1924年初，作为法兰西学院的中亚历史、文学和艺术教授，伯希和受邀来到波士顿做洛厄尔系列演讲，一共讲了有关中亚历史的六场讲座，压轴的一场曾在1924年2月1日的《哈佛深红报》上做了报道，主题是"伊斯兰教在中亚和中国内地的深入传播"（The Progress of Islam in Chinese Turkestan and in China），每一场演讲都在晚上8时开始。其他五场演讲的主题分别为：Early Cultural Intercourse between China and the Northwest Nomad Tribes; The Spread of Buddhism from India to the Far East Asia; The Far Eastern Fortunes of Mazdeism and Manicheanism; The Gospel in Central Asia and the Far East Asia the First Millennium; Far Eastern Christianity under the Mongol Conquest Following Jenghiz-Khan。

罗伯特·布莱克（Harvard-Yenching Institute）

他和布莱克商谈后就给斯坦因发了邀请函。十天后，凯勒也给斯坦因去信："请您来美讲学是我的夙愿，我特别希望您能来做洛厄尔系列讲座。我本人曾为此努力了好一阵子，都无济于事。现在我们年轻能干的布莱克馆长出面跟洛厄尔校长提议才成全了此事，我非常希望您能接受这一邀请。布莱克和我建议，您从印度启程，跨大洋先来美国西海岸，然后再从旧金山往东走，来一次三千里横跨北美大陆的旅行。"凯勒心想，有了洛厄尔校长的邀请，斯坦因来美可谓顺水推舟，但是斯坦因表示还需斟酌。为了增加邀请力度，凯勒接着向斯坦因介绍，洛厄尔研究所的系列讲座是一项知名度高、历史悠久的学术活动。他本人就是听了冯·勒柯克在洛厄尔研究所的讲座，才对新疆萌生了兴趣，尤其是冯·勒柯克在讲座中分享的新疆岩画，美不胜收，震撼视听。他接着又来一段美言："我真希望您能来。我一定会利用这一机会，让国人来听听您这位杰出的探险家和考古学家的演讲。和冯·勒柯克相比，您不仅在同一地区获得了更大的成就，而且还在中亚其他更有趣的地区成功地挖掘过！"他还说："伯希和与冯·勒柯克最初激起了我对中亚的兴趣，可您的研究更让我倾心。我早就拜读了您的所有大作。我确信，从您那里领教到的，准定远远超出那两位丝绸之路的探险家。"凯勒迫不及待，没等斯坦因回信，又接着去信提醒他说，演讲时使用幻灯片很有效，会深深地吸引住听众。

根据邀请伯希和做系列演讲的先例，洛厄尔研究所把斯坦因的演讲安排在 1929 年 3 月到 10 月间进行。斯坦因即回信说，系列演讲的时间跨度过长，他今年抽不出时间，但下一年经调整或许可行。其实斯坦因并非不在乎这一机会，他曾郑重地把哈佛大学洛厄尔校长的邀请告诉两位英国挚友阿伦（Percy Allen）和安德鲁斯（Fred Andrews），还对他们袒露心迹："美方如果（除了演讲外）有意资助我前往老据点做考察，那我当然感兴趣！"[1] 再入新疆考察是斯坦因步入花甲之年后朝思暮想的一个宏大计划。

---

[1] Jeannette Mirsky, *Sir Aurel Stein*, p. 463.

斯坦因在信中和凯勒商量洛厄尔系列讲座的安排时，再次说明自己再次远征的意愿以及经费短缺等种种实际困难。虽然凯勒在波士顿和世界各地的社交甚广，朋友圈内不乏富豪，但是资助中亚探险这一宏大项目，毕竟需要雄厚的资金作后盾，不易一蹴而就，他深感心有余而力不足，还为斯坦因抱不平："世间的事总是这样：有志者苦于没有财力，而富人却无心于此。"[1] 他还表示："要是我本人有财力，肯定会予以资助的。"虽然凯勒因无能为力而措辞含糊，但心意颇诚，他向斯坦因保证自己会和布莱克商量，尽力安排好演讲日程，还会争取为他再次远征助一臂之力。

转眼到了1928年11月，斯坦因在英属印度政府服务了十九年后卸职。他刚一退休就忙于早就计划好的中东考古之旅。虽然规模不如以前在新疆那么庞大，但这足以使他潜心工作。斯坦因在巴基斯坦、伊拉克和叙利亚地区做了好几次考察，这些短期的小规模的发掘证实了他一直持有的想法：近东和印度之间有着密切而深远的文化和历史渊源。不过他没有时间和财力在这一地区接着做深入发掘，路遇来自耶鲁大学、宾夕法尼亚大学和芝加哥大学的考古学家时，还想着自己无法再次发掘的遗址，刚好可以留给这些年轻人来继续。

1929年初，斯坦因在伊拉克巴格达的哈佛-巴格达东方研究所宿营地给凯勒写信，告知自己往后半年的日程，并说明为何波士顿之行仍难以定夺。而凯勒笔下的波士顿，新年伊始

---

[1] 凯勒致斯坦因的信，波士顿。1928年9月12日。

就是一番热闹的景象。在哈佛燕京学社的资助下，伯希和在哈佛大学讲授了一学期的"中国艺术史"课后[1]，在福格美术馆做了一场演讲。凯勒慕名前往参加，之后他还请伯希和作为嘉宾举办晚宴，一起应邀赴宴的还有钢和泰（Baron Alexander von Staël-Holstein）和拉铁摩尔（Owen Lattimore）。那一年，罗斯福家族的小西奥多和克米特兄弟俩再次出发远赴印度，接着经孟加拉湾北岸前往东南亚。

斯坦因退休后的生活基调一成不变。他完成中东的多次短期考察后回到了印度，1929年5月他离开漠罕·马革，按原计划回到欧洲。他先去了意大利，然后前往布达佩斯看望家人。月末，他一回到英国就径直前往牛津大学的基督圣体学院（Corpus Christi College），下榻院长阿伦家。每次回英国，他总是寓居阿伦舒适的家中，进行读书和写作。斯坦因一直把那当作"自己在英国的家"。

早在第一次新疆之行后，斯坦因就一直怀有这样的愿望："我多么希望能回到那自由、安宁的塔克拉玛干沙漠！"[2] 终于他没有公务缠身了，重回新疆大漠的愿望便愈发强烈了："我的旅程到底会走多远，只有天晓得。可是不管怎样，我会一次又一次回归大漠的。"[3] 斯坦因告诉凯勒，他打算在牛津一直住到初秋，不过到夏天，接下来的动向该会明了，到时定会告知波

---

[1] "Pelliot Tells of Cave Excavation in China-Unearths Buddhist Tempie in Chinese Turkestan", the Harvard Crimson, December 19, 2028. 1928—1929学年，伯希和在哈佛开的一门艺术史课，题为"Chinese 10: The Chief Periods in the History of Chinese Art"。

[2] Jeannette Mirsky, *Sir Aurel Stein*, p. 192.

[3] Ibid., p. 212.

士顿之行的计划。凯勒马上回复说，一旦斯坦因决定，他就会和布莱克商量，让洛厄尔研究所重新安排系列讲座。

为避免节外生枝，凯勒迫不及待地要求洛厄尔研究所发出新一轮的邀请。1929年5月27日，也就是第一次发出邀请的一年多后，洛厄尔校长给斯坦因第二次发出了邀请函，可是斯坦因依然迟疑不决，回复说："直到现在我都无法确定前往波士顿讲学一事，因为与此相关的好多事，尚无定着。"[1]6月中旬，埃拉·塞克斯在给凯勒信中也说，应邀做洛厄尔系列讲座的荣誉，斯坦因当之无愧，只是他迄今尚未准备接受。[2]直到7月上旬，斯坦因仍未答复。他来美的计划看似不了了之了。

1929年7月15日，凯勒和华尔纳两位老友又相聚午餐。席间凯勒提起了斯坦因来访计划悬而未决一事，而且还不经意地提到，斯坦因一直有意再次远征去新疆，但苦于经费难筹。华尔纳听罢欣喜若狂，立马让凯勒给斯坦因发电报，说自己准定能帮他筹到经费。"斯坦因属这一领域内独一无二之士，怎么不早一点说呢？"于是凯勒往牛津发了电报："如果哈佛出资，愿意出行吗？"[3]斯坦因立马回电应承。紧随电报，凯勒又写信作了详细的说明："我以前和您提到的华尔纳，现在是福格美术馆馆监。前天我和他提起了您迫切希望能回到中亚做考察，并且暗示如果美方能支持，您将愿意出行。华尔纳是一个充满魅力、做事当机立断的家伙。他听后喜出望外，表示愿意

---

[1] 斯坦因致凯勒的信，1929年6月3日。
[2] 埃拉·塞克斯致凯勒的信，1929年6月13日。
[3] 凯勒致斯坦因的电报，1929年7月15日。凯勒致斯坦因的信，1929年7月16日。

筹资帮您成行。现在我满心希望您尚未和其他什么机构达成合作事宜，而且愿意和哈佛这家学术机构合作。要是您，我尊敬的朋友，能加入我深爱的这所大学的学友圈，那我别提有多开心了！"

即便远征探险的经费远未确定，华尔纳主动提出的方案也足以让斯坦因动身来波士顿讲学，同时细谈哈佛大学提供资助的计划，可见斯坦因想再次进入新疆之心切。拖延了一年多后，斯坦因应邀来波士顿做洛厄尔系列讲座一事水到渠成。显然，使斯坦因迟疑不决的，并不是哈佛邀请的力度不够，也不是他的日程繁忙无法周旋；能促成斯坦因来美的不是初行新大陆的吸引力，也不是洛厄尔系列讲座的显赫名声，而是赴美能带来的再次上路做第四次探险的机会。凯勒和华尔纳午餐桌上的闲谈成就了斯坦因来美的突破口。

凯勒得知这一好消息后，高兴极了。"很久以来，我一直期盼这位'小个子先生'能受邀做洛厄尔系列讲座，现在这一愿望终于实现了！"[1] 同时，他向斯坦因汇报筹集经费的进展："萨克斯以其超人的活动能力，为筹资募款四处奔忙。华尔纳也马不停蹄地和另一批人联系。我呢，只能算是边线上的看客，为他们的奔忙鼓劲喝彩。"华尔纳接着还写信向斯坦因汇报进展，让他放心。华尔纳解释说，哈佛大学并没有用于资助中亚探险的经费，不过只要得到洛厄尔校长和大学董事会的同

---

[1] 斯坦因身高刚过1.6米，"小个子先生"是凯勒对他的昵称。见凯勒致罗伦斯的信，1929年8月15日。哈佛大学霍顿图书馆馆藏。

意，萨克斯（Paul J. Sachs，1878—1965）馆长和他本人就能以福格美术馆的名义出面筹资。他还强调，一旦经费到位，斯坦因有完全的自由来策划行程，而且涉及领域不拘，考古学、艺术史、民族志、地理学和地质学等领域的新发现，都足以使哈佛大学的学者感兴趣。华尔纳还特别说明，斯坦因选定的旅程和考察点，除了会报告给赞助人，对外一律保密。当时在哈佛大学任教的还有一位斯坦因多年的老友，梵文教授蓝曼（Charles R. Lanman，1850—1941）。华尔纳特意就这一计划向蓝曼求教和咨询，得到了他的大力支持。

为了斯坦因的到来，大家忙开了，凯勒继续和洛厄尔研究所协调斯坦因讲座的安排，而萨克斯和华尔纳紧锣密鼓地筹资。虽然这是华尔纳许的诺，但真正出面的是福格美术馆馆长萨克斯。萨克斯出身富商之家，他的外祖父马库斯·戈德曼（Marcus Goldman）和父亲塞缪尔·萨克斯（Samuel Sachs）于1869年在纽约合办高盛公司（Goldman Sachs），在美国金融界名声显赫。萨克斯从哈佛大学毕业后进入高盛任职，和多家财源雄厚的投资公司关系密切，可是他更热衷艺术和文物，多次向母校捐赠名画，也是一位公认的古董鉴赏家。1914年，经福格美术馆馆长福布斯（Edward W. Forbes，1873—1969）说服，萨克斯弃商从文，在意大利游历一年以后，回哈佛开始了艺术史教授的生涯，不久和福布斯一同掌管福格美术馆。

1929年8月，福格美术馆派斯坦因前往中亚探险的计划得到洛厄尔校长的批准后，华尔纳全力计划迎接斯坦因到访波士顿。就筹集经费的进展，他又一次向斯坦因开诚布公地说：

福格美术馆馆长福布斯（右）和萨克斯（左），1944 年（Harvard Art Museums Archives）

萨克斯和福布斯两位馆长正全力以赴，估计在 9 月中下旬，现居南美的一位友人将会给予确切的答复。华尔纳还强调："根据我的经历，萨克斯和福布斯馆长热心以往之事，没有办不成的。"[1] 在此期间，斯坦因提出让大英博物馆加入合作，华尔纳表示完全同意。不久，萨克斯筹资的三万美金到位，当他跟凯勒分享这一好消息时，却低调而慎重地表示："我们可不能过早乐观啊，离十万的目标还远着呢！"[2]

与此同时，斯坦因开始筹备赴美之行。9 月上旬，他已安排好行程。10 月至 11 月上旬，斯坦因在欧洲大陆度过，他又

---

[1] 华尔纳致斯坦因的信，1929 年 8 月 15 日，哈佛大学霍顿图书馆馆藏。
[2] 萨克斯致凯勒的信，1929 年 9 月 2 日和 1929 年 10 月 9 日，哈佛大学福格美术馆馆藏。

一次回布达佩斯老家，并应邀做了一场演讲，然后去荷兰莱顿讲学。11月23日，斯坦因乘坐特兰西瓦尼亚2号（SS Transylvania II）越洋海轮，驶往美国东海岸。

## 三

特兰西瓦尼亚2号海轮在大西洋上行驶了九天后，于1929年12月1日傍晚5时停泊在纽约港。

为了斯坦因的到来，凯勒事先做了周密的安排。他委托所在的审计公司的纽约分部指派一位可靠的办事员，为斯坦因预订抵港当晚在纽约下榻的酒店，并去码头迎接斯坦因，还特意带上一百元现钞，供他入境后备用。斯坦因自己历来做事缜密，启程前就已经跟凯勒打招呼说自己随身携带了大量玻璃幻灯片，需要凯勒事先关照海关，以免出入境遇到麻烦。凯勒亲自致信海关，说明斯坦因携带的玻璃幻灯片仅供讲学所用。

至于斯坦因来波士顿后的住处，凯勒建议他入住哈佛大学附近的酒店，但是斯坦因的老友蓝曼早就在信中和斯坦因说定就在他家下榻。蓝曼是哈佛大学首任梵文讲座教授，和斯坦因一样，他从四十多年前就开始学习梵文，两人都师从德国图宾根大学的印度学家、吠陀语文学的创始人鲁道夫·冯·罗特（Rudolf von Roth, 1821—1895）。近半个世纪来他俩一直有书信往来，却缘悭一面。斯坦因动身前一直称此行为"一桩美事"，并且告诉凯勒："对我来讲，最重要的是在哈佛商议远征考察的细节，并拜访您和蓝曼先生。"[1]蓝曼年事已高，但精力充沛，一年之前，七十八岁高龄仍在查尔斯河上划船，沿河从康桥一直到波士顿，甚至其中一段还得穿过海域，而和他同行的是一位比他还年长的先生！

早在斯坦因刚开始准备行程时，蓝曼就和他商定来康桥起居和讲学的细节，同时也时常同凯勒和华尔纳、萨克斯协调种种安排。斯坦因乘火车从纽约来到波士顿前，蓝曼先从凯勒那里打听到斯坦因在纽约中央车站上车的确切时间，还特意让凯勒转告，当火车进入波士顿市区后，后湾站下客多，一定叮嘱斯坦因千万不要随客流在那一站起身，而要坐到终点站南站。12月2日傍晚，蓝曼派人驱车接斯坦因到康桥法勒街（Farrar Street）9号的家中安顿。蓝曼把斯坦因既当老友又当贵宾相待，在家中为斯坦因准备了两间房：一间是起居室，另一间是书房。书房里的大书桌有八个抽屉，刚好供斯坦因用来一一置放他将要做的八场演讲稿。书桌上还齐齐整整摆放着斯坦因已出版的所有著作，唯一缺的就是刚刚出版的《亚洲腹地》。蓝曼对老友以诚相待："你的日程繁忙，我不会多打扰，但是需要什么，尽管吩咐，我的助手会随时帮忙。"

斯坦因安顿下来后，蓝曼于12月4日晚在波士顿市中亨廷顿大街的哈佛俱乐部做东招待斯坦因，参加这一接风晚宴的有凯勒、萨克斯、福布斯及华尔纳，还有布莱克以及在哈佛任教的埃及考古学家乔治·赖斯纳（George A. Reisner）。碰巧的

---

[1] 斯坦因致凯勒的信，牛津基督圣体学院院长寓所，1929年8月29日。

是，赖斯纳刚在洛厄尔研究所做过有关埃及考古的讲座。

斯坦因在洛厄尔研究所的系列讲座如期举行。讲座安排在位于波士顿市中的博义思同街（Boylston Street）491号，也就是麻省理工学院罗杰斯大楼的亨廷顿演讲厅内。系列讲座的负责人曾担心一周内举办三场演讲会影响听众人数，尤其其中一场在周六晚上，但是斯坦因行事一贯紧凑、高效，最后还是按他的意愿安排。而凯勒也有些担心，不过是出自另外一番顾虑——荣赫鹏（Francis Younghusband）曾在伦敦的皇家地理学会听过斯坦因的演讲，觉得他的演讲"单调乏味，拉拉杂杂地讲了足足有两个小时"。埃拉·塞克斯也私下在信里对凯勒坦诚相告：对斯坦因，她一直深怀敬意，可对他的演讲能力却不敢恭维。[1] 从12月5日至21日，斯坦因以"在亚洲腹地的探险"（Explorations in Innermost Asia）为主题，一连做了八场演讲，涉及的内容囊括了他从1900年到1915年间在中亚的历次考察和探险的经历、考古发现、探险传奇和对中亚的研究成果。八场演讲下来，波士顿的听众仍然兴致盎然。两年后，斯坦因把这八场演讲内容做了整理和编辑，汇集出版时，在自序里回忆道："一想到在亚洲腹部沙漠山岭之间所费去的那些美好的时光，至今还是和以前一样，觉得很新鲜，有价值。所以当哈佛大学校长好意请我在波士顿洛厄尔研究所演讲时，我便欣然趁这机会把我这些年来的游历和发现，提纲挈领地叙述一

---

[1] 埃拉·塞克斯致凯勒的信，1928年7月20日。

Lanman, C. R.
Sanskrit aorists:
Classification and history
Reprint from Transactions of the
American Philological Association
Volume 53, pages 83–102
1923

To Sir Aurel Stein, K.C.I.E. etc.

In token of profound admiration of his manly courage, his learning, his devotion to science, his achievement

From his old — if also never-yet-seen — friend
C. R. Lanman

with affection unfeigned.

Harvard College, March 23, 1924

If thou wouldst win a real victory, the first thing is, to keep a stout heart.

ἀρχὴ γὰρ ὄντως τοῦ νικᾶν, τὸ θαρρεῖν

Plutarch (Themistocles, viii.)

蓝曼给斯坦因的信（Houghton Library, Harvard University）

番，以应普通听众之需。"[1]

在斯坦因做洛厄尔系列讲座期间，萨克斯馆长忙着四处筹资，当斯坦因做完第四场演讲时，五万美金已经到位，其中一位重要的捐赠人，即之前提到的现居南美的友人，敦巴顿橡树园博物馆（Dumbarton Oaks Museum）的创办人、时任美国驻阿根廷大使罗伯特·布利斯（Robert W. Bliss）。布利斯是一位热衷拜占庭和南美文物的收藏家。他和萨克斯交情颇深，在了解过斯坦因远征的详细计划后，欣然表示愿意赞助。而凯勒在纽约的商务活动繁忙，斯坦因的讲座不能场场都到，为此事先向斯坦因表示歉意。不过，他特意调整日程，确保自己能在12月17日傍晚之前赶回波士顿，在比肯丘的善本俱乐部主办晚宴，专门款待"小个子先生"斯坦因，还邀请哈佛大学的教授和波士顿的名流参加（即本文开场的一幕）。

听闻斯坦因来到波士顿，各界纷纷向他发来邀请。除了洛厄尔的系列讲座之外，斯坦因还答应了由蓝曼牵线搭桥的来自美国人文社科研究院和波士顿美术馆的邀请。波士顿美术馆副馆长查尔斯·霍斯（Charles H. Hawes）早在斯坦因来美之前，就特意跟他介绍美术馆藏有一套斯坦因在敦煌收集到的寺庙挂帘和一幅来自新疆的壁画，请他和大家分享这些珍品。圣诞节刚过，斯坦因就在波士顿美术馆做了两场有关敦煌

---

[1] *On Ancient Central-Asian Tracks: Brief Narratives of Three Expeditions in Innermost Asia and Northwestern China* (London: Macmillan, 1933). 参中译本《斯坦因西域考古记》（向达译，上海：中华书局，1936 年）；新中译本《西域之路——斯坦因西域考古探险记》（巫新华译，北京：商务印书馆，2022 年），引用时略有更改。

斯坦因在波士顿的洛厄尔系列讲座的海报，1929年（Houghton Library, Harvard University）

藏品的演讲。此外，他不得不婉拒来自韦尔斯利学院（Wellesley College）和布鲁克莱恩研究所（Brookline Institute）的演讲邀请。

斯坦因的八场演讲结束后，就其携带大量玻璃幻灯片回程一事，凯勒又致信英国驻波士顿总领馆，请领事提供官方信函，供斯坦因出境时使用，确保无误。同一天，斯坦因前往纽黑文后去了费城，受霍勒斯·杰恩（Horace H. F. Jayne）馆长的邀请[1]，走访宾夕法尼亚大学博物馆。克米特·罗斯福也同时给凯勒来信，询问斯坦因的行程，希望能在纽约见斯坦因一面。不过，直到1930年春斯坦因回到克什米尔，他们才有机会再次相见。

年末，斯坦因从费城去了首都华盛顿，入住拉法耶特（La Fayette）酒店。就在这一天，萨克斯发自康桥的一份电报成全了斯坦因第四次远征的愿望，也是他收到的最好的一份新年贺礼。萨克斯的电报告知，在刚举办的哈佛燕京学社执行董事会会议上，董事会成员哈佛大学考古学教授蔡斯（George H. Chase）、商学院院长多纳姆（Wallace B. Donham）和图书馆馆长布莱克一致同意学社出资五万美元，分三年支出，资助斯坦因开展中亚考古探险之旅。[2] 至此，斯坦因计划中的第四次探险所需经费全部到位。

---

[1] 杰恩是华尔纳敦煌之行的同伴，可是到达肃州（今酒泉）后，他在冰霜雨雪的途中病倒，不得不先折回北京。

[2] 蔡斯致萨克斯的信，1930年1月？日；哈佛燕京学社董事会会议记录，1930年1月？日，哈佛燕京学社档案资料。蔡斯时任哈佛大学文理研究生院院长（Dean of the Graduate School of Arts and Sciences）。

在华盛顿，斯坦因应邀在弗利尔美术馆（Freer Gallery of Art）又做了一场有关敦煌莫高窟壁画的演讲。1月6日晚间，他从华盛顿来到纽约，入住探险家俱乐部（Explorer's Club）。此前，萨克斯给他父亲塞缪尔·萨克斯的家信里曾提到："父亲您可以在1月7日招待斯坦因，叔叔朱利恩·萨克斯也有兴趣见他，到时大家可以一起吃晚餐。"[1] 同一封信中，萨克斯不无自豪地跟父亲说，尽管时值经济大萧条，但是他为斯坦因的中亚探险顺顺当当地筹足了经费。萨克斯接着给斯坦因去信，详细说明经费的数目、支出和使用的范围，再一次强调这一项目得到了洛厄尔校长的首肯，还特意指明，斯坦因可以在新疆、波斯或亚洲其他地区做考察，而经费支出和行程计划完全由斯坦因自主，福格美术馆和哈佛燕京学社均不干涉。[2]

筹资计划大功告成，第四次探险之旅行将就绪，斯坦因的欣喜之情自不待言，但更高兴的是哈佛大学的学术和社交圈内热心这一考古项目的人士。斯坦因在美东转了一圈后回到波士顿，入住刚结识的波士顿美术馆馆长爱德华·霍姆斯（Edward Holmes）的寓所。斯坦因回英国的前一天，凯勒夫妇带他去科哈西特镇游玩，那里有凯勒夫妇夏季和节假日的寓所。即便斯坦因喜欢荒漠远胜海滩，但是他和凯勒夫妇一起，在这座新英格兰海边古镇度过了轻松、愉快的一天。1930年1月12日，凯

---

1 保罗·萨克斯致赛缪尔·萨克斯的信，1929年12月31日，哈佛大学美术馆馆藏。
2 Sachs to Stein, July 16, 1929, "By the way, I neglected in my excitement to say that if you make the expedition for Harvard you can go when you will, where you will, how you will, and make your own terms about everything." 哈佛燕京学社藏。

勒夫妇、华尔纳，还有霍姆斯夫妇，再加上凯勒的侄女，一起到波士顿港为斯坦因送行。斯坦因携带着两只大旅行箱，挤入客舱。凯勒看着替他感到不适，可斯坦因怡然自得，挥手向大家道别。安达尼亚号海轮（SS Andania）汽轮启程驶往英国。

斯坦因重回塔克拉玛干沙漠的愿望，眼看就要实现。不过，他在书信和笔记中并没有过于欣喜的描述，这或许是性格使然。其实，斯坦因早就意识到，新一轮的考察一定会磕磕绊绊。从收到凯勒发于1929年7月15日的第一封电报开始，他就开始缜密筹划，向各方了解前往中国边疆考察的可能性，提前告知相关人员每一步的计划并请求协助。同时，斯坦因还密切关注中国的状况，并从不同渠道了解到，去中国边疆实地考察远不如以往方便，因此不时在字里行间流露出对这次远征探险的顾虑。1929年11月初，斯坦因再次去信感谢福格美术馆为他远征筹资而付出的努力时提到，根据自己对"新"中国的了解，还有最近来自上海的消息，西方人进入中国考察还算可行。斯坦因深知此次出行远征的准备比以往任何一次都重要，不过他也有这份自信：其他探险家和考古学家在内亚中国边疆遇到的不顺并不会发生在自己身上，毕竟他不是斯文·赫定，也不是安德鲁斯（Roy Andrews），更不是科班出身但缺乏在沙漠行走、发掘经验的华尔纳。

福格美术馆深知华尔纳五年前在敦煌远非顺利的遭遇，但对斯坦因即将启程的远征考古之旅，他们信心十足。对福格美术馆而言，斯坦因此行意味深长。除了谨慎行事之外，萨克斯和华尔纳在来往信件中并没有流露过分的担忧。传记作者米尔

斯坦因，1929年（Houghton Library, Harvard University）

斯基和沃克笔下的斯坦因，内向、低调而又谦虚，但这些品性背后还蕴藏着坚毅的性格和一股义无反顾的决心。如同他以往三次探险和考察经历所展示的，斯坦因做事历来有备无患，他还有着与生俱来的说服能力，初次见面就能给人留下难以抹去的印象，从而易于建立稳固的友谊。这种能力几乎可以让他自如而有效地维护各类社交关系，从而达到自己的目标。总之，超常的毅力、锲而不舍的决心和有条不紊的生活习惯，再加上过去中亚内陆考古探险的历练、与新疆地方官员的老关系，都使他对这次远征充满了信心。[1]

斯坦因的首次新大陆之行,长达六个星期,实现了凯勒多年来请他访美讲学的夙愿。而对斯坦因本人来讲,此行最重要的是得到了再次远征中亚的资助,还促成了哈佛大学和大英博物馆联袂合作的契机。从新大陆驶往英国的越洋汽轮即将抵达利物浦港,斯坦因在客舱里把自己对凯勒的感激诉诸笔端:"我的美国之旅充满着新奇的经历、快乐的时光和富有希望的交流。不管往后的考察进展如何,您的友谊促成了所有这一切,我将铭记于心!对我来说,这是一段特别快乐的时光,而在科哈西特海湾的最后一天,也过得愉快又舒心,为我的美国之行画上了一个圆满的句号。您的友谊促成了所有这一切!"这语调和情意,出自斯坦因一贯冷静、理智的笔端,在他浩瀚的著作、书信和笔记中,实为罕见。安达尼亚号在利物浦港抛锚,斯坦因一上岸即马不停蹄赶往伦敦,约见大英博物馆馆长凯尼恩(Frederick G. Kenyon)。

斯坦因筹划中的远征,仍从克什米尔的斯利那加启程。他又将从漠罕·马革山巅的营地出发,先往喀什行进,继而深入新疆腹地。而成全这一切的凯勒,将一如既往在波士顿追踪他新一轮的中亚之旅,为他鼓掌加油。对于斯坦因这位六十七岁的探险家和考古学家,远征考察依然是他生活的全部。行将踏上又一前程未卜之旅,他向牛津的挚友阿伦倾诉所思所想:

---

[1] Jeannette Mirsky, *Sir Aurel Stein*, p. 15. Annabel Walker, *Aurel Stein: The Pioneer of the Silk Road* (Seattle: University of Washington Press, 1995), p. 3.

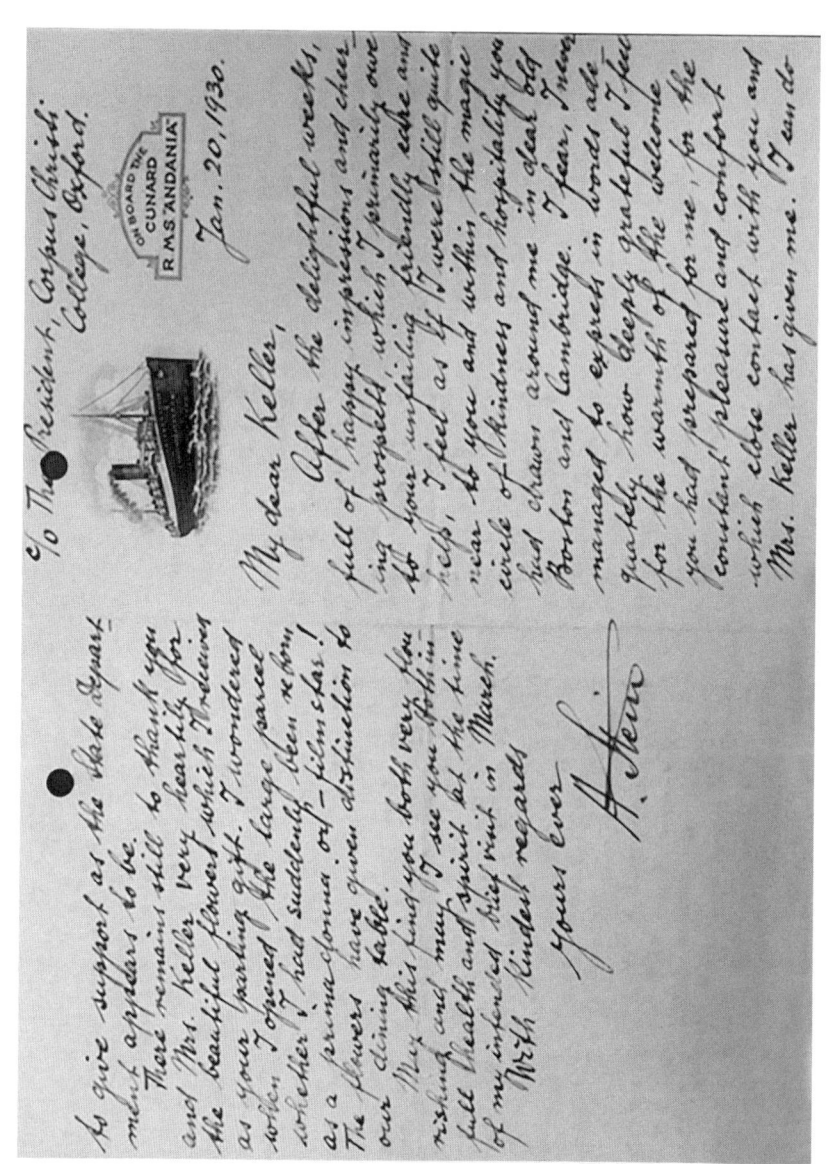

斯坦因返回英国途中在安达尼亚海轮上写给凯勒的信，1930年（Houghton Library, Harvard University）

"能再次远征真好！崇山峻岭里有的是安宁和自由，还有那一望无际的荒漠茫原，我的心思随之在过去、现在和未来间徜徉、游荡。"[1]

本文始刊于《文汇学人》2019年7月26日、8月9日和8月28日。

---

[1] "It was good to be marching again, restful to advance through barren mountains where there was peace and freedom to let thoughts range far into past, present and future." 见 Jeannette Mirsky, *Sir Aurel Stein*, p. 453.

# 哈佛的梵文课和世纪疫情

## 蓝曼与陈寅恪

斯坦因的第四次探险一直苦于经费短缺而难以动身，直到1929年夏才有转机。这得益于两位波士顿人士，一商一文。商界人士凯勒和斯坦因结识、交往的来龙去脉，我在《从中亚古道到新大陆》一文中已做过叙述，而文人则是哈佛大学威尔士梵文讲座教授（Wales Professor of Sanskrit Studies）查尔斯·蓝曼。文中有关蓝曼和斯坦因半个世纪的学友之交仅寥寥数笔，意犹未尽。冬末，中国和欧洲多国疫情泛起。隔着大洋，美东暂且安然无恙，是"躲进小楼成一统"的好时候，于是让学校档案馆调出蓝曼日记。档案馆的阅览室内，读者寥寥无几，各自埋头翻阅，落针可闻。数十册蓝曼日记已整整齐齐摆放在馆内推车上，挨着书桌待阅。寂静中，偶尔咳上两声得使劲用胳膊肘捂住，镇住发痒的喉咙。

蓝曼留在身后的日记，跨越了十九世纪下半叶和二十世纪上半叶。七十来册日记本，除了岁月的磨损和留痕，一本本依然齐整无缺。最早的一本记于1863年，距今足有一个半世纪。1880年前的本子，大小、封面色彩不一，但是之后用的全是当年康桥日记本公司出产的清一色黑封皮本子。如我所期望的，蓝曼1929年末的日记里记载有斯坦因来访哈佛大学和波士顿的详情，包括斯坦因准备来访时与蓝曼的通信记录，还有来访时每一天的活动安排。蓝曼的这一段日记既填上了拙文留下的空白，又可避免孤证不立、以偏概全之嫌。之后，按捺不住好奇心，我开始翻阅1929年之前蓝曼前往德国求学和来哈佛教梵文的记录。这位老先生漫长的梵文教研生涯和趣闻轶事，一幕幕展现在陈旧纸张上的字里行间。

蓝曼在康州的诺威奇镇（Norwich, Connecticut）长大，十七岁进耶鲁大学，专攻希腊文和梵文，师从美国最早的梵文学者威廉·惠特尼（William D. Whitney, 1827—1894）。取得博士学位后，蓝曼前往德国柏林、图宾根和莱比锡游学进修，从1873年到1876年，他拜阿尔布雷希特·韦伯（Albrecht F. Weber, 1825—1901）和鲁道夫·冯·罗特等梵文和印度语文学大师为师，而斯坦因和他的交情也缘于这段经历。

蓝曼回美不久，即受老乡、刚创办的霍普金斯大学的校长丹尼尔·吉尔曼（Daniel C. Gilman, 1831—1908）之邀，前往担任梵文教授，可他在霍普金斯大学没几年，就转入哈佛大学任教。根据现任哈佛大学梵文讲座教授迈克尔·魏策尔（Michael Witzel）介绍，1869年，哈佛大学校长查尔斯·艾略特（Charles W. Eliot, 1834—1926）曾有意请惠特尼来担任梵文教授，但是惠特尼宁愿留驻耶鲁。十年后，这一机会落到了蓝曼身上。

1880年5月20日，蓝曼从老家诺威奇镇走访康桥。那一天，艾略特校长通过诗学教授佛朗西斯·查尔德（Francis J. Child, 1825—1896）和蓝曼取得联系。蓝曼在那天的日记里

查尔斯·蓝曼

写道:"艾略特校长通过查尔德先生给我发来一张便条,告知说他非常希望见我一面。上午十点,我应约去了校长办公室。短短几分钟的工夫,我们就把事儿谈妥了。他要聘我为哈佛的梵文终身教授,年薪从三千开始,而且每七年有一年带半薪的学术假。"

蓝曼向好友查尔德和亦师亦友的沃伦(Henry C. Warren, 1854—1899)悉心咨询,反复斟酌好几天后,决定接受哈佛的聘任。年方三十,蓝曼成为哈佛大学首任梵文教授,他自称哈佛学院里的"娃娃教授"。1880年秋,蓝曼从巴尔的摩搬迁至康桥,开始了在哈佛半个世纪的学术生涯。

早先,梵文和比较语文学一同从属拉丁文科目,梵文是哈佛本科生的一门选修课,1872年到1880年间由格里诺(James

B. Greenough）执教。蓝曼来后，梵文专业的研究生项目才开始启动。这一项目先属于梵文和中古波斯语系，后来归入印度和伊朗语言系，蓝曼担任该系的系主任。1902年，印度和伊朗语言系改名为印度语文系。哈佛接收了亨利·威尔士（Henry W. Wales，1818—1856）的捐赠后，从1903年开始，蓝曼的教职正式被命名为威尔士梵文讲座教授（Wales Professor of Sanskrit Studies），由蓝曼任至1926年荣休之时。

蓝曼的书斋生活数十年如一日。除了教梵文、研究印度语文学和编辑他首创的"哈佛东方丛书"（Harvard Oriental Series）之外，他毕生倾心的就是划船。早在巴尔的摩，他就喜欢在帕塔普斯科河（Patapsco River）上泛舟。来到康桥后，他更是享尽了在查尔斯河（Charles River）划船之乐。日记里，他总是记下开春的第一桨。他每年三月下旬的日记会以不同方式反复来记述第一次下水的经历。不管是风和日丽，还是阴雨绵绵，只要节候适当，河面不结冰，他每天都去河埠头，划上一程。一天，他写道："今天正午下河，一气划到了沃特敦（Watertown），再返回。阳光普照，特别过瘾。待在船里那自由自在的感觉，真的给自己很大鼓舞。"还有一天，他记录："今天坐在船里做了一个小时的笔记。啊，身在船内，才觉得回到了本真。"

到1920年，他已在哈佛教了整整四十年的梵文。连他自己都说，当年的"娃娃教授"成了"一个资深却讨人嫌的老字号"，除了阿诺德树种园主任、树艺学教授萨金特（Charles S. Sargent，1841—1927，1879年开始任教授）之外，哈佛的"老

蓝曼一家（Harvard University Archives）

字号"就数他了，这么大年纪仍然不离讲坛。5月20日这一天对他意味深长，多年来他都会在这一天的日记留下一笔。他在1919年那一天的日记里写道："三十九年前的今天，艾略特校长聘请我接受哈佛教授一职。"多少年来，他的梵文和巴利文课上，就座的学生总是屈指可数，多则六七个，少则两三位。初级班就在怀德纳图书馆三楼一角的教室（即现在的梵文图书馆）上，而高级班的学生则更少，他索性就在位于校园附近的法勒街（Farrar Street）的寓所上课。

1919—1920学年9月24日秋季开学后，梵文初级班的第一堂课上来了六个学生，蓝曼喜出望外，在那一天的日记里一一列下"六个颇有前途学生"的姓氏，其中一位是中国学生（Tschen），那就是陈寅恪。对陈寅恪那两年师从蓝曼求学的来

陈寅恪哈佛求学时

龙去脉，首都师范大学林伟写的《陈寅恪的哈佛经历与研习印度语文学的缘起》一文曾做过详细的叙述。[1]

  陈寅恪于1919年初抵达康桥，入秋开始上蓝曼的初级梵文课。入冬，蓝曼几次提到自己或是学生身体不适。读着我才恍然大悟，1918年至1919年正是一个世纪前全球流感大暴发之时，波士顿属疫情非常严重的城市之一，不少学生染病住院。1920年2月3日，正值期末复习迎考，七十岁的蓝曼先生亲自前往哈佛大学医务室住院区看望陈寅恪，晚上照常在家中上梵文课。两天后，除陈寅恪之外，班上五个学生都在怀德纳三楼教室应试。那两天可是怎样的天啊！新英格兰正值"一

---

[1] 林伟，《陈寅恪的哈佛经历与研习印度语文学的缘起》，《世界哲学》2012年第1期，第137—152页。

场二十二年来未遇的特大暴风雪",十二个小时内洒下一尺厚的积雪,每小时六十三英里的大风趁机肆虐,封堵了好多地区。老先生在冰天雪地里往医院给陈寅恪送试卷,但是学生已经出院了。等再去学生的住处,才发现他已经搬家了。那个冬天,陈寅恪和身边好几位中国学生染病,好在他们康复而幸免于难,而其中一位曹丽明不幸得肺炎病逝。

到了1920年秋,陈寅恪接着修蓝曼的高级梵文课,他的班上只有三个学生:除陈寅恪外,还有一位乔治·德·罗列赫(George de Roerich,1902—1960)。蓝曼在1920年10月25日的日记里第一次提到:"今天一位叫罗列赫的俄国学生(难民),出现在课堂上。"罗列赫后来以翻译十五世纪西藏佛教史《青史》而著名,难以想象他当年曾就学哈佛,且与陈寅恪同窗于蓝曼的梵文课。蓝曼不久还帮罗列赫申请奖学金,甚至在假日哥伦布日还给他们上课。还有一位学生叫凯瑞(Carey),但时常缺课。唯有陈寅恪和罗列赫,每课不误,1920年11月,他俩来蓝曼家中上课,老先生特意记下:"和他们俩度过了一个愉快的夜晚。"12月20日,圣诞前夕,蓝曼请所有学生来家聚会,陈寅恪和罗列赫也来了,大家一起吃了可口的鸡肉馅饼,蓝曼还跟学生们讲"印度故事和所罗门的审判以及猴子和孔雀等传说"。

一个世纪后坐在档案馆翻阅蓝曼日记,想不到这位先生在哈佛漫长的梵文教研历史会和眼前的疫情倏地连在了一起。他关于百年前疫情的记载,一下子在今天康桥寂静的街市和哈佛园内紧闭的教学楼和图书馆有了回应。蓝曼日记里对当年疫情

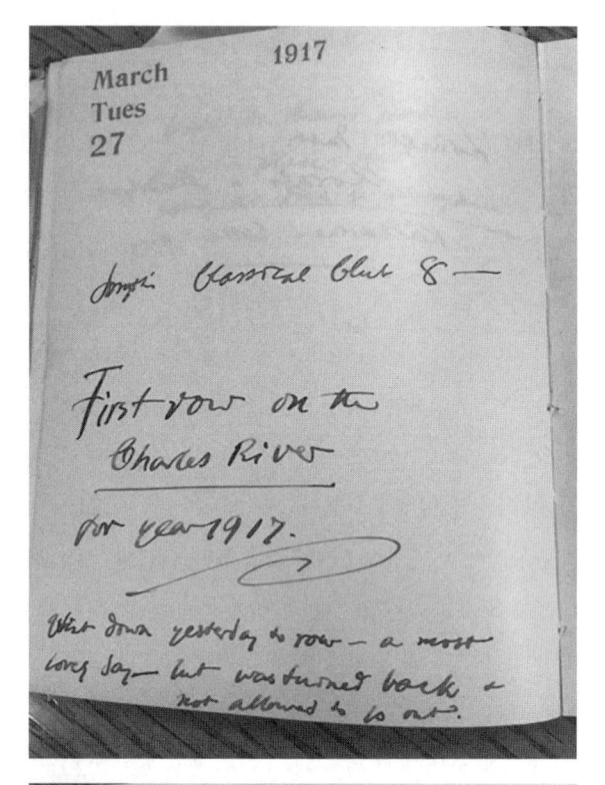

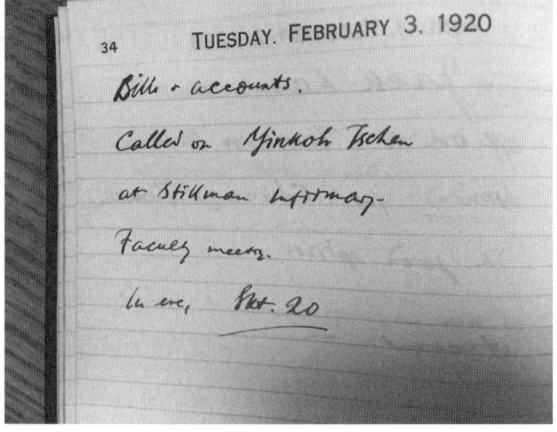

蓝曼日记中的陈寅恪

流行时留学康桥的陈寅恪寥寥数笔的记录，平添了一个世纪之前梵文业内师生之志趣，实显蓝曼日记非凡的价值。

1952年，英格尔斯（Daniel Ingalls）接任蓝曼的弟子克拉克（Walter E. Clark）担任威尔士梵文讲座教授时，把蓝曼年代的印度语文学系改名为梵文和印度研究系，不久还把藏语文和历史也纳入了教研内容。[1] 十年前，梵文和印度研究系再次更名，成为现在的南亚系，这足以说明北美的印度语文学已与欧洲的语文学脱钩，被归入跨学科的南亚研究。幸好怀德纳图书馆内三楼的梵文室百年后依然如故，既是图书室，又是教室。九十年代中我们一批同学还跟随范德康（Leonard van der Kuijp）教授在那里上藏文课，我们身后就是蓝曼夫妇1889年去印度蜜月时收集到的五百多册梵文和俗语写的古文本和善本古籍。

读到蓝曼日记里有关印度语文系的历史，我急着和魏策尔教授联系，向他请教梵文图书馆的现状。魏策尔为德国梵文学科班出身，1987年从荷兰莱顿来到波士顿，接任英格尔斯为第四任威尔士梵文讲座教授至今。他喜闻我在读蓝曼日记，欣慰地说蓝曼从印度收集的梵文善本书如今依然按原样珍藏。"1990年前后，梵文系对所有的典籍做了记录，编目上网。"前几年图书室里添了新桌椅，别的一律依旧，几张印度学家照

---

[1] 丹尼尔·英格尔斯（1916—1999）曾担任哈佛燕京学社董事多年，为学社支持哈佛大学的印度学生和印度学做出了突出的贡献。他去世后，学社为纪念他曾专门设立了英格尔斯项目（Ingalls Fellowship），资助从事印度学研究的学者。2014年开始，哈佛燕京学社启动一个新项目，资助中国博士生和年轻学者从事有关印度的研究，同时资助从事中国学的印度学生，这一做法沿循的就是英格尔斯所创先例。

魏策尔教授（中）与英国藏学家阿里斯（Michael Aris）教授（左）、詹姆斯·本森（James Benson）博士（右）在梵文和印度研究系，1990年（Harvard University Archives）

片和1889年来自印度的典籍依然静伴业内来访的寥寥无几的学子和教授。接着，他特意在电邮里分享，梵文系在九十年代整理梵文藏书室时，在一册册蓝曼留下的梵文善本书后边，竟发现了一只威士忌酒瓶！

蓝曼的日记很多本还没顾上细阅，只能静候时运好转，疫情消除，学校恢复运作。下次走下校园内普西图书馆（Pusey Library）的石梯，拐入档案馆，再次翻阅蓝曼的日记时，一切将是劫后余生。

本文始刊于《文汇学人》2020年4月24日。

# 心理东西本自同

## 柯立夫与杨联陞

1980年夏，柯立夫（Francis W. Cleaves）和杨联陞两位老先生同时从哈佛大学的东亚系退休。柯立夫是美国蒙古学的鼻祖，研究《蒙古秘史》的专家；杨联陞是一位历史学家，东亚系的第一位华裔资深教授。杨联陞在哈佛任教三十五年，而柯立夫就更久了，如果把他二战期间在美国海军服兵役期计算在内，那就长达三十九年。在哈佛东亚系（1972年前称"远东语言系"），他们一起度过了半个世纪。

柯立夫是东亚系史上唯一一位从未休过学术假的教授，退休后远居新英格兰北边新罕布什尔州的阿尔顿镇（Alton, New Hampshire）霍尔孜山（Halls Hill）自己的农场。杨联陞退休时已从哈佛大学所在的康桥（Cambridge）挪到北边的阿令屯镇（Arlington，杨联陞在日记中写作"阿令屯"），离学校不远。虽然身体欠佳，但杨联陞还是时常回神学街2号，系里一直保留着他的办公室。他俩一同离开东亚系的讲台后，虽然时有联系，但是见面的机会没以前多了。在1984年8月2日的日记里，杨联陞竟写下："梦见柯立夫，或是思念之故。"

柯立夫喜欢教书，以他自己的话说，再没有别的事儿能像教书那样让他如此满足了。可是各方压力下，他很不情愿地离

杨联陞和柯立夫共聚晚餐（Francis W. Cleaves Asian Library）

开了讲堂。当时他的得意门生傅礼初（Joseph Fletcher）已在系里任教多年，此后便接着承担了所有和中国边疆研究相关课程的教学，可是傅礼初不幸于1984年6月英年早逝，东亚系没人教满文和蒙古文了，于是1985年春季学期，学校只得把柯立夫请回任教。柯立夫退休四年后，又恢复了教书的常规生活。他并不计较报酬，每周定时大老远（160公里）从新罕布什尔州来康桥上课。这么一来，柯立夫又常有机会和杨联陞在系里见面了。

那段时间，每逢柯立夫从自己的农场来康桥上课的那一天，杨联陞的太太宛君[1]一大早就张罗着炒饭、饺子，有时杨

---

[1] 杨联陞的妻子缪鉁，字宛君。她是任教于四川大学的历史学家缪钺的妹妹。

联陞自己也准备好一个大三明治，带到系里，等柯立夫下课到办公室一起吃午餐。杨联陞在日记里对这一学期和柯立夫见面的细节都有描述。1985年2月5日，柯立夫十二时半下课，与日本学者小林正美[1]相谈甚欢。那一天，杨联陞带来了饺子、啤酒，还有三明治。柯立夫饮啤酒、吃三明治，小林亦饮啤酒。交谈中，柯立夫聊自己牛马羊成群（每种近三十），金毛犬亦不少。为照顾牲口，他不能外出旅行，又谈到了新受托处理傅礼初留下的藏书之事。柯立夫下午二时还有一堂课要上，临走前告诉杨立陞自己下星期二会再来。一周后，原定十二时半一起就餐，可是柯立夫近下午一时才来，杨联陞一直等着。他们一起进餐，又有饺子和啤酒。柯立夫跟杨联陞诉苦，说自己忙着与普林斯顿大学的牟复礼（Frederick W. Mote）[2]等接洽，商议普林斯顿大学购买傅礼初的藏书事宜。他还说，费正清本来说哈佛不要这批书的，可是节外生枝，这会儿又出面说服哈佛大学图书馆来接收。两周后，杨联陞上午七时起，照样特意为柯立夫做了一个大三明治，准备好炒饭，到学校后才知柯立夫不能来。于是把炒饭和啤酒改请了吴文津（哈佛燕京图书馆馆长）。接着三个星期，每个星期二杨联陞同样准备好午饭带到学校，但是柯立夫接二连三没来。杨联陞的日记里写道："（2月26日）柯立夫又不能来，余今日又带炒饭

---

[1] 小林正美，研究中国道教史的日本学者，任教于早稻田大学，1983年至1985年在哈佛燕京学社做访问学者。
[2] 牟复礼（1922—2005），元明史学家，在普林斯顿大学任教近五十年。在洛克菲勒基金会和福特基金会的资助下，他和杜希德（Denis C. Twitchett）、费正清（John K. Fairbank）合作出版了《剑桥中国史》系列丛书。

（自吃）。""（3月5日）柯立夫不知何故，又不能来。"3月12日，他记下："近七时半起，雨，有时大雨。作两三明治，宛君炒饭。十时半到校（冒大风雨）。柯立夫近午未来，颇令人失望。"于是一直到4月5日复活节的那个星期五，两人才见上面。柯立夫匆匆赶来，说近日实在太忙，皆为处理傅礼初留下的藏书，过后再和他联络。柯里夫忙完了这一阵后，从4月16日一直到学期结束，每逢星期二，杨联陞照常早起，和太太一起为柯立夫做热炒饭、饺子和三明治等，带到学校，与柯立夫一起吃午餐聊天。

以上杨联陞在1985年春季学期里，每周二就他和柯立夫一起吃午餐写的日记[1]，寥寥数笔，却蕴含了他俩至深的学友之情，而这份情谊可追溯到二十世纪三十年代末的北平。

## 一、相识北平

1938年夏末，柯立夫结束了巴黎两年的学业，游学欧洲数国后来到莫斯科，然后坐上跨西伯利亚的国际列车前往哈尔滨。那一年柯立夫年仅二十七岁，作为哈佛大学远东研究专业的一名博士生，他第一次来到亚洲，此行的目的地是北平。当他还在欧洲时，很多学者建议，兵荒马乱之际，还是选走印度支那的远路或走经日本的海路更加安全可靠，但他还是听从了

---

[1] 文中引用的杨联陞日记均来自哈佛燕京图书馆馆藏的杨联陞日记（1944—1989）复印本。

哈佛燕京学社社长叶理绥（Serge Elisséeff, 1889—1975）[1]的建议，说是从莫斯科走西伯利亚国际列车的线路没有问题（叶理绥早年从莫斯科去日本留学就是这么走的），到了哈尔滨可以转车到北平。由此柯立夫开启了研究中国边疆语言和历史的漫长学术之旅。

柯立夫在美国波士顿西南尼德姆镇（Needham）长大，是家里五个兄弟姐妹中的老大。1929年从尼德姆高中毕业后，他以毕业生中最优异的成绩得到奖学金，进入达特茅斯学院（Dartmouth College）攻读古希腊文和拉丁文专业。他在大学里遇到的最重要的一位老师就是大卫·拉铁摩尔（David Lattimore），即欧文·拉铁摩尔的父亲。老拉铁摩尔不仅教拉丁文和希腊语，而且也懂中文，是他激发了柯立夫学中文的兴趣。本科毕业后，柯立夫来到哈佛大学，攻读比较语文学（Comparative Philology）的博士学位，不过一年后即转入刚刚创办的远东系。从1935年开始，柯立夫拜师于叶理绥门下。

叶理绥于1934年开始担任哈佛燕京学社的首任社长，创办了哈佛的远东系，并担任首任系主任。哈佛燕京学社是一家私立的慈善基金会，自1928年初创办以来，致力于发展亚洲的人文学研究和高等教育。创办伊始的几年内并未设立社长一职，但力邀多方汉学家来哈佛访学讲课，为发展亚洲学献计献

---

[1] Svetalana I. Marakhonova, "Vostokoved Sergei Eliseev v Garvarde v 1932-1957 gg" [Orientalist Sergei Elisséeff at Harvard in 1932-1957], in "Pis'mennye pamiatniki Vostoka", *Oriental Written Monuments*, No 2 (17), autumn—winter 2012, pp. 304-314. Svetlana I. Marakhonova, "Serge Elisséeff: Life and Career", in *Ežegodnik Âponiâ*, 2021-01, Vol. 49, pp. 218-252.

策。到了三十年代初，学社先后邀请当时名震遐迩的汉学大师伯希和（Paul Pelliot）和戴密微（Paul Demiéville）前来担任社长，均遭婉拒。经过多方咨询和协商，又经伯希和推荐，学社的董事会于1934年请来了伯希和在巴黎的晚辈同行叶理绥。

在叶理绥率领下，哈佛燕京学社全力资助和发展哈佛的汉学研究和东亚研究，力图使哈佛成为美国汉学和远东研究的大本营。俄裔的叶理绥是毕业于东京大学的第一位外国博士生，专攻日本史。当时巴黎是汉学的重镇，也是叶理绥心目中发展美国汉学的朝圣之地。当年的伯希和堪称汉学第一人，在中亚语言学方面的造诣首屈一指。而哈佛大学远东研究项目正处初创阶段，没有师资和条件为博士生提供正规的学术训练，于是叶理绥总把自己的学生派往巴黎，求学于伯希和门下。他先派赖世和（又译赖肖尔，Edwin O. Reischauer）去巴黎进修，接着又送柯立夫跟伯希和学习中亚语言。从此欧洲汉学开始传入美国，也是日后欧洲汉学（Sinology）发展而为现在的中国学（China Studies）迈出的第一步。这是二十世纪初叶美国的亚洲学学术史上一个相当重要的阶段。

1936年夏，柯立夫辞别父母，前往巴黎求学。哈佛燕京学社每年为他提供2000美元的奖学金，如果学业进展顺利，可续多年。柯立夫刚到巴黎时人生地不熟，叶理绥非常关心他，师生俩频繁通信。柯立夫将他在巴黎的生活和学业一五一十地向叶理绥做了报告。而叶理绥那时还到尼德姆镇看望柯立夫的母亲，向她通报柯立夫在巴黎索邦大学和东方语言文化学院求学的近况，给柯母带去安慰。叶理绥在信中不时鼓励柯立夫在

柯立夫留学前与母亲合影（Francis W. Cleaves Asian Library）

巴黎求学的同时，多出去走走看看，了解欧洲其他国家和日本的汉学研究状况。第一个圣诞节假期，柯立夫就去了德国和意大利，他还在第一个暑假里抽空去了一趟日本，拜访京都的汉学家。

1936年到1938年的两年里，柯立夫在伯希和的指点下，在语文学方面得到了扎实的训练。在索邦大学和法兰西学院，他修了汉文、蒙古文、满文和藏文。此外，他跟随戴密微阅读宋、元和清的史料，跟伯希和修了中国印刷史和有关马可·波罗中国之行的课。他修了蒙古文入门课后不久即可开始阅读施密特（Isaac Jacob Schmidt）编的蒙古文《慈善之海》第二章。他又跟马伯乐（Henri Maspero）修六朝道教和唐朝佛教课，选读《四库全书》，跟葛兰言（Marcel Granet）阅读《后汉书》，跟巴考（Jacques Bacot）读九世班禅喇嘛的著作。后来在印第安纳大学任教的中亚学家塞诺（Denis Sinor）追忆伯希和时特意提到，伯希和对学生尤其挑剔，以至于真正得到他认可的屈指可数，而其中就有柯立夫。在巴黎求学的后期，在伯希和的指导下，柯立夫的研究兴趣渐渐明朗。他决定潜心攻读中亚语言和文字，有志于从事蒙古史的研究，而且选定以《松漠记闻》为题做博士论文[1]。

柯立夫在巴黎大学完成学业后，继续游走欧洲，先前往伦敦拜访汉学家翟林奈（Lionel Giles）和慕阿德（Arthur C. Moule），并去大英博物馆看斯坦因的藏书和中文典籍，还拜访了汉学家西门华德（Walter Simon），和他共进午餐。他去北欧之前，游走伊斯坦布尔，见到了拜占庭艺术史学家托马斯·惠特莫尔（Thomas Whittemore）[2]。

在荷兰，他本计划要拜访莱顿大学的汉学家戴闻达（Jan Julius Lodewijk Duyvendak），但不巧失之交臂。接着去了汉堡、斯德哥尔摩和隆德，在斯德哥尔摩他拜访了斯文·赫定（Sven Hedin）和高本汉（Bernhard Karlgren），并在赫尔辛基见到了芬兰语言学家兰司铁（Gustaf John Ramstedt）。兰司铁得知柯立夫的研究兴趣后坦言，如今美国也有学者从事阿尔泰语研究，这实在令他欣慰。

离开北欧后，柯立夫来到了列宁格勒和莫斯科。虽然叶理绥建议他趁机拜访俄国的汉学家，在沈阳中转时还可以走访盛

---

[1] 柯立夫致叶理绥，1939年3月1日，哈佛燕京学社档案。
[2] 在哈佛任教多年后，柯立夫后来又见到了惠特莫尔。惠特莫尔一手创立了美国拜占庭研究所，并且在土耳其政府的支持下，参与了圣索菲亚大教堂的保护和修复。

京皇宫，但是由于联络不便，柯立夫不仅未能见到俄国的汉学家，也没进莫斯科的博物馆，而是径直搭上国际列车前往哈尔滨，中途也没顾上在沈阳逗留。1938年9月柯立夫抵达北平时，中国北方已经陷入战乱，但这似乎与他无关。柯立夫一安顿下来，就马上制定了紧凑的学习日程，开始了在京三年的学业。

当柯立夫离开欧洲乘坐跨西伯利亚列车前往北平时，杨联陞在清华园由于七七事变而卒业，他那年二十三岁，正在寻求就业或深造的机会。

杨联陞是河北保定人，幼年上过私塾。1933年他从北平师范大学附中毕业后，学校保送他进北平师范大学或燕京大学就读，而他自己又考取了清华大学经济系和北京大学国文系。在家人长辈的劝告下，杨联陞进了较为实用的清华大学经济系，专治中国经济史。可是他还是有心于人文学，修了很多与经济学并不相关的课程。他上大学时就已发表论文，是清华园里众所周知的高才生。就读清华时，杨联陞遇到了一批最优秀的老师，比如"国文朱自清、通史秦汉史雷海宗、隋唐史陈寅恪、中国经济史陶希圣，此外曾选修或旁听俞平伯词、闻一多楚辞、张荫麟学术史、杨树达《说文解字》、唐兰古文字学、王力中国音韵学、张星烺中西交通史"，对他影响尤深的是陈寅恪的隋唐史课。他曾在《追忆陈寅恪先生》一文中回忆1935年上课时的场景："于陈先生隋唐史课前，每得在教员休息室侍谈，课后往往步送先生回寓。"[1] 1937年，杨联陞在陈寅

---

[1] 蒋力编，《哈佛遗墨——杨联陞诗文简》（北京：商务印书馆，2004），第5、35页。

恪和陈垣指导下完成了题为《租庸调到两税法》的毕业论文。杨联陞精于学业，而且读书做学问之外，不乏其他才能：他喜好唱京戏，也爱画画和书法，下围棋，打麻将，样样在行。后来在哈佛大学定居，他一有空便尽享琴棋书画之乐趣。

就读清华时，除了专业课，杨联陞还跟钱稻孙勤修日文。毕业后，他还时常前往钱府，拜访借书，并协助钱稻孙编辑《日华小字典》。经钱稻孙介绍，他认识了不少研究中国文史的日本学者，又为文殿阁标点《国学文库》中有关边疆的著作。熟习日文，并有机会结识日本的汉学家，为他以后的学术研究拓宽了空间。当时杨联陞还认得毕业于燕京大学、专攻魏晋南北朝史的周一良，他俩都精通日语。通过钱稻孙和周一良的介绍，杨联陞认识了刚从哈佛大学来北平研修的贾德纳（Charles S. Gardner，1900—1966）教授。

贾德纳 1935 年毕业于哈佛大学历史系，研究中国史学史。他被哈佛燕京学社聘为助理教授后，在哈佛首次开设了中国历史课。当年哈佛燕京学社不仅派学生，也派教员去北平进修。学社原定派贾德纳在 1937—1939 年到中国进修两年，但 1937 年初，由于战事纷扰，贾德纳决定先留在美国。经过一段耽搁，贾德纳于当年 10 月动身前往北平。叶理绥希望"他能利用在北平进修的机会，进一步提高阅读中国史书的能力"。

贾纳德来到北京后，研究中国传统史学史的同时，需要参考大量日文资料，于是经燕京大学洪业介绍，周一良于 1938 年开始担任贾德纳的研究助理，协助他阅读日文资料，并介绍日本学者的著作。1939 年周一良获得哈佛燕京学社奖学金，离开北平前往哈佛攻读博士学位，不能继续做贾德纳的助理。于是经钱稻孙和周一良引荐，杨联陞接替了周一良。杨联陞在1938年到1939年间为贾德纳阅读《支那学》和《东方学报》等重要的日本汉学期刊，然后做英文提要，同时他还从各家书店送来的书中挑选合适的供贾德纳自己或哈佛燕京学社的汉和图书馆购买。他俩每星期见三次面，用中、英文交谈。就这样，杨联陞为贾德纳做了约一年的私人秘书和研究助理。杨联陞回忆这段经历时说："我虽帮他中日文，在其他方面，实在是他的学徒。"[1]

在北平，柯立夫把所有的时间都投入学汉文、蒙古文和藏文，日程排得满满的。谷华辅和韩儒林（当时在辅仁大学任教）担任他的文言老师。柯立夫和韩儒林可谓巴黎的同门师兄弟，只是柯立夫到巴黎后不久，韩儒林就已学成回国了。同时教他藏文的是一位叫比利可图的蒙古学者，还有一位比利时籍的神父田清波（Antoine Mostaert）成为他的蒙古文导师。

柯立夫在北平时的另一任务是整理汉印研究所内的大量手稿、资料和书籍。1928年，哈佛燕京学社成立不久，钢和泰受邀到哈佛大学做了一年的客座教授。回到北平，他在哈佛燕京学社的资助下，担任哈佛大学的中亚语文学教授，并继续为他创办的汉印研究所搜集与佛学研究和边疆研究相关的资料和典籍。1937年钢和泰去世后，汉印研究所的一大堆资料和事务无人照看和管理。此时正逢柯立夫即将完成在巴黎的学业，

---

[1] 《哈佛遗墨》，第52页。

叶理绥在哈佛燕京学社董事会上汇报了柯立夫在巴黎出色的学业，说他宣读的论文得到汉学行家的赞赏[1]，大家不仅一致同意继续资助他前往北平进修，而且决定让他负责汉印研究所的事务。正如他一年后给哈佛燕京学社汇报的，他在北平的第一年几乎都用来管理研究所的事务，并在韩儒林的帮助下，整理钢和泰多年来为研究所收藏的大量手稿、材料和书籍。

二十世纪三十年代末，在北平有一批来自美国和欧洲的专攻汉学的留学生，柯立夫和他们时有交流，在学语言和进修语文学的同时也结识了不少年轻的同行。柯立夫在哈佛时就认识贾德纳，他们又都是在哈佛燕京学社的资助下来北平进修，因此柯立夫刚到北平就打听贾德纳的行踪。安顿下来后，他们经常联系。当时杨联陞与钱稻孙、周一良、贾德纳交往甚密，不久经贾德纳介绍，柯立夫与杨联陞相识，而且出于对历史和语言的共同兴趣，两人成为好友。从 1938 年柯立夫抵达北京到 1939 年底贾德纳离京返美近一年的时间里，柯立夫、杨联陞，还有贾德纳三人在北平频繁来往。[2]

柯立夫在 1939 年里给叶理绥的信中常常提到贾德纳，他在 5 月 9 日的信中写道："我常常和贾德纳博士见面，他正用功做研究，几乎没什么空余时间。每个月第一个周三晚，他会组织一次汉学晚餐。卫德明（Hellmut Wilhelm）、傅吾康（Wolfgang Leopold Friedrich Franke）、福克司（又名福华德，

---

[1] 哈佛燕京学社董事会会议记录，1938 年 4 月 11 日。
[2] 杨联陞在 1955 年 5 月 7 日的日记有"十时许，胡（适）约余及三大贤 Cleaves, Gardner 到旅馆。又改到 Gardner 家，饮酒少许，近十二时散"。"三大贤"可能漏写了"洪业"。

Walter Fuchs）、艾锷风（即艾克，Gustav Ecke）、莫拉德（Mollard）、迈克纳（Harley F. MacNair）、柯睿格（Edward Augustus Kracke）、斯坦勒（Stanley）和我本人都会参加。我们讨论的议题很有趣。每周一晚上，我还会到福克司那里，一起阅读一些参考文献的目录，他还会把有关满洲的书籍一一给我做介绍。我们还将计划一起学满文。"[1] 那时一批来自欧美的年轻学者荟萃北平，他们将成为未来几十年里最重要的汉学家。柯立夫还在信中告诉叶理绥，他就博士论文选题一事征求贾德纳的意见："我在京都时得知羽田亨博士的一些学生已经对《松漠记闻》的研究做了整理，而且他们的成果即将出版，那会是对这本书的诠释。不过，贾德纳博士跟我说，即便他们已经做了，我照样还可以研究《松漠记闻》。"

在北平，柯立夫把很多时间都花在整理汉印研究所内的资料上。1939年10月15日，柯立夫再次写信给叶理绥说："想来贾德纳博士回去后会把汉印研究所的重组，如他所见当面给你一一作介绍。我相信他能把一些细节给你做些说明。当你读到此信，也许你已经和他谈过了。"一个月之后，他还说："贾德纳博士离开北平之前把他的自行车留给我，所以现在我常常蹬着单车在城里转悠，得到了不少锻炼。"1939年底，贾德纳回康桥时带回了由哈佛燕京学社出资购买的北京版和拉萨版的《大藏经》，同时还带回了许多满文词典。

贾德纳一回康桥，杨联陞就无法继续担任他的研究助理

---

[1] 柯立夫致叶理绥的信，1939年5月9日，哈佛燕京学社档案。

了。贾德纳眼看杨联陞即将面临失业的窘境，又没有其他固定的收入，就给他留了一部《宋史》和一部《后汉书》，让他帮忙做标点，仍按月为他提供生活费。贾德纳回到哈佛后，周一良已经开始了在哈佛远东系的学业。贾德纳本计划就近仍请周一良帮他阅读日文期刊，但周一良领有哈佛燕京学社的全额奖学金，不得兼职，于是贾德纳决定自费邀请杨联陞从北平来美一年，接着做他的助理，同时杨联陞也可以在哈佛求学深造。来美的手续烦琐，杨联陞直到1941年春季开学才来到哈佛大学。

此时，柯立夫继续在哈佛燕京学社的资助下在北平求学直到1941年夏天。在此期间，他整理汉印研究所的材料和手稿，收集中文典籍，与在北平的欧美学者交流。他不仅勤修汉文、蒙古文、藏文和梵文，并且基本上完成了博士论文。1941年7月，他结束了在巴黎和北平五年的留学生活打道回府。回康桥时，他还顺便把钢和泰为学社收集、暂存于汉印研究所的资料，带回了哈佛燕京学社的汉和图书馆。于是，柯立夫、杨联陞，还有贾德纳三位老友得以在康桥哈佛园重聚。

## 二、康桥重聚

二十世纪三十年代至四十年代初正是哈佛燕京学社在哈佛大学创办远东系的起始阶段。借哈佛燕京学社之缘，柯立夫、杨联陞通过贾德纳在北平相识，结交为友，也正是通过哈佛燕京学社，这两位年轻的学者在哈佛找到了终身致力于汉学教研的平台。他俩在哈佛燕京学社的资助下攻读博士学位,学成后受哈佛燕京学社的聘任,在远东系担任教职。总而言之,这两位学者的求学旅程和教职经历与哈佛燕京学社创办的初衷、发展人文教研的理念和推动美国的汉学发展的努力息息相关。

巴黎为柯立夫打开了欧洲汉学的窗口,而在北平的几年里,他不仅学得一口流利的北京话[1],有机会了解中国的学术传统,也为往后的研究打下了扎实的功底。海外留学五年里,他受益于欧洲汉学的训练和民国时期的学术熏陶,成为美国年轻一代中的一位颇有影响的汉学家。在北平三年,他还和几位中国学者建立了密切的学术关系,除了杨联陞,他还与燕京大学的洪业结下了深厚的友谊。杨联陞和洪业是柯立夫往后在哈佛漫长教授生涯中最重要的两位华裔学友。洪业在1948年来哈佛后,每天下午三点和柯立夫喝下午茶聊学问,几十年没有间断,这早已成为康桥学界的一段佳话。[2]

从北平回到康桥,柯立夫的学者之路一帆风顺。回来后不到一年,柯立夫通过了博士资格考试,并开始担任汉语课助教。1942年5月1日,柯立夫递交了题为《1362年的汉蒙碑

---

[1] 《我在哈佛大学的求学生活》,载《余英时回忆录》(台北:允晨文化,2018)。"会后聚餐,共有五六桌,我的座位左右是两位教授:一边是柯立夫先生,蒙古文和元史专家;他在北京(当时是'北平')住过多年,说一口流利的北京方言。""当时美国学术界一般以'汉学 Sinology'指有关'近代以前中国 pre-modern China'的学问;自十九世纪中期以下则通称'中国研究'。"

[2] Susan Chan Egan, *A Latterday Confucian: Reminiscences of William Hung (1893–1980)* (Cambridge, MA: Council of East Asian Studies, Harvard University, 1987), pp. 201-202.

柯立夫上课（Francis W. Cleaves Asian Library）

文研究》的博士论文。[1]他上交的论文显然不是有关《松漠记闻》的，因为他离开北平时，五箱研究材料一路辗转，经日本海运往美国，其中三箱顺利运到了康桥，但另外两箱遗失多时，直至1946年秋才在神户失而复得。[2]庆幸的是他随身携带着搜集的汉蒙碑文材料，以此为题做了论文，而途中遗失的材料并没有耽搁他的论文进度。

叶理绥在1942年5月的哈佛燕京学社的董事会上对柯立

---

1　Francis Cleaves, "The Sino-Mongolian Inscription of 1362 in Memory of Prince Hindu", *Harvard Journal of Asiatic Studies*, Vol. 12, No. 1 (Jun. 1949).
2　《松漠记闻》文稿战后在神户找到，杨联陞得知深喜，写道："午后与柯立夫谈，知彼之《松漠记闻》译稿失而复得，甚可喜。"（杨联陞日记，1946年10月10日）

夫的学业和博士论文做了很高的评价，他说："柯立夫通过了资格考试和博士论文的答辩。他递交的博士论文有关元朝的蒙古碑文，写得相当出色。过去一年里，我们还了解到柯立夫也是一位深得学生喜欢的好老师，他精通汉文、蒙古文、藏文和梵文，是一位非常独特而富有潜力的学者。柯立夫在国外留学足有五年，现年三十。为了能使他留校任教，远东系已投票决定向学社推荐，聘他为助教，任期五年。"时值太平洋战争，叶理绥特意指出，如柯立夫应征入伍，五年聘任期可便于他退役后即刻返校任教。柯立夫于当年6月初参加了毕业典礼，获得博士学位，而在6月29日他已经被正式聘为远东系的助理教授。

正如叶理绥预想的，柯立夫刚教了一学期的中文就应征入伍。1943年初，柯立夫加入美国海军，被派往远东，驻中国北方。这段时间里他与方志彤（Achilles Fang）、赫芙（Elizabeth Huff）[1] 交往频繁。他们在1940年就已在北平认识，而且柯立夫把方志彤介绍给赫芙做她的汉语老师。这一学友的联系一直延续到二战后很长一段时间。1947年，方志彤在哈佛燕京学社的资助下，参加一个编撰汉英字典的项目，后来一直留在哈佛任教。而赫芙也在柯立夫和魏鲁南（James R. Ware）的指导下完成了博士论文。柯立夫在北平结识的汉学圈子再一次通过哈佛燕京学社扩大了。

第二次来到中国，柯立夫服务于驻扎在天津的美国海军

---

[1] 根据王丁教授提供的信息，赫芙的藏书章有中文名字"贺懿德"。

柯立夫在中国，1943—1946 年（Francis W. Cleaves Asian Library）

的同时，还担任汉印研究所的代理主任，继续整理钢和泰的资料。上次在北平求学时，柯立夫就已经开始收藏古籍，采购了一系列善本书，其中包括拉萨版的大藏经、满文和蒙古文史料。再次来到北平，他继续为哈佛燕京学社的汉和图书馆收集了不少珍贵的藏书，其中最大的收获就是日本战败后退出天津时，柯立夫说服侨居天津的日本人留住他们的藏书，之后由哈佛燕京学社支付运费运往康桥，于是图书馆一下子增加了5000 多册日文书籍。[1] 他自己也收集了不少满文和蒙古文的珍

---

[1] 柯立夫的学生康纳（Timothy Connor）回忆道，二战结束时柯立夫负责日本人撤离天津的事务，日本人撤离之前，打算把大量日文书籍毁之一炬，但是最终由柯立夫接收下来，并在哈佛燕京学社的资助下运回哈佛。"An unequalled master"，1996 年 2 月 9 日康纳在柯立夫追思会上的发言，哈佛大学东亚系档案。

本典籍。对哈佛燕京学社这段时间在北平收集古书的活动，谢兴尧在《书林逸话》中就琉璃厂书店在二十世纪四十年代的销路写道："时购买力最强者，若哈佛燕京社、大同书店，皆购寄美国，年各约数十万元……又近三四年来，燕京大学及哈佛［燕京］社因时会关系，挟其经济力，颇买得不少佳品。于是珍品秘籍，多浮海而去，言之令人浩叹。"[1] 在北平，柯立夫确实为哈佛燕京学社的汉和图书馆增添了不少善本。1946年7月柯立夫退役后，按原计划回到了哈佛，继续担任助理教授。不过，此后他再也没有机会重返中国。

杨联陞毕业于清华，而清华大学在清末至民国年间通过庚子赔款项目为优秀的中国学生提供留美的机会，但是和胡适、赵元任、梅贻琦那批考取清华庚子赔款的留美学生不同，杨联陞走的并不是官费留学的渠道。正如他在1977年写的自传里所写："贾德纳是我最好的西友，也是我能来美国的大恩人。要说我的英文，在清华做学生时成绩只在乙丙之间，做梦也没有过考取留美公费生的妄想。"[2] 这被杨联陞称为"偶然而又偶然的机会"，大概也就是何炳棣在清华校庆时介绍杨联陞提到的"由于特殊私人机缘"来美留学。学识和运气，缺一不可，认识贾德纳是杨联陞求学的转折点。此后，杨联陞不仅学有所用，并且有机会赴美留学。贾德纳慧眼相识，如杨联陞直言，"贾公每以汉学界前十名相期"，而且"1941年4月春假，贾

---

[1] 谢兴尧，《书林逸话》，载《堪隐斋随笔》（沈阳：辽宁教育出版社，1995），第30—31页。
[2] 《哈佛遗墨》，第51页。

公命游纽约、华盛顿等处，见学界老辈"。

杨联陞来到哈佛的第一个夏季，就忙着"帮友人柯立夫（蒙文专家）授北京话"。他一边继续帮助贾德纳做研究，一边入学历史系，攻读硕士学位，第一年的旅费和生活费均由贾德纳承担。杨联陞完成硕士学位后得到哈佛燕京学社的资助，自1942年秋起进入远东系继续深造，攻读博士学位。珍珠港事变之后，杨联陞为赵元任主持的哈佛陆军特训项目教汉文文法，任教一年三个月之后又到耶鲁短期执教。那时，杨联陞一边攻读博士学位，一边协助赵元任授课。[1]

在哈佛求学期间，杨联陞不仅在学业上得到贾德纳的指教，而且生活上也一直得到贾德纳夫妇的关照，吃住都在离哈佛园不远的康桥柏克莱街贾德纳的寓所（杨联陞称之为"贾府"）。杨联陞日记里对此有不少记录，其中1945年2月10日的一段日记给后人留下当时康桥汉学家汇聚一堂的一幕盛况。那天晚上，贾德纳请伯希和、胡适、赵元任、布莱克、叶理绥、魏瑞、张晓峰（张其昀）、裘开明、周一良、张福运和杨联陞等来他家用晚餐。"席上谈及火药，伯（希和）以为中国最古所用似bomb，炮实外国发明。又论佛教之外，惟摩尼教深入民间（吃菜事魔），其他宗教莫能及也……又言'作损'之'损'字是阿拉伯文译音。"晚餐客人散后，杨联陞和贾德纳两人单独谈到凌晨两点，贾德纳提议他应计划作英法之游。[2]

---

[1] 章可、潘玮琳，《梵瑟楼与哈佛往事》，《文汇学人》，2020年8月7日。
[2] 杨联陞日记，1945年2月10日。

1946年2月,杨联陞上交以《〈晋书·食货志〉译注》为题的博士论文[1],获得历史系和远东系合授的博士学位。此时,柯立夫也已从中国服兵役回来,于是他俩又能经常见面叙旧、聊天和切磋学问。杨联陞对这段时间的交往时有记录,比如1946年10月21日,他下午找柯立夫略讲中亚、北亚民族,谈及女真语,说自己"颇有意一研女真小字"。晚上又请柯立夫来家吃晚饭,之后还忘不了去看望贾德纳,和他闲谈。在此期间,柯立夫还自愿教杨联陞蒙古语,也是柯立夫最先告知哈佛燕京学社似有意聘他留校。

当哈佛大学远东系决定聘他任教时,杨联陞对去留颇为犹豫。1946年秋,纽约的联合国机构需要聘任语文研究员一名。当时杨联陞已到了旧金山,正准备回国任教,他考虑了一下还是决定先接受这一机会,但是半年后,他觉得联合国的这一工作甚无聊,思前想后,决定还是回到教职为好,这才开始认真考虑哈佛大学的聘任。和柯立夫一心一意留在哈佛大学远东系担任教职的学术之途不同,杨联陞当时面临几个选择。叶理绥希望留他在远东系任教,哈佛燕京学社董事会也表示支持,但是他自己对留校任教兴趣不大,因为他的家眷还在国内,而且原本和胡适说定取得博士学位后即回北大任教,另外浙江大学竺可桢校长和张其昀也有意聘他。

1947年初,杨联陞对自己何去何从,曾留心征求胡适的

---

[1] Yang Liensheng, *Notes on the Economic History of the Chin Dynasty*, Harvard University PhD. Dissertation, 1946.

意见。他给胡适的信中提到自己并没有马上接受哈佛远东系的聘任，坦陈权衡去留哈佛的利弊，且特意跟胡适介绍柯立夫。他写道："同事雷夏［赖世和］、柯立夫史学都有根柢，也肯用功。柯君之于蒙古学，将来有承继伯希和之望，我也想跟他弄一点这方面的东西。"正当杨联陞犹豫不决却又不得不做出决定时，胡适发来了电报："（1947年3月5日）下午四时半得胡先生电报，只有简短三个字：Advise accepting Harvard［建议接受哈佛一职］。"这一电报来得正是时候，帮杨联陞一锤定音。胡适还给他吃了定心丸，说是往后他任何时候想回北大，都没问题。杨联陞在当天的回信中对胡适深表谢意："等我回国时，北大仍旧要我。您对我实在太好了！"[1]

相比之下，贾德纳的学术之途就没有这两位后生顺利了。当年在北平，他介绍柯立夫和杨联陞相识，并且帮杨联陞走上西方汉学之通衢。虽然他历来精于目录学，早在1937年就出版了《中国传统史学》[2]，可他1939年末从北平回到哈佛后，教职一筹莫展。根据杨联陞介绍，贾德纳"除了对西洋汉学著作如数家珍之外，对中国、日本学人的造诣，也颇了解"，但是他的博士论文《〈清史稿·圣祖本纪〉译注》因"叙论太长，牵涉太广，修改不易"，未得出版，因此并未得到顺利晋升。他在哈佛的聘期于1940年9月到期后，学社同意延期一

---

[1] 胡适纪念馆编，《论学谈诗二十年：胡适杨联陞往来书札》（合肥：安徽教育出版社，2001），第96页。

[2] Charles S. Gardner, *Chinese Traditional Historiography* (Cambridge, MA: Harvard University Press, 1937.) 该书于1961年由杨联陞作序再版，杨联陞在序言及该书"将继续成为了解中国传统史学的必读书"。

贾德纳
（由布朗大学 Dr. Wang Li 提供）

年，当作带薪的学术假。到了 1941 年秋，贾德纳只得离开哈佛燕京学社和远东系。杨联陞对此深怀遗憾："我做研究生时他帮我英文，帮我法文，不知道费了他多少时间。可惜他太不自私，而且对自己的著作，定的标准太高，差一点的就不肯随便发表，这样把自己在哈佛的终身教职的机会错过了。"贾德纳离开哈佛后四处求职，相继在几所大学短期任教，"终不十分得意"。1944 年前后，贾德纳在哥伦比亚大学任教一年，后来杨联陞在 1947 年给胡适的信中也提及："贾［德纳］今年在耶鲁教目录学及远东文化史，聘期只是一年。这位先生外交是吃亏点，学问实在不错。"贾德纳 1960 年在康桥过世后，他的个人藏书全都捐给了布朗大学，成为布朗大学图书馆内有关东亚研究的一批重要藏书。[1]

自从认识贾德纳以来，杨联陞和他亲如家人。贾德纳不仅是他学业上的恩人，介绍他认识柯立夫，而且也是学术上的同道。作为哈佛最早以欧洲汉学的方法从事中国史学史教研的美国学者，贾德纳提携杨联陞步入西方汉学界，使自己当年的研究助理成为美国汉学界独当一面的大学者。正如杨联陞说的，如果没有贾德纳，他都不知道"自己现在身归何处！"

## 三、哈佛任教

二十世纪四十年代，正当贾德纳离开哈佛远东系四处求职时，柯立夫和杨联陞都已受聘于哈佛燕京学社，开始了在远东系三十余载的教研生涯。

1946年，柯立夫退役后回到哈佛继续担任助理教授，开设中文、蒙古文、宋元文选读和《四库提要》等课程，他漫长的教研生涯全面展开。从1947年7月开始，杨联陞也正式被哈佛燕京学社聘为远东系助理教授，任期五年。对杨联陞的个人生活而言，最重要的是接受了这一聘任之后，他终于能让太太和女儿来美团聚，开始在康桥安居乐业。

与此同时，柯立夫的教职可谓平步青云。1949年初，柯立夫由助理教授晋升为副教授（当时为终身教职）的评审顺利

---

[1] 《哈佛遗墨》，第54页。有关贾德纳捐赠布朗大学的藏书的详情，可参阅 https://blogs.brown.edu/libnews/gardner-china-reading-weekly/。

通过。作为同事，杨联陞在给柯立夫的推荐信中特别强调其精通多种语言，深谙亚洲学，被许多中国学者称为"伯希和的继承人"，堪称蒙古学的一位领衔学者。由于他在蒙古学方面的贡献，柯立夫于1953年荣获法国汉学儒莲奖（Stanislas Julien Prize）。

杨联陞由助理教授晋升为副教授时，1950年1月柯立夫写的推荐信里说道："杨联陞是一位出色的学者，一位完美的绅士，非常令人愉快的人。"[1] 他对杨联陞的学问和为人充满了敬佩。对这一段学术生涯，杨联陞自己也认为从1940年开始的十年是他"打入西洋汉学界最用力的时期"[2]。1951年，杨联陞春假游欧洲，见到了许多汉学界的同仁，深得他们的赏识。杨联陞自我评价："因为这时我对所谓西洋式的汉学，似乎已开始及格了。"[3] 他访问英国见到已从剑桥大学荣休的慕阿德教授时，慕阿德问："你想我们西洋人真能读懂中文吗？"杨联陞说："焉有不能之理，只有深浅之别而已。"不过，这只是他对西方人做汉学的一番客气话。

英国的汉学界也非常器重柯立夫。剑桥大学曾在1952年邀请他前往任教，希望他能接任夏伦（Gustav Haloun）的汉学讲席，但是遭柯立夫婉拒。之后，剑桥大学又给杨联陞发来了聘书。杨联陞同样谢绝了，不过能和柯立夫齐齐受邀，令他

---

[1] 原文为"a brilliant scholar, a perfect gentleman, and a thoroughly delightful person"。哈佛大学东亚系档案。
[2] 杨联陞，《汉学书评》（北京：商务印书馆，2016），第463页。
[3] 《哈佛遗墨》，第101页。

深感欣慰。

除了教书和著书立说之外，他们两位还一起担任《哈佛亚洲学刊》（*Harvard Journal of Asiatic Studies*）的编委。这一学刊是哈佛燕京学社汉学研究的窗口，两人在承担编辑工作的同时，也在学刊上多次发表论文。柯立夫在1956年晋升为远东语言教授（Professor of Far Eastern Languages）时，已经是中亚领域，尤其是美国的蒙古史和蒙古文方面独一无二的专家。正如他的学生康纳介绍的，直至二十世纪五十年代，西方所有关于蒙古帝国的研究资料都是三手甚至四手的材料，也就是从蒙古文翻译后再转译的，根本没有人了解蒙古文史料，正是柯立夫孜孜以求的努力和对蒙古文原著精雕细琢的研读，为这一领域奠定了坚实的基础，称他为美国蒙古学的创始人实不为过。傅礼初也称自己的导师为"国际学术界研究古蒙古语一位举世无双的大师"。[1] 六十年代，柯立夫一直很想在哈佛增加蒙古文史的教员，还曾努力添了一门近代外蒙古白话文的课程。

六十年代同样可谓杨联陞的学术高峰期，他在美国汉学界被称为"西方汉学的警察"，声望和影响"如日中天"。1962年，他应戴密微之邀，前往巴黎用法语做了四场大型演讲，被当时的学界称为"中国的戴密微"，还收到了芝加哥大学和哥伦比亚大学的特聘书。1965年，芝加哥大学历史系为了挽留何炳棣，校长和副校长表示愿尽所有可能全力支持他在芝加哥

---

[1] "An unequalled master"，1996年2月9日康纳在柯立夫追思会上的发言，哈佛大学东亚系档案。

大学发展中国史领域，使得芝大的"中史教研真正做到举世无匹。"何炳棣回应说："此事并不难。只需要从哈佛挖出杨联陞一人。"何炳棣跟校长介绍杨联陞说："他不是一般所谓的历史家，却是一位非常渊博的汉学家，虽然他主要的兴趣是中国经济史。杨和我两人联合的拳击力，绝不亚于任何西方和东方著名学府中史教研方面最具代表性人物的力量。"何炳棣甚至说："杨如来芝，哈佛传统中史行将垮台。"

在何炳棣的推动下，芝加哥大学历史系主任威廉·麦克尼尔（William McNeill）马上给杨联陞发来邀请，信中的措辞充满求贤若渴之意。1965年4月7日午后收到信后，杨联陞在日记里写道："（系主任说）学校对出版绝不加压力，教书等不会太累。意思颇诚（只用 salary and title 字样，比较含蓄）。"他马上找东亚系系主任海陶玮（James R. Hightower）和哈佛燕京学社代理社长白思达（Glen Baxter）谈，他们都建议杨联陞"应与学校讲价"，他也有点心动，但反思道："似已走上非讲价不可之路，自己亦觉可笑也。"

为此哈佛文理学院福特（Franklin L. Ford）院长马上行动，不仅答应加薪，授予杨联陞"哈佛燕京学社讲座教授"的头衔，还承认以前晋级时学校对他有所亏待，并且表示原则上同意考虑他提出的增加中国史教职的要求，杨联陞借此机会向院长当面推荐余英时担任中国史教职的候选人。杨联陞私下里就此和柯立夫长谈，柯立夫难免觉得失落，跟杨联陞说了一通责怪哈佛的薪水过低，自己要提早退休之类的气话。之后一周内杨联陞当机立断，决定留在哈佛。他为此也松了一口气，说

"即为告一段落矣"。

即使杨联陞回绝了何炳棣的一番好意和芝加哥大学的聘任，但是根据何炳棣回忆，他们对彼此始于清华园的旧情谊又有了更多的了解，而且何炳棣对杨联陞的学术评价居高不下，后来还向母校学人介绍说："海外清华大学史学传人最早成名者是九级的杨联陞……杨才思敏捷，博闻强记，精通日文，既能大量利用日人研究成果，往往又能指摘其史料或诠释之不足，任教三十余年间写作广涉经济史、宗教史及中国语文，尤以七八十篇书评闻于海外汉学界。"[1]

叶理绥担任哈佛燕京学社社长期间是柯立夫和杨联陞在远东系从事教研一帆风顺之时，他俩并驾齐驱担任中国史和中文以及蒙古文的教学工作。杨联陞和洪业一样，也有研究《蒙古秘史》的兴趣，不时研读这部蒙古史经典。早在四十年代，杨联陞就有意学契丹语，而且柯立夫还答应私下教他蒙古文。他俩还会抽时间一起阅读南宋彭大雅撰写的《黑鞑事略》，讨论《蒙古秘史》中的用词和章节。所有这些他在书信中都曾跟胡适津津乐道："这里的柯立夫先生听说您来了，没得见，很觉遗憾。柯在这里教中文、蒙古文、宋元文选读、《四库提要》等课，对元史造诣颇深（有人期望他在这方面承继伯希和，确有可能）。跟学生念陈援庵（即陈垣）信的就是他。他还跟学生念过您的《儿女英雄传序》，对您非常钦佩，再来时希望有机会见您。如果他到纽约去，我预备告诉他您的寓所跟电话，

---

[1] 何炳棣，《读史阅世六十年》（台北：允晨文化，2004），第342—349页。

他好去拜访。"[1]

在教书育人方面，这也是两人最有成就之时。杨联陞门下带出了余英时和杜维明两位弟子，孔飞力等年轻学者也时常登门问学，而傅礼初不仅是柯立夫的得意门生和接班人，更是他的自豪和欣慰所在。1966年傅礼初取得博士学位后，留校做了三年博士后研究员，继而出道成了远东系的助理教授，1970年获终身教职。如果说那个年代中亚领域内有将文史和社会科学的研究兴趣和方法结合起来的学者，那么非傅礼初莫属。虽然出自柯立夫门下，但是青出于蓝而胜于蓝，他的研究视野、方法和关心的议题要比他的导师开阔得多，他在重视语言对中亚研究的重要性的同时，又能把史地和宗教方面的研究纳入这一领域。1965年，柯立夫满怀推动哈佛大学蒙古文史教研的宏愿，力荐傅礼初留校任教。1972年，年富力强的傅礼初带头创立了哈佛大学内亚与阿尔泰研究项目，该项目专门培养从事中亚地区研究的博士生，对哈佛的中亚地区研究至关重要。傅礼初在远东系推动中亚研究上起着举足轻重的作用，他的学识、才能以及能与他的老师相媲美的语言能力，加上随和、友善的性情，为哈佛的内亚与阿尔泰研究打开了一个新局面。可惜傅礼初英年早逝，学界为之扼腕至今，这不仅对柯立夫个人，而且对整个领域在哈佛的发展，都带来了往后多年难以恢复的打击。

柯立夫和杨联陞两人间的学友情深不仅来自早年在北平的交往，还有共同的学术取向，他们总是以语言和历史为研究

---

[1] 杨联陞致胡适信，1949年12月1日，《论学谈诗二十年》，第115—116页。

之重。1968年杨联陞在台北"中研院"就历史和语言的一番演讲正说明了他俩意气相投之处。杨联陞说到，以历史去看语言，就是"以一个历史的学徒，学历史的人，来看语言或是关于语言的知识有什么重要性。就好像我们传统说的经学和小学的关系。要通经学不得不通小学"，也就是说，"要其通史学，对于历史上、历史书里的各种语言现象，不可以不注意，不然就要闹很多的笑话，出很多的错误"。因此对杨联陞而言，考证训诂并非"不涉义理，未能满足人心对于价值的探索"[1]，倒是和陈寅恪讲的"凡解释一字即是作一部文化史"有异曲同工之妙[2]。余英时对此深有感触地评论道："这是相当彻底的现代史学精神，超出传统考证学的范围了。"[3]

此外，杨联陞研究兴趣广，尤为关注元史和中国边疆史。他向柯立夫请教元曲中的蒙古语，而柯立夫也时不时向杨联陞问询古汉字的渊源。除了相互切磋学问之外，柯立夫和杨联陞的情谊更在私交。他俩好些年约定，穿着博士袍结伴参加毕业典礼上的教授行进队列，每逢学社晚聚、郊游、鸡尾酒招待会时，他们也往往一起参加，而杨联陞家中凡有宴请，柯立夫是少不了的客人。1956年柯立夫晋升为教授时，杨联陞特意请宴庆贺。每逢圣诞节，杨联陞和太太总是准备好饺子和茶叶，提前一周送给柯立夫过节。而到了中国农历新年，柯立夫都会

---

1 许倬云，《我者与他者：中国历史上的内外分际》（北京：生活·读书·新知三联书店，2015），第113页。
2 杨联陞，《历史与语言》，载《哈佛遗墨》，第119—120页。
3 余英时，《中国文化的海外媒介》，载《犹记风吹水上鳞：钱穆与中国现代学术》（台北：三民书局，1991），第178页。

给杨联陞的儿子汤姆送上压岁钱，年年不误。此外，早年住在尼德姆镇时，柯立夫经常会邀请杨联陞到家中聚会，带他到自己长大的镇上溜达，在自家花园里赏花树。杨联陞离开时，柯立夫总让他捎上一株鲜花、两棵树苗，带回家在后院栽下。到后来柯立夫拥有新罕布什尔州霍尔孜山麓一处足有900公顷的大农场时，他还会自己驾车带上杨联陞和傅礼初北上游览。柯立夫的这一面，他的大多数哈佛同事并不了解，但是柯立夫乐于跟杨联陞交流，不时分享自己在新罕布什尔州的牧民生活。他完全把霍尔孜山麓的农场开辟成了"蒙古草原"，养了成群的牛马和整队的金毛犬。他先是每逢周末便驱车往北，照看牲口，自己暂住邻居家里。退休后更是常住农场，他花了不少精力修葺农场房舍，确保牛马在新英格兰的严冬里不受冻。

虽然柯立夫和杨联陞是亲密的同事和学友，但他们之间也不乏分歧。柯立夫写文章总带特长的脚注，甚至注里加注，对此做法杨联陞直发感叹："带长注释的文章已经不再流行了。"而且对柯立夫过分咬文嚼字的做法，杨联陞也不赞同。当柯立夫一再向杨联陞讨教一两个古代词牌用语的来龙去脉时，杨联陞也表示不满："柯（立夫）为此等不重要之成语小典故，浪费精力不少。"这实为中肯之词。柯立夫确因对一两个字过于较真而耽搁了专著的出版进度，比如他倾注了毕生精力翻译的《蒙古秘史》就因译注一拖再拖，全书最终还是未能完整出版。其实早在1965年柯立夫就已经完成了《蒙古秘史》的校样，当时就把一厚册给杨联陞看。杨联陞深知柯立夫为学慢工细活的习惯，力劝他早出，还恳切地跟他说："勿因小题再拖延。"

关于柯立夫《蒙古秘史》译本的出版一再推迟的另一说法,是他对某些片段的解读与洪业不一,而他对洪业敬重有加,要等到洪业过世之后才让译本面世。

从哈佛燕京学社创办远东系到二十世纪六十年代,正是汉学在哈佛起步,以及柯立夫和杨联陞的教研成果大显光彩的时期。柯立夫重语文学,做元史;杨联陞"训诂治史"[1],他俩以中国考据传统和欧洲汉学的方法对中国文史典籍的介绍、研究及考证,奠定了美国学界进一步研究中国和发展东亚学的基础,但是源于欧洲汉学的纯学院风格和美国五十年代开始的对社会主义中国的极大兴趣产生了巨大的反差,因此六十年代是柯立夫和杨联陞从事汉学教研的黄金时代,也是美国本土的中国学兴起而欧洲汉学逐渐退场的时候。

## 四、汉学与中国学

叶理绥担任哈佛燕京学社社长一直到1956年,他退休离任后离开美国重回巴黎安居。他以欧洲汉学的研究方向和培养方法为模本,创立和发展了哈佛大学的远东系,频频邀请中国和法国汉学家来哈佛讲学、访问,使康桥成为美国研究中国的重镇。他掌管哈佛燕京学社期间,因循欧洲汉学传统,选派学生和教员前往北平进修,培养了美国第一代汉学中坚。正如继

---

[1] 同上书,第183页。"杨先生说:他的基本立场是'训诂治史',这里'训诂'一词是取西方 philology 的广义,即彻底掌握史料的文字意义,尤其重要的是能扣紧史料的时代而得其本意。"

叶理绥（左）和柯立夫（右）（由 Svetlana I. Karakhonova 提供）

任的哈佛燕京学社社长赖世和所说："'美国远东学之父'，叶理绥当之无愧！"[1]

四十年代，哈佛的远东系除了柯立夫、杨联陞与贾德纳以外，还有几位教授深受法国汉学之风熏陶，比如研究中国文学的魏鲁南。魏鲁南三十年代也在北平进修过，是哈佛大学远东研究项目培养的第一位博士，专攻唐以前的佛教和道教，是一位研究《魏书》的专家。当他得知同受哈佛燕京学社资助的赫芙以黄节的《诗学》为题写博士论文时说："这实在太难了，

---

[1] Edwin O. Reischauer, "Serge Elisséeff", *Harvard Journal of Asiatic Studies*, Vol. 20, No. 1-2 (June 1957), p. 4.

因为没有透彻研究每字每句之前是不可能真正研究这部《诗学》的。"魏鲁南和柯立夫、杨联陞同出一辙，觉得美国需要更多的法国汉学风格的研究，如同伯希和大师，以某一虚词为题就能写出一篇长达500多页的论文。

五十年代，正当远东系长足发展时，东亚研究领域内对将来的发展趋向开始出现不同的声音。虽然柯立夫、杨联陞和其他研究中国的同事之间时不时对教研内容和聘任教员持不同意见，但是在他们任教的头十年里，并没有大的冲突。当赖世和继叶理绥担任哈佛燕京学社社长时，远东教研已具规模，与东亚研究相关的很多领域也有了可观的发展。与此同时，历史系的费正清以他研究中国外埠、海关资料的学术成果，出色的社会活动能力和阅历以及把中国历史和现实相结合的眼光，富有成效地推动了哈佛以及美国学界的中国研究，其中影响最为深远的是他在福特基金会的资助下，于1955年创办了哈佛大学东亚研究中心（即现在的费正清中国研究中心的前身）[1]。

叶理绥离任后的第一年，也就是1956年年末，东亚学领域就有了一次大冲突——中国的训诂、考据学派的传统和欧洲汉学重典籍及语文学的传统，同新兴的美国中国学的发展方向和需求产生了争执。当时费正清正计划拓宽远东系教研的领域，并提出远东系和历史系合作的建议供大家讨论。这纯属对学科的善意规划，却引起柯立夫和杨联陞的强烈反弹，他们认

---

[1] 裴宜理，《哈佛燕京学社的历史与现状》，哈佛燕京学社早年历史的讲座，2022年9月22日。

为费正清有意以历史系来并吞远东系,因为费正清本不在远东系,似有干涉他系教研发展方向之嫌,而且从个人层面来讲,柯立夫也在这一冲突之中尽力澄清和维护自己的教研兴趣和方向,强调自己"是元史学者,并非专治文字"。[1] 杨联陞在五十年代后期的日记里多次记录同事间有关东亚研究的发展方向以及授课内容、授课方式上的严重分歧,甚至都到了捶桌子、痛哭流涕的地步。

虽然这一冲突表面上看仅仅是关于课程设置、行政制度和任课老师聘任的问题,但是仔细读来,冲突由来已久。当时学界已有对传统汉学过于注重语文学而忽略与社会和历史相关的重大现实问题的责问。同时,在美国的大学,即便在哈佛,相比之下有关中国和东亚的教研仍然是一个薄弱环节,连费正清都说"自己在历史系常觉孤单,故希望加入(远东系)",因此以费正清为主力要求以社会科学方法来从事中国学研究的呼声很高。

其实,纵观两方学者不同的求学路径和接受学术训练的经历以及教研的兴趣,这种冲突在所难免。费正清早年求学的兴趣就和哈佛燕京学社致力发展的领域无缘,他两次申请哈佛燕京学社赴中国的奖学金都未能如愿。据他回忆,这是因为他的语言能力不行,对中国海关和通商口岸的研究得不到叶理绥的赏识。他曾开诚布公:"我没有打算在洪煨莲〔洪业〕教授那样的学者的指导下,或是在巴黎或莱顿等主要汉学研究中心

---

[1] 费正清认为叶理绥手下的哈佛燕京学社仅重文字研究。"The question in his mind was whether a scholar could actually discover what the Chinese and Japanese writing meant." John K. Fairbank, *Chinabound: A Fifty Year Memoir*. New York: Harper & Row, 1982, p. 100.

学习中国古代的经典文本，然而，欧洲的汉学家墨守成规地认为，研究中国的西方学者必须能够独立熟练地阅读中文，能够使用大量的中文参考文献，这就贬低了中国沿海地区的传教士和领事们所做的汉学研究。"[1] 费正清的研究牵涉中文原始资料和古籍并不多，这显然和欧洲汉学的路子大相径庭，美国本土的中国研究的方向在他的这段评论里初露端倪。

其实，费正清在二十世纪三十年代和四十年代也在中国生活了好几年。从1933年到1935年，费正清在清华大学任教。四十年代前期，他也在北平生活，但是活动的圈子和柯立夫、杨联陞大不一样。当杨联陞和柯立夫在修习语言、研读经典时，费正清则四处旅行，了解中国的社会现实和老百姓的疾苦。赫芙晚年回忆说，她在北平求学的几年里并不熟悉费正清，和他也没有交往。她专攻艺术史，和柯立夫来往较多。回哈佛后，柯立夫曾是她博士项目的委员会中的导师之一。那时从欧美来北平留学的还有芮沃寿和芮玛丽夫妇（Arthur and Mary Wright）、海陶玮和卫德明（Hellmut Wilhelm）等。"（我们）常常见面，一起去博物馆、一起晚餐，饭后一起玩，等等。我们确实把自己曾在北平留学非常当回事。"她还说这批人对学业都特别认真，觉得"汉学对世界非常重要"。相比之下，费正清"关注的并不是汉学，而是那个年代中国面临的

---

[1] John K. Fairbank, *Chinabound: A Fifty Year Memoir*. New York: Harper & Row, 1982, p. 98. 参中译本《费正清对华回忆录》，陆惠勤、陈祖怀、陈维益、宋瑜译（上海：知识出版社，1991），第113页；或《费正清中国回忆录》（闫亚芬、熊文霞译，北京：中信出版社，2013），第98页。

社会危机"。[1] 正是因此，费正清从 1941 年到 1946 年间被美国政府派往中国，参与情报协调局属下的研究分析处的工作。他和其他被华府召去的工作人员大部分来自大学，以从事学术研究的严谨态度为政府服务，协助政府关注和策划国际事务和未来的筹划工作。这显然与柯立夫和杨联陞所持的学术研究的方法和态度迥然不同，柯立夫深受欧洲汉学的熏陶，而杨联陞则受过中国传统学术的训练，并且他俩还都有很强的语言能力：柯立夫不仅懂拉丁语、希腊语、法语和汉语，还会俄语、德语、日语、蒙古语、满语、藏语、波斯语、突厥语和意大利语等[2]；杨联陞除通英语之外，还通法语和日语，这是同辈中国学者中少有的。如果说杨联陞和柯立夫走的是"阳春白雪"的路子，重诠释中国古典文献和继承汉学传统，而费正清关注的则是"下里巴人"的诉求，他相信学术研究应该反映中国老百姓的生活，学者应该承担解释中国社会和服务政治的责任。

除了在北平求学和研究的兴趣和方法不同，他们的教研方向、授课特点也各异。费正清与赖世和合授的东亚通史大课（即著名的"水稻田"课）面向本科生，目的在于让更多的美国年轻人了解东亚，增进对亚洲社会和文化的了解，从而建立和平的国际关系和秩序。费正清努力普及东亚课程，而且注重

---

[1] Ibid., p. 136. "They (competent specialist in China Studies) were trained by careful historians, not to sound off on public policy. Wilma and I, during our four years in China, on the other hand, had been less focused on sinology, more in touch with current crisis." 费正清接着还评论道："一般来说，那些与当下打交道的人逊于语言，而那些粗通中文的人则沉浸在古老的过去中。"

[2] 柯立夫的意大利语是他高中时在高尔夫球场做球童时学会的。

柯立夫高中时做高尔夫球童，二十世纪二十年代（Francis W. Cleaves Asian Library）

学术研究和现今社会的关联，甚至认为学术应该服务于政府，满足社会所需，知识分子应该运用知识和理性来解决实际问题。早在五十年代，这门东亚通史大课就吸引了数百名学生，而柯立夫和杨联陞的课程却往往只有少数有志于深造中国历史和边疆历史及语言的研究生来选读。

他们对学术行政的兴趣也有天壤之别。费正清就认为叶理绥来自欧洲的汉学传统，和美国学界格格不入，因此没有资格担任美国学术机构的要职。1948年，美国研究远东的学者成立了远东协会，选举理事会成员时叶理绥落选了，费正清就此评论道："最终叶理绥教授果然落选了，因为他没有得到美国选民的支持。他必须在未来培养出一批学术领袖，只有这样才

费正清（左）和赖世和（右）在哈佛燕京图书馆阅览室捐赠仪式，1978 年（Harvard-Yenching Library）

会有更多的美国支持者。"[1]

和费正清热心学术行政不同，柯立夫和杨联陞都是一心一意坐冷板凳的书斋学者，他们不仅不热衷行政事务，且视之为累赘。1961 年初，赖世和即将暂离哈佛远东系赴日担任美国驻日大使，希望柯立夫能代理系主任，但是柯立夫不肯接手。他不仅不擅长行政管理，也不善于与人打交道。他与在巴黎留学的同学塞诺和李盖提（Louis Ligeti）都是伯希和的同门弟子，回忆巴黎求学的时光时，柯立夫说除了在课堂上，他私下里并没有机会与伯希和交流，塞诺对此评论道："柯立夫和李

---

[1] Fairbank, *Chinabound*, p. 100. 参《费正清中国回忆录》第 115 页。

盖提一样，都不善于社交（和导师没有多少交往的机会），其实伯希和是一个富有生活情趣、有很强的好奇心的学者。"[1]

不仅如此，东亚系系务例会，柯立夫往往或提前离开，或索性就不来参加。而杨联陞更是竭力保证自己做学问的时间，除了为《哈佛亚洲学刊》服务之外，他一贯不接受行政事务。在五十年代，哈佛燕京学社曾让他负责接待访问学者，他推辞说自己不会驾车，又不善于组织活动，他也曾规劝何炳棣："避免系务和委员会的工作，专心搞自己的学问。"但是，只要与学术教研相关的，他们两位总会无私付出。杨联陞对学生有的是无微不至的关照，对学友、同事亦竭诚相助，而柯立夫也同样热心服务社会，特意抽出时间，自愿到母校尼德姆高中为学生开俄语试点班，以及到新罕布什尔州的小学做毕业演讲，对孩子们循循善诱，讲扎实学好语言的重要性。他们只是不愿牵扯进行政事务，希望能有更多时间漫步在神学街和住处间，与书为伍、会友论学。

这与社会活动能力强的费正清形成鲜明的对比。二战期间，费正清应召服务于华府，而在哈佛任教期间，他每周都在哈佛广场附近的寓所举行下午茶会，各方人马无不应邀。费正清晚年回忆说，他年轻时就立下一生志向，致力于亚洲研究，引导人们关注亚洲。1972年尼克松访华后不久，费正清成为

---

[1] Denis Sinor, "Remembering Pelliot, 1878-1945", *Journal of the American Oriental Society*, 1999-07, Vol. 119 (3), p. 467-472. in *Paul Pelliot (1878-1945): His Life and Works—A Bibliography*, complied by Hartmut Walravens (Bloomington: Indiana University, 2001), XXXI-XXXII.

周恩来的座上宾。1978年，他又随蒙代尔副总统访华。在美国的学术机构里，他先后担任过美国历史学会和亚洲学会的会长。不同于杨联陞和柯立夫的书斋风格，费正清显然有学以致用的志趣，其致力于将中国历史与现今社会政治问题相联系来从事学术研究。

费正清的回忆录里并未提及在哈佛共事多年的柯立夫和杨联陞，倒是两次写到贾德纳，隐含着不敢恭维之意。1936年，费正清在牛津大学完成博士学位后返美，走访了多所大学的远东研究中心，拜访领域内的学者。在哈佛他曾与贾德纳面谈，后来他介绍说，"贾德纳是一位孜孜不倦的学者"，"一位无私的朋友，知识渊博，待人热情"，但是转而评论说自己真不理解他竟然"不善概括和综合，因此没什么研究成果"。费正清对贾德纳的教学成效也有微词："研究生们从他那里受益良多，然而本科生从他那里似乎学不到什么东西！"[1] 另外，他还记下了1950年美国历史学会选举主席和副主席时，贾德纳提出了不能让副主席自动升任主席的看法。费正清说这位"博学而不切实际的贾德纳"提出的建议在理论上是对的，"但操作起来，实在荒谬！"[2] 担任学会主席之类的职位对于热心参与学术组织、乐于社交的费正清来说，可能算是大事，但是贾德纳这样的学者难免会以真诚但不切实际的眼光来看待。

---

1 Fairbank, *Chinabound*, p. 135. 参《费正清对华回忆录》第149—150页。
2 Ibid., p. 389. 费正清与贾德纳实属道不同不与为谋。贾德纳在《中国传统史学》的前言中写道："It's upon the work of these men (Edouard Chavannes, Paul Pelliot, Henri Maspero) together with that of Bernhand Karlgren that the present essay is largely based." 见 Charles S. Gardner, *Chinese Traditional Historiography*, p. x.

在赖世和与杨联陞之间的频频交流和协调下，上文提到的1956年的冲突得到了平息，但是欧洲的汉学（Sinology）和美国本土的中国学（China Studies）之间的分歧并不能轻易消除。1962年，杨联陞在日记里写道："费正清对《哈佛亚洲学刊》有不客气讽刺。"进入六十年代，美国的中国学得到进一步发展，高校内掀起一股大学校园应该为社会和政治服务的思潮，于是美国的亚洲学学界展开了一场有关欧洲汉学和中国学的大讨论。在1964年的亚洲学年会上，学者们各抒己见，就汉学与以历史和社会科学方法研究中国的学术进路展开讨论，众说纷纭，讨论的主要内容刊登在当年的《亚洲学学刊》（Journal of Asian Studies）上。不少学者认为传统的欧洲汉学已经过时，甚至已完全失去了学术生命力，但是牟复礼和杜希德（Denis C. Twitchett）持有较为客观、中肯和平衡的观点，认为汉学与区域研究和以特定的学科取向研究中国的方法不仅不矛盾，而且还能相得益彰。

在哈佛，费正清研究中国史的思路影响越来越大，他认为发展区域研究，以历史学和社会科学的方法取代传统汉学，才是研究中国真正有效的方法。从五十年代末到六十年代中后期，传统意义上的汉学研究远远不能满足二战以后美国的政治和社会需求，同时美国本土的中国学和亚洲学领域基本成形，早年传入的中国传统训诂学、考据学和欧洲汉学之风逐渐在学界消隐。柯立夫和杨联陞当然难以避开这一股学科发展的新潮流，其间最具象征意义的是哈佛燕京学社汉学引得编撰项目的终结。1957年，也就是叶理绥离任的第二年，哈佛燕京学社即决定停止洪业负责的由学社全力资助的大型汉学引得编撰项目（Harvard-Yenching Sinological Index Series）。这一项目历时二十多年，出版了41种正刊、23种特刊，合计64种共84册有关《左传》《论语》《孟子》《汉书》《大藏经》《水经注》等古籍的引得，花了不少经费，一批学者为之倾注了大量的时间和心血。就这一项目的终止，书面上解释说是因为工程过于庞大，尚需好几十年和难以承担的巨资才能完成。到了1973年，哈佛燕京学社调整办公空间时商讨如何处置原来在地下室库存的用于引得项目的大量卡片——要么销毁，要么搬到别处。董事会意识到如果一下子销毁所有这些卡片，肯定会引起异议，因为柯立夫等学者仍然经常用到这些卡片，于是最后同意出资将卡片全都运到柯立夫住处的地下室。如有学者需要，柯立夫可以帮忙调出。这看似是一个存放资料空间的问题，但事实上，这一项目的撤停和卡片的搬出都说明了汉学在六十年代之后的整体遭遇。半个世纪过去了，这些引得的卡片和柯立夫的私人藏书一起，依然存放在新罕布什尔州一家教堂的地下室。

柯立夫依然故我，以文字学和诠释学继续做他的蒙古文史研究。杨联陞在学术界的影响力依旧，但六十年代后他基本上不做大规模的研究，也没有专著，其间对他的学术生涯影响最大的就是时时复发的严重抑郁症。病发时，他不得不停课，住院治疗、休养，六十年代末有一段时间由余英时为他代课，洪业也曾替他上过中国史课。正如他自己在《国史探微》自序中所写："参加贺凯（Charles D. Hucker）教授主持的明代政制讨论会,时在1965年8月……这一类的讨论会,前后参加过六次。每会都有十几篇论文,共同讲评,颇费心力。这一年8月、9月连续开会,当时情绪亢奋,健康可能已受影响。近十几年有邀请的唐史会、法律史会、道教史会,都辞谢了。"[1]

从个人交往来讲,柯立夫和杨联陞与费正清说不上有私交,不过,遇到和系里教研及学科发展相关的事宜,他们照例相互合作来处理。费正清为杨联陞晋升终身教职时写过推荐信,而杨联陞也会参加费正清在府邸举办的茶会。六十年代中,杨联陞大病初愈之后,费正清给他写了慰问信说:"你就好好休息一年,你还是(汉学界)第一人,放心好了。"费正清曾于1965年组织了一场专题学术讨论会,深入探讨中国与外族、外邦的关系史,杨联陞是其中一位重要的与会者。他后来回忆,他在那场会上发言过多,有时作长篇评论,几乎是演讲。显然他对会上发表的一些论文持有异议,如对"番""蕃""藩"三字用法的同异的解析和诠释。当时他在日记里也写道:"读Fairbank[费正清]及Mancall[马克·曼科尔]关于中国的世界秩序的文章。(他们)对神话和事实分别不清,说中国无state,无boundaries,胡说。"他还写了不少评论寄给费正清,几天后费正清即回信致谢。杨联陞在这场讨论会上提出的诸多高见很可能就是1968年出版的会议论文集《中国的世界秩序》的扉页特意注明"献给杨联陞教授"的原

---

[1] 杨联陞,《国史探微》,台北:联经出版事业有限公司,1983年,第2—3页。

因。对此杨联陞竟未表达谢意，只是说自己"受宠若惊"。[1]

费正清是二战后美国的中国学的领军人物，他使得中国研究以一种新的面貌在美国大学和学术界出现，他把有关中国及其历史的课题引入了美国课堂，不仅拓宽了中国学的研究领域，并且培养了颇有影响的下一辈中国学学者。不过，这丝毫改变不了杨联陞和柯立夫的授课风格和研究的路子。柯立夫对新式的教研方法深具反感，包括中文教学的更新。1961年1月，远东系的系会上讨论学生提出的开中文白话文的请求，对此"柯甚为不满"。经过多番讨论，柯立夫才愿意在那一年使用朱自清的作品作为阅读材料。

六十年代以后欧洲汉学传统在哈佛的境遇，在费正清的回忆录里清晰可见。其实早在三十年代后期，连伯希和自己都意识到欧洲汉学面临的危机。中国前辈学者王静如在追思伯希和一文中写道："（1936年）余返国时，教授怆然告曰：'法国之汉学已呈衰微，能继斯学者，殊不可得，而中国之来学者，当亦渐绝。'"[2] 伯希和的这一说法竟在二战后的美国得到应验。此外，六十年代和七十年代中国学者在国际学术界的沉默，也是汉学在美国分崩离析不可忽略的原因。可以说，六十年代中期后，美国新兴的以区域研究为主的中国学取代了欧洲的传统汉学。

---

[1] John K. Fairbank, ed., *The Chinese World Order: Traditional China's Foreign Relations* (Cambridge, MA: Harvard University Press, 1968).

[2] 王静如，《伯希和教授略传》，《天津民国日报》，1945年11月27日。

## 结语

柯立夫离开讲台后，在新英格兰北部新罕布什尔州的阿尔顿镇安顿下来，他隔段时间来学校一趟，或取信，或会友，总是携着牧场的气息。退休前他基本住在尼德姆镇，只是周末驱车到新罕布什尔的农场，退休后移居农场就可以一心一意照料他的大群牲口了。学界还曾传闻他在新罕布什尔州滑雪场看车一事，其实确有其事。据新罕布什尔地方报的一篇采访，刚退休的那个冬天，柯立夫的退休金暂时还没寄到，而经营 900 公顷的农场开销很大，他便临时找了在滑雪场停车场的一份活儿干了起来。虽然年事已高，但是他常年经营农场，干惯了重活，在滑雪场调度车辆纯属轻便活儿，还得到滑雪场经理的器重，打算提升他来负责整个停车场的调度工作！[1] 那篇采访文章还写到，街坊邻里熟知柯立夫与牛羊为伴，根本没想到他还是世界一流的蒙古学大师。他终身未婚，阿尔顿地方报上还登载，柯立夫的朋友曾经逗他说："看来你一辈子都没让一个女人为你动过心。"他回答说："不错，可我也从没让一个女人为我伤过心！"他自己为报上的这篇文章作了眉批，说自己拾人牙慧，这话可是哈佛大学哲学系的乔治·桑塔耶纳（哈佛园里又一位传奇的教授人士）的原话。

柯立夫一边过着农牧民的生活，一边继续做他的蒙古学研究，反正农场的寓所里就有自己的图书馆。他勤于笔耕，去

---

[1] "Meet an Indefatigable Alton Renaissance Man", *New Hampshire Sunday New*, January 11, 1981. *New Hampshire Sunday News*, October 18, 1981.

柯立夫在自家农场（Francis W. Cleaves Asian Library）

世前一个月还发表了论文。牧场里的牛羊群和金毛犬是他的贴身伴侣，给他带来安慰，和康桥系里的同事们相比，他更易于和牧场的牛羊群相处。霍尔孜山麓的农场是他从事学术研究一辈子后最合适的归宿。杨联陞退休后住在离康桥不远的阿令屯镇，以便于时常来学校，不过来找他的人远远不如以前多了，他曾在日记里写道："近周精神不振……亦因学校无人来找，自觉寂寞也。"他身体欠佳，可是照样时时来办公室见学生、会朋友，去哈佛燕京图书馆找资料。

东亚系办公空间紧缺，柯立夫于1980年秋就让出了他的办公室。虽然系里时不时通知杨联陞，说随时会有请他腾出办公室的需要，但他还是得以保留了系里那间他已使用了三十多年的最大的办公室。在学术生涯的最后岁月里，杨联陞和柯立夫合用这间，于是就有了本文开头的那一幕场景：杨联陞准备好两人份的午餐，每周二风雨无阻带到系里，在那间进出多年的办公室里坐着，耐心等候柯立夫课后来聚餐聊天。这正是八十年代传统汉学在哈佛的一番逼真的写照。

1990年，杨联陞在麻州阿令屯的家中过世。五年后，柯立夫在新罕布什走完了漫长的蒙古学之旅。1996年初，柯立夫的学生康纳在追思会上说："可以说，哈佛的同事并不欣赏柯立夫毕生从事的学术研究，有人认为他过于注重文字的诠释和考据，过于学究，并且认为他的研究早已过时。"[1] 杜维明执笔的纪念导师杨联陞的悼文也提到人们对杨联陞孜孜以求的学术研究的误解："法国传统的汉学被误认为是一种与现实无关的过时了的癖好。"[2]

柯立夫去世后，他的藏书存留在新罕布什尔州一家教堂的地下室，而杨联陞的45册日记（1944—1989，仅缺1988年的一册）的原件存在台北"中研院"，复印本保存在哈佛燕京图书馆。今天，时有学者慕名前往新英格兰北郊，走访柯立夫的私家亚洲图书馆，也常有学者远道而来，从哈佛燕京图书馆调出杨联陞的日记查阅。

余英时师承杨联陞，他回忆自己在哈佛求学经历时，提到当时称研究近代之前的中国为汉学，而把研究近代以来的统称为中国学。他本人努力兼而有之，既拜杨联陞为师，又吸收费正清的学风，请两位同时作为博士论文委员会的导师。更重

---

[1] "An unequalled master"，1996年2月9日康纳在柯立夫追思会上的发言，哈佛大学东亚系档案。

[2] Francis Cleaves, James Hightower, Rulan Pian and Tu Weiming, "On the Life and Services of the Late Professor Yang Lien-sheng", *Harvard Gazette*, May 6, 1994. 原文为 "French Sinology was misconceived as a penchant of archaic irrelevance"。

要的是，余英时认为，杨联陞"早年对经济学和社会经济史的深厚兴趣后来扩大到社会科学的其他领域。恰好四十年代至五十年代，史学和社会科学合流在美国蔚成风尚，杨先生原有的治学倾向也因此发挥得淋漓尽致"。[1] 杨联陞确实把西方现代的概念和对经典汉学的精深研究一同带入了中国社会经济史的领域，但是面对当年冷战时期区域研究服务于社会和政治的需求，他和柯立夫的传统汉学研究方法似乎不再受用。

美国的中国学如今依然方兴未艾，而在中国学界，对"何为中国"和新清史的讨论热度丝毫不减。这些议题与柯立夫、杨联陞毕生从事的研究兴趣和方法息息相关，可谓对传统汉学的回归。当学界重新理解和探讨"中国"、发现"中国"时，越来越多的学者体会到深入了解中国和周边不同区域之间跨语种、跨国界、跨宗教信仰之交往的重要性，从而进一步领悟到了杨联陞和柯立夫两位老先生对传统汉学在美国学界的发展所做出的杰出贡献及其超前意义。柯立夫的整个学术生涯倾注于对一系列蒙古碑文和《蒙古秘史》的翻译及诠释，致力于古蒙古文和汉文的语文学、文献学和历史比较语言学研究，而杨联陞的学术研究也一直强调文献学和训诂学、考据学的重要性，他拥有的"开杂货铺般"的渊博学识和包括中国边疆在内的广泛兴趣以及扎实的国学功底，正是现今学术界所缺的。

最了解柯立夫的还是他的得意门生傅礼初。傅礼初说导

---

[1] 余英时，《中国文化的海外媒介》，载《犹记风吹水上鳞》，第175页。

柯立夫（Courtesy of the Harvard Gazette）

柯立夫和傅礼初（由哈佛大学欧立德[Mark Elliott]教授提供）

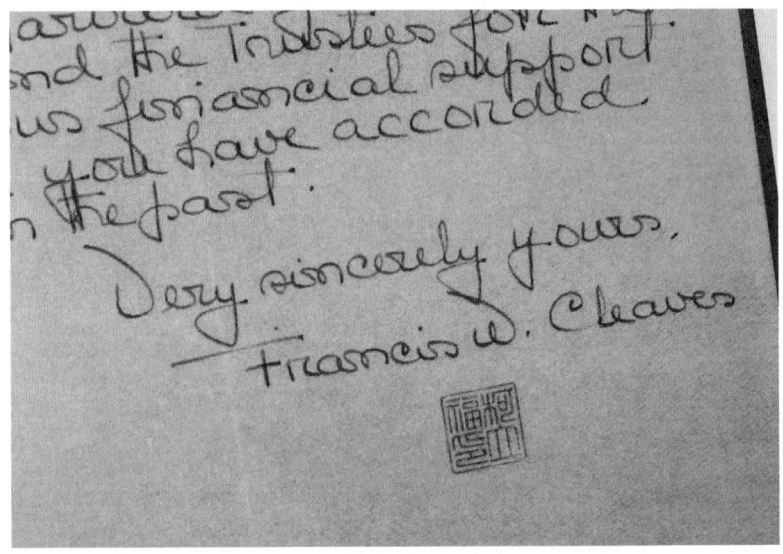

柯立夫致哈佛燕京学社叶理绥社长的书信落款，1938年（Harvard-Yenching Institute）

师的大量文章使他成为"那个年代蒙古学的领先者，他也是少数统领整个蒙古学领域的带路学者。不仅在美国、欧洲和苏联，而且在中国、日本和蒙古，柯立夫一直都被认为是蒙古学领域的一位杰出学者，他是研究古蒙古文的一位举世无双的大师！"从哈佛退休后，柯立夫完全成了霍尔孜山麓的一位牧人。而杜维明对导师杨联陞也是充满敬意："现在还能出色通过三年一次京考的中国文人屈指可数，而杨联陞就是其中之一。他是中国文人的典范，一位富有才华的诗人，也是一位颇具成就的书法家、充满感染力的画家和富有激情和感召力的京剧演唱者。"他不仅尽情享受中国传统的琴棋书画之乐，更是一位了不起的汉学家。[1]

进入二十一世纪，随着国际学术交流的加深，对中国的了解的研究不再停留在海关资料和外交官、传教士和探险家的游记、笔录，更重要的是学界在突破早年以他者来了解中国的心态和视野后，还需要突破二战后出现的区域研究和学以致用的模式。经典的中国乾嘉考据学派和欧洲汉学传统依然是构成汉学和中国学的不可或缺的内容，把语文学、目录学和历史比较语言学与关联中国现实的社会科学结合起来从事学术研究，应该是现今的学术界致力所求的研究方向，同时也是一个莫大的挑战。其实，这一想法早在1964年已由牟复礼、杜希德和萧公权等学者明确提出——欧洲的汉学传统和当今关注现实的社会科学并不相左。柯立夫和杨联陞的学术历程和哈佛大学发

---

[1] "On the Life and Services of the Late Professor Yang Lien-sheng".

展东亚研究的这段学术史告诉学界,今天研究中国时,汉学和中国学岂能分立山头!

本文始刊于《文汇学人》2017 年 11 月 24 日和 12 月 1 日。

卜居和飘零

胡适在哈佛

三年前，哈佛燕京图书馆应一位学生的要求，调出了胡适的一篇论文《新校定的敦煌写本神会和尚遗著两种》。这原来是《史语所集刊》第二十九本的一份抽印本，翻开才意外地发现这是胡适在1959年3月4日题字、赠予图书馆的一本册子。

1959年赠书与哈佛燕京图书馆，并非胡适与哈佛大学的第一次交往。从二十世纪二十年代开始，胡适就与哈佛大学，尤其是与哈佛燕京学社结下了深厚的学术之缘。半个多世纪后，后辈学子偶然碰见的胡适与哈佛的这一书缘，正是一个最好不过的例子，它引领我们追述胡适在二十世纪前期与哈佛大学相连的一段学术史。本文落笔在1945年前后，就是因为胡适于1944—1945学年应邀在哈佛大学远东系客座任教，在美国麻州康桥（Cambridge, Massachusetts）住了将近一个学年。那段时间，胡适与哈佛大学的关系最为密切。

一

胡适毕生学术、外交和社会活动频繁，辗转中外多处，走过好多地方。他往返途中曾经多次打了急转弯。胡适是第二批

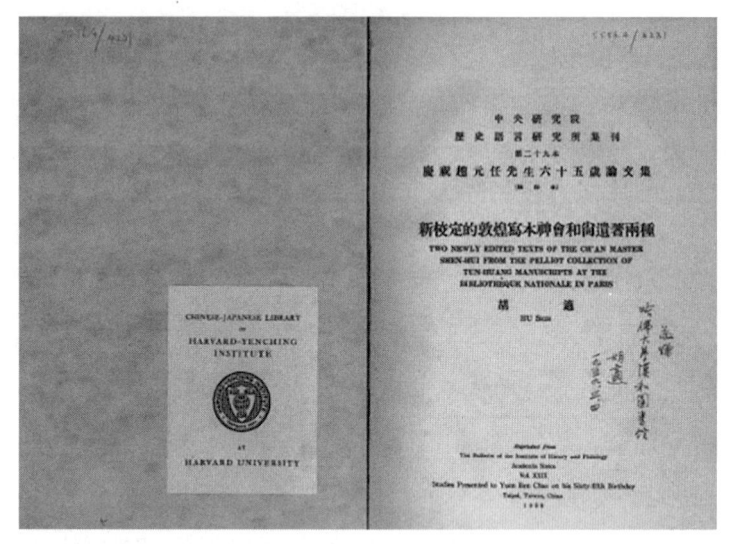

胡适签字赠送哈佛燕京图书馆的论文抽印本

考取庚子赔款的留美生，先后求学于康奈尔大学和哥伦比亚大学，但是他与哈佛大学也有很深的缘分。早在 1927 年 2—3 月，胡适曾落脚康桥，并向哈佛燕京学社的董事会建议，筹备中的哈佛燕京学社不应介入宗教，要保持其独立性。胡适一言九鼎，哈佛燕京学社迄今为止一直保持其位于哈佛而又独立于哈佛的独立性。虽然胡适并没有接受邀请前来任教，也没有亲身参加学社初创时期的学术规划，但是学社创办以后，他通过受邀参加学术活动、与学社资助的一批汉学学者交往，以及来汉和图书馆查阅史料，一直与哈佛燕京学社保持着密切的联系。1936 年，哈佛大学建校三百周年校庆时，胡适被授予荣誉博士学位。身为北京大学文学院院长，他还代表中国学者在哈佛校庆典礼上，以"中国的印度化"（"The Indianization of Chi-

胡适任北大校长时期
填写的履历表

na") 为题讲演[1]，并替哈佛的中国校友会为母校捐赠了一块巉岏座花岗岩石碑。这块石碑现在依旧矗立在哈佛园内怀德纳图书馆（Widener Library）和博义思同楼（Boylston Hall）之间。

1937 年，胡适接受了中华民国驻美大使一职，离开北京大学，于 10 月 8 日来到华盛顿（胡适称之为"美京"）准备就任新职。即便在担任驻美大使期间，他也曾于 1941 年应邀在

---

1 Hu Shih, "The Indianization of China: A Case Study in Cultural Borrowing" in *Independence, Convergence, and Borrowing in Institutions, thought, and Art* (Cambridge, MA: Harvard University Press, 1937), pp. 219-247.

哈佛暑期学校做过演讲。1942年9月，胡适卸去大使一职。9月18日，他完成了大使馆的交接工作，离开华盛顿。离任后，他并没有马上回国，而是寓居纽约，在曼哈顿东81街104号租屋住下。此后他重回最为心仪的书斋生活，一心一意从事学术研究，把大部分精力用于考证《水经注》案的工作上。这一段时间里，他从事学术研究之余，不时外出参加学术活动或是外交会议，其间去得最勤的就是波士顿。比如1943年2月11日，在离任后不久，他来到波士顿，应邀来哈佛大学就二战期间中国的状况做演讲，传达中国在抗战最艰难时期，坚持抵抗而不放弃的精神。晚上，他在哈佛的教授俱乐部，做了题为"中国正在捍卫该有的生活而战"（"China Is Fighting to Defend a Way of Life"）的演讲。教授俱乐部的楼上楼下全都坐满了。胡适在日记里写道："饭后把桌子撤去一部分，使楼上的人下来听我演说，约有三百五十人。据会所的Steward说，这是这会从来不曾有的大众。"第二天，他又参加了哈佛大学远东文明访问委员会的会议。被邀赴会的外来人士除了胡适外，还有顾临（Roger Greene）和哈金斯（Huggins）。与会的校内教授有叶理绥、魏鲁南和赵元任。第三天，胡适又抽时间在麻省理工学院，与麻省理工和哈佛两校学生谈如何在象牙塔里做学问，特别强调"学问是要给我们一生一点无上的愉快享受"。[1]

不管是从纽约应邀北上演讲、与会，还是途中路经，胡适

---

[1] 曹伯言整理，《胡适日记全编》第七卷（合肥：安徽教育出版社，2001），第505—507页。

一来波士顿，得空就会在哈佛大学所在的康桥镇待上几天，他总说看书做学问还是那里好，因为有北美最好的东亚研究图书馆——哈佛燕京学社的汉和图书馆。他到了后还会顺便会友、聚餐，交流彼此的研究，了解学友的近况。

当时，哈佛大学的中国学、亚洲学研究刚刚起步，能够聘任的这一领域内的教授本就不多，而且由于在1944—1945学年有几位中国史和东亚史领域的教授休学术假，正需请学者来开和中国学有关的课程，于是哈佛燕京学社社长叶理绥经和董事会商议同意，由学社出资邀请胡适前来开课。胡适以前曾因事务繁重婉谢学社的邀请，而这时寓居纽约的他还是一如既往的繁忙，但是日程毕竟比他担任公职时机动，于是答应来哈佛任教。从1944年10月到1945年6月，胡适为哈佛大学远东系第一次开了"中国思想史"课。

说到进一步了解胡适这一学年在哈佛任教的细节，人们自然而然地想到业已出版的《胡适日记全编》，但是，研究胡适的学者都知道，胡适日记里缺了一些年份，其中1945年的日记就是一大空缺，因此从他的日记里，无从了解他1945年的生活。曾有学者认为，胡适日记中1944年12月31日至1946年1月2日的"空白"，是因为胡适身为"主和派"，对抗战胜利这一年发生的事情不愿记载。这一说法令人难以苟同。胡适一辈子辗转多处，横渡大洋好多次，迁移频繁，其间丢失个人物件在所难免。1946年，他准备离开纽约，回国担任北大校长之前，因为忙着预订返沪的远洋海轮票，以及收拾书箱交付海运，心脏病又犯了。虽然友人们劝他推迟行程，等到秋天再动身，但是他"去意已决"。5月21日，"转运公司来搬我的书箱，我把书箱十四只送走了，又把小Trunks［箱子］十只也送走了"。其中一个小箱子里装的就是他的日记本。忙乱中，1945年的那本日记准定弄丢了。

胡适卸任大使后寓居纽约的四年（1942—1946）里，1945年是他学术生涯中很重要的一年。他这一年日记的失落实为可惜，不过令人庆幸的是，当时在哈佛求学、任教的杨联陞和胡适交情至深，他和胡适一样，也勤作日记。余英时先生为《论学谈诗二十年——胡适杨联陞往来书札》一书作的序文里提到："他们（胡适和杨联陞）相见始于何时今已不可考，但彼此熟识起来，奠定了终身的师友情谊大概是在1943年。"那也就是杨联陞从北平来到哈佛攻读博士学位，而胡适留居纽约常来哈佛之时。他们因彼此研究志趣、性格相投而结为好友，而且此后多年见面频繁，来往诗文、书信不断。因此，杨联陞的日记及其与胡适的通信提供了胡适那一年任教哈佛的一些细节，弥补了胡适1945年日记遗缺之憾。

二

胡适在哈佛任教是从1944年的秋季开始。10月22日下午，胡适坐火车从纽约来到波士顿，杨联陞和赵元任等朋友前往后湾（Back Bay）站接到了胡适，然后陪同他一起来到康桥，入住哈佛园附近的酒店。胡适在那一天的日记里写道："下午一点的火车去Cambridge［康桥］。在纽约住了两年零一个月，现在去 Harvard〔哈佛〕大学讲八个月的'中国思想史'。鲤生、重民、修业、于总领事、锴兄、梁鋆立、陈冀枢来送。五点半到康桥，元任夫妇、张景文〔福运〕、杨联陞、王恭夫妇来接。住哈佛大学的 Continental Hotel 104 号。"杨联陞在同一天的日记里写道："下午到贾〔贾德纳，Charles Gardner〕府略谈。到赵〔元任〕府。同接胡〔适〕先生，五时半到。到 Continental 104 小坐（张福运、王领事夫妇及子，赵先生），饮酒。赵府晚饭。"

在同事和学友们的热情送别、接风洗尘以及陪同下，胡适顺利抵达康桥，开始一学年客座任教的旅居生活。胡适寓居康桥期间，活动频繁，主要是讲课、与康桥的中国学者聚会交流，以及受邀在哈佛等地演讲和赴会。

### 讲课

胡适入住哈佛寓所后即开始准备"中国思想史"一课。1944 年 10 月 24 日，杨联陞到住处看望胡适，两人谈起胡适正着手从事的《水经注》研究，还商讨为学生们准备的"中国思想史"一课的选读材料。第二天，刚到波士顿三天，胡适就得返回纽约，处理之前尚未了结的事务，而杨联陞帮他打出已拟定的课程选读稿。

这一段时期，杨联陞在日记中频频记下与胡适的来往以及上课和开讲座等事宜，这也是他们两位个人交往最密切的时候。杨联陞在 11 月 6 日写下："雪及地化为雨，周一。"这一天十一时，胡适在远东系开第一堂课。课堂都坐满了，九人选，连旁听者共达五十余人。这一堂课每周上三次，在周一、三、五上午十一时开始。杨联陞几乎每堂课都去听讲，比如："11月24日（天雪），听胡先生讲春秋战国大局，一般宗教思想。"

杨联陞那时好多天的日记里重复写下"上胡先生课"。对自己不得不翘的几堂课，他也都认认真真做了记录，比如11月10日，杨联陞忙着帮赵元任整理《国语四千字分析字典》，上午未听胡适的课。胡适教书勤勉，圣诞放假之际，12月21日还在麻州西边的格拉夫顿镇（Grafton）为自己收购的私家藏书打包。12月31日，圣诞节刚过，他即从纽约返回康桥。1945年1月3日十一时，杨联陞又如期上胡适的课。转眼就到了第一学期期末，杨联陞帮胡适监考。他在1月8日的日记里写道："代胡先生考试。题为老儒墨大旨，学生二十人。"可见正式注册修课的学生已由第一堂课的九人增至二十人。时至今日，老儒墨早已成了美国课堂上教中国通史，尤其是中国思想史不可或缺的内容。这一学年，胡适上课一直到5月30日。杨联陞在那一天的日记里写道："十一时，胡先生最后一课。"之后胡适即回纽约。[1]

## 演讲和赴会

1944年11月29日，胡适曾收到母校康奈尔大学校长的

---

[1] 吴浩主编，《胡适英文中国思想史授课纲要遗稿（整理本）》（北京：外语教学与研究出版社，2019）。

来信，邀请他去做梅辛杰讲座（Messenger Lectureship），但是他想到，自己原定在1945年6月结束哈佛的课程之后就不再接受任何束缚行动自由的聘约，于是再三考虑，决定辞谢母校这一最高荣誉的邀请。12月5日，哈佛学友张其昀建议胡适回国担任中央研究院院长，被他一口回绝。12月6日晚，胡适在哈佛由中国学生组成的东方俱乐部以"中国的问题"为题，做了一场演讲。几天后，抗战时局紧张，他想到应当给美国有势力的朋友写信求助。

1945年1月8日，胡适刚从弗吉尼亚参加太平洋学会（Institute of Pacific Relations）会议归来，第二天即照常上课。4月10日下午四时，胡适应邀在哈佛神学院做了一场英格索尔讲座（Ingersoll Lecture，这是哈佛神学院一年一度的系列演讲，举办至今）。胡适那一年应邀演讲的主题是"谈中国传统思想中的不朽论"（"Concept of Immortality in Chinese Thought"）。

这期间，胡适参加的最重要的一次活动可以说是在旧金山举行的联合国制宪会议。4月23日，胡适上午完课后即飞赴旧金山。1945年4月25日，联合国国际组织会议召开，五十个国家的政府及诸多非政府机构参与并起草《联合国宪章》。他先奉派出席了第二次世界大战伦敦战犯委员会等国际会议，接着又作为中国的一名正式代表，参加了联合国制宪会议，成为见证联合国诞生的几位中国人之一。那一天周一良代他监考，由于与会时间较长，到5月2日，胡适还没回来。杨联陞记录："胡先生未归，无课。"5月3日，胡适从旧金山转纽约回波士顿时，杨联陞和赵元任又一起前往后湾站迎接。杨联陞在那天的日记里写道："晚十一时三刻，到 Back Bay 接适之先生。自旧金山飞回，因天气不佳，改自纽约乘火车。陪到 hotel，与赵先生夫妇、杨振声先生同谈少时，一时归。"杨振声毕业于哥伦比亚大学和哈佛大学教育学院，当时也正在康桥。

## 三

胡适在哈佛任教、在康桥寓居的八个月时间里，和教学同样重要的就是与这里的中外学者和中国学生交往。这一时期在康桥，胡适有机会与中国学生、学者频频相聚、聊天，杨联陞的日记里多次提到这些社交活动。

1944 年 10 月 30 日晚，张其昀在醉香楼宴请胡适。第二天，杨联陞请胡适就便饭。11 月 1 日，杨联陞陪胡适到哈佛大学福格美术馆参观，路上胡适顺便与杨联陞聊起了中国的旧式教育，特别提到"入塾前认数百字极重要"，而且还说"五经文法文体并不统一"，因此读起来比四书要难。随后他俩一同到赵元任家共聚午饭。赵元任与胡适是"半个世纪最亲密的朋友"。他们的个人交往始于 1910 年，那时他们同时考取庚款第二批公费留美，并一起在康奈尔大学求学。从康奈尔大学毕业后，赵元任来哈佛攻读博士学位，而胡适去了哥伦比亚大学。

那时，他们多次见面长聊，几乎无所不谈。11 月 30 日，杨联陞又有机会访胡适。他们先谈齐学，胡适说："胶、密等地避难者生活安定，产黄老之学。"胡适后又跟他分享自己有关两位同时代的诗人张籍和刘禹锡的诗作编辑混杂的看法，认为张籍的诗集中杂有刘禹锡之作。不久就到了胡适五十三岁生日。12月16日生日前夕，胡适在他住的洲际酒店里请朋友们共进晚饭。第二天，赵元任夫妇请了很多朋友为胡适庆生。每年圣诞之前，杨联陞总是给学友送礼，那年也不例外。12月20日，杨联陞先在上午上了胡适的课，后来和胡适一起到赵元任家吃了晚饭，然后，他给胡适送去了橘子和茶叶蛋，两人谈至午夜才回家。

年底，胡适在纽约过完圣诞节即回康桥。1945年1月2日下午，杨联陞在汉和图书馆遇到胡适，胡适约杨联陞第二天晚上到他那里聊天。第二天下午六时，杨联陞按约到了酒店，胡先生请饮酒。晚饭后，他俩"清谈饮湄（潭）红（茶）"。他们就诗文、学术，几乎无所不谈。胡适谈到，王安石的秋兴诗可疑，太劣，"或是荆公误置人者，一本八首不在一处"。他还说："曹氏父子曹丕较好。张籍诗好。骈文至王杨卢骆始通，所以'不废江河万古流'。论考古之难，举近代史事。五四运动，通常以为有十年抬头，实只前两年。后来陈独秀分开，政党在学生中力量渐大，纯学术立场不易维持。"最后，胡适又从诗文谈到了土木之变。

1月7日，一个大雪天的周日，杨联陞起来吃了早点后"收拾书物"，他在胡适"手卷上画秋山图"，自觉"尚无俗气"。1月28日，贾德纳请杨联陞陪胡适一起吃午饭。第二天，杨联陞又记："上胡课。呈阅四年来所作诗，请勿广布。"2月7日，杨联陞、胡适和梁方仲、丁声树和全汉昇一起见面聊天，杨联陞在那天的日记里写道："饭后到胡先生旅馆。胡（先生）讲考据学用证据方法，证据之难得。往往只能以一事证一事。'有几分证据说几分话。'茶酒纷陈，谈过午夜始散，亦一时之盛会也。"

1945年2月末，胡适又回纽约一趟。3月2日下午，杨联陞在后湾站接到了一起从纽约来的蒋梦麟和胡适两人，然后同到赵元任家吃晚饭，在座的还有诸学生会主席。3月17日，他们又到赵元任家共聚晚餐，而且说起宋人写诗，谈兴颇浓，还吵起了已经上床休息的胡适。与胡适谈诗，杨联陞写道："他颇赞成宋人以诗说理，愚意不甚谓然。"4月7日，杨联陞又去看胡适，两人同回杨家吃午饭，但是胡适忘了挂表，绕道回旅馆取。他们又谈至下午二时，然后杨联陞送胡适到公车站。4月22日傍晚五时，杨联陞又去胡适的住处看他，他们还请来了丁声树、周一良和杨振声，一起饮酒。杨联陞特意记录：胡适谈"《难〈神灭论〉》在梁武天监六（年），不在萧子良时。时在范（缜）贬后"。5月7日，杨联陞上完胡适课后，又谈论"梁商改文字"的那段历史。第二天下午，杨联陞特意到胡适寓所取回了孙念礼（Nancy Lee Swann）的整部书稿，还有陈寅恪的《隋唐制度渊源略论稿》一书。

到5月25日，哈佛的学年即将结束。杨联陞于当天上午十一时上了胡适的课，下午陪同胡适去纽约。在纽约，他们从梅贻宝（梅贻琦胞弟）那里闻得"陈寅恪先生目几失明，甚痛心（现已动手术，住医院）"。说到陈寅恪，第二年，也就是1946年，胡适得知陈寅恪在美的名医诊断说他双目失明无法

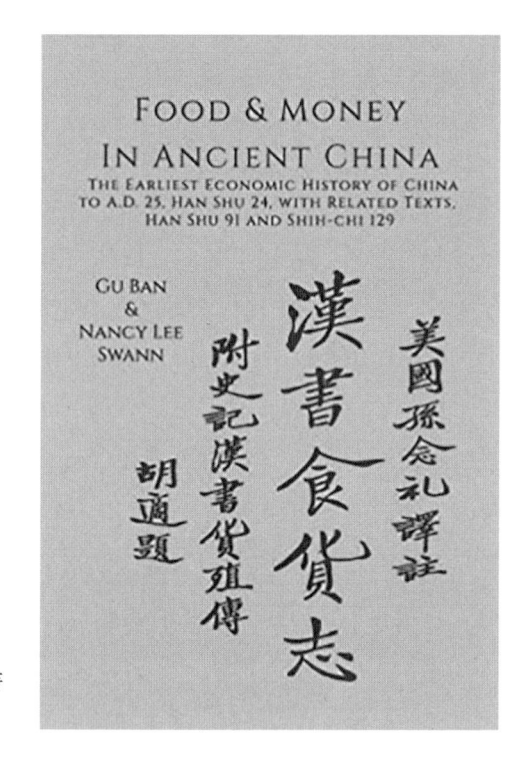

胡适为孙念礼的译著题写的书名

诊治时，非常悲哀，他在4月16日的日记里写道："百忙中请人去银行办汇票乙千美元，请［全］汉昇带给寅恪。"他接着感叹："寅恪遗传甚厚，读书甚细心，工力甚精，为我国史学界一大重镇。今两目都废，真是学术界一大损失。"

## 四

1944年到1945年间，胡适在纽约、康桥生活时，与诸多中国学友、师生有过来往。从今天来看，当时在美东的中国学者、学生圈子论人数虽然不多，但可谓群英荟萃。胡适和杨联陞的日记里提及的学者，此后在各个领域都成为领衔人物。1944年秋在纽约送别胡适前往哈佛任教的友人中就有周鲠生。周鲠生早年留学日本早稻田大学，后来转到武汉大学担任法学教授和教务长。从1939年起，他赴美国从事研究数年。1945年4月，他还作为中国代表团顾问，和胡适一起参加了创建联合国的旧金山会议。同年夏，周鲠生归国担任武汉大学校长，请了许多年轻有为的学者来武大任教。胡适后来任北京大学校长时曾去武大讲学，看到那里集聚了很多年轻教授，十分感慨地对老相识说："你真配当大学校长，你很爱惜人才。"还有王重民和刘修业夫妇也在纽约车站为胡适去波士顿任教送行。刘修业是福州人，1931年毕业于燕京大学中文系，1932年在北平图书馆工作，编制国学、文学等索引。1936年，她赴法与王重民一起抄录敦煌资料，著录明清间来华传教士译著。1937年4月在巴黎与王重民结婚后不久，即去伦敦大学进修。1939年与王重民同赴美国，夫妇俩先后在美国国会图书馆和普林斯顿大学葛思德东方图书馆鉴定馆藏的中国善本书，编辑目录。胡适提到的一同来送行的"于领事"是当时担任驻纽约总领事的于焌吉（字谦六），他从哥伦比亚大学获得博士学位后曾任外交部条约委员会委员、驻古巴公使馆秘书和驻哈瓦那总领事等职。另一位"锴兄"指的是刘锴（别号亦锴），毕业于牛津大学和哥伦比亚大学，曾在驻英大使馆和驻美大使馆工作过。另一位梁鋆立曾担任驻英大使馆一等秘书，也和胡适一起参加了旧金山联合国制宪会议。送行的友人中好几位是在胡适任驻美大使时跟随他工作的同事。

当时在康桥餐会、茶聚里频频出现的还有张其昀和张福运。他们并不是汉学家,但其实也是当时非常重要的留学哈佛的中国学者。张其昀1936年受聘为浙江大学史地系教授兼主任、史地研究所所长,后又兼任文学院院长,1941年当选为教育部首批部聘教授。他还曾任中国地理学会总干事。1943年受美国国务院之邀聘,张其昀在哈佛大学研究讲学一年,当时他和浙江大学校长竺可桢一同力聘杨联陞到浙大任教。张福运在1910年考取清华庚款留美预备班后,于1911年来到哈佛大学学习,成为最早就读于哈佛大学法学院的中国人之一,1917年获哈佛大学法学士学位。回国后,张福运任教于北京大学,传授国际法。1922年至1925年间,担任北京交通大学校长。1927年应哈佛同窗、国民政府财政部部长宋子文之邀,担任财政部关务署首任署长。

## 五

当然还有当时在哈佛燕京学社资助下攻读中国经济史博士学位的杨联陞。胡适认识杨联陞后,随之也认识了杨联陞的导师和恩人贾德纳。当时学社资助不少有志于汉学的美国学生和老师到北京进修,贾德纳就是其中一位。我曾在前文里详细地介绍了贾德纳和杨联陞的师生之交。贾德纳1939年底从北平回到康桥后,没得到哈佛的终身教职而四处求职,但是他依然安家在康桥哈佛校园附近。四十年代初期,杨联陞一直住在他家，离胡适任教时住的花园街（Garden Street）只有一街之隔，步行只需五分钟。

就胡适1945年前后在康桥熟识的这批中国学生和学者同中外汉学家的交往，参照杨联陞的日记，我们可以重构和回述其中两桩轶事，既风趣，又含学术史意义。1945年2月10日晚，贾德纳邀请了一批学者来寓所共进晚餐。那天晚间，大雪纷飞，是波士顿2月的一个大冷天。杨联陞在日记里写道："晚贾德纳请客，有伯希和、胡适之、赵元任、Blake、Stinge、Elisséeff、Ware、张晓峰、裘开明、周一良、张福运及余。""席上谈及火药，伯［希和］以为中国最古所用似bomb，炮实外国发明。又论佛教之外，惟摩尼教深入民间（吃菜事魔），其他宗教莫能及也。全开也里可温之说，伯［希和］以为蒙语是the powerful之意……又言'作揖'之'揖'字是阿拉伯文译音（伯不同意）。""谈及中国工业化问题，大家意见不一。"对此杨联陞感叹道："汉学家不必懂经济也！"客人散后，杨联陞和贾德纳师生二人单独谈到凌晨两点，贾导师特别提议这位门生应作英法之游。

对这一次聚会，杨联陞记忆颇深。多年后他在自己的《书评经验谈》中谈到伯希和时，回想起了贾德纳邀请的这次晚宴。"我有幸在哈佛听过他［伯希和］演讲（中亚基督教史一课），参加过贾德纳先生请他的宴会。同席有胡适之先生，但伯希和并未表示多少敬意。胡先生大约因为他知道多种语文，目录学很可观，中文颇好，人特别聪明，就让他几分。我是后学，难免有几分不快。"杨联陞为胡适抱不平。作为当时中外汉学界两位举足轻重的学者，胡适与伯希和并非第一次见面。早在 1926 年 9 月，胡适在大英博物馆查阅敦煌文书后，就曾经去巴黎见伯希和，和他探讨敦煌文书卷子，而伯希和以其旧作《六朝同唐代的几个艺术家》相赠。而 1945 年 2 月再聚康桥，实缘于他们和哈佛燕京学社的学术交往。

早在 1924 年 1 月，伯希和受邀前往哈佛大学福格美术馆，作了题为"中国考古的新近发现"（"Recent Discoveries in Chinese Archaeology"）的演讲。1926 年 3 月，伯希和又来到福格美术馆讲"中国北方的新石器艺术"（"Neolithic Art in Northern China"）。1928 年 12 月，他再次受邀来哈佛讲"新疆寺庙的发掘"（"Unearth Buddhist Temple in Chinese Turkestan"）。可见在哈佛燕京学社正式成立前后，伯希和多次受邀就他在中亚的新发现作学术交流，对当时刚刚起步的哈佛汉学有了最初的影响。

三十年代初，哈佛燕京学社曾邀请伯希和出任第一任社长，可是伯希和回绝了。根据洪业回忆，学社之后又邀请了另一位法国汉学家戴密微来担任这一重要的职位，同样被拒。学界曾玩笑说，伯希和与戴密微身居三十年代风起云涌的巴黎，怎会愿意到北美乡间小镇康桥去受罪？还是在伯希和的推荐下，哈佛燕京学社请到了叶理绥担任社长，叶理绥为法籍俄裔的日本学学者，也是当年伯希和在巴黎的一位同仁。

1936 年，胡适和伯希和同时被哈佛大学授予荣誉博士学位。胡适被描述为"一名中国哲学家和历史学家，既继承了中国悠久的文明赋予现代人的睿智，又以其勇气和对新时代精神的领悟来引领学界",而伯希和被称为"一位坚忍不拔的探险家,其对中亚文书和艺术的探究增进了我们对多种古代文明的赏识"。[1]

此后,伯希和在1944年10月和1945年2月再次来哈佛讲学。根据杨联陞的日记,1945年2月7日4时,他听伯希和讲"长老约翰王与中国的第一个基督教传说"("Prester John and the First Christian Legend in China"),过后还参加了哈佛燕京学社为讲座举办的茶会。第二天,伯希和以"蒙古史之新研究"为题做了演讲,提到成吉思汗卒时只有六十岁,又讨论到在蒙古帝国统治下基督教在乃蛮等三族中最有势力。之后这帮学者一起受邀到贾德纳家参加晚宴,也就是上文提到的由贾德纳做东、胡适和伯希和得以在康桥再聚的晚宴。遗憾的是胡适有否参加伯希和的讲座,杨联陞并没有在日记中提及。

## 六

那段时间另一则值得一记的是杨联陞和胡适一起收购旧书的轶事。1944年12月9日的下午,天寒地冻,杨联陞和汉和图书馆馆长裘开明陪同胡适,前往麻州西边的格拉夫顿镇南街16号的约翰·罗兹(John L. Rhodes)家,阅览罗兹的伯父、老传教士罗伯特·利莱(Robert Lilley)遗留身后的一批藏书。这位利莱先生从1869年至1876年间在中国北方传教,1876年被派往日本横滨。十九世纪末,他把多年来先后在中国和日

---

[1] 哈佛大学荣誉学位名册(1934—1950),哈佛大学档案馆馆藏。

本收集的藏书带回家。他死后,所有的书归侄子约翰·罗兹所有。罗兹很想把这些书卖出去,但一直没人要。据胡适和杨联陞的日记记录,有意思的是身为一名新教传教士,利莱收集的藏书中除了《新约》和《旧约》的中日旧版译本之外,还有"明治十三年(1880)弘教书院的缩刷藏经四十帙"和"日本旧刻各种零种佛经"。此外还有中国旧书,"甚多佳版"。胡适虽然为转运这一大堆书犯愁,但他爱书心切,还是当即出了五百美元把所有的藏书都买下了。罗兹甚满意,大家皆大欢喜。12月21日,胡适再次和杨联陞一起来到罗兹家中,两位大学者花了六个多小时,亲手把旧书整理好,装成五大箱,并托付罗兹把这五箱书交转运公司,送往胡适在纽约东81街的寓所。而剩下的一些小部头的书,他俩自己装入手提箱随身带上,直到深更半夜才回到波士顿。途中杨联陞即兴作小诗:

才开寿宴迎佳客,又冒新寒到草庐。
积习先生除未尽,殷勤异域访遗书。

胡适在午夜直接上车去纽约过圣诞节。圣诞刚过,12月26日,胡适寄给杨联陞他的和诗:

雪霁风尖寒彻骨,大头板屋似蜗庐。
笑君也有闲情思,助我终朝捆破书。
祖国打劫千载无,暴敌杀掠烧屋庐。
可怜你我忒然不长进,雪地冰天还要下乡收破书。

胡适致杨联陞信函手迹，1948年（选自《论学谈诗二十年》）

然后杨联陞又和胡适的诗，写了两首：

卅年尘锁无人问，一旦提携出草庐。
只说新书读了旧，旧书也会变新书。

又：

弘教何嫌文字障，译经忍弃塞翁庵。
先生莫说无出息，宰相犹须半部书。

这两位先生情投意合，即便在短短的圣诞和元旦节，也是和诗、书信频频往来。尤其是胡适的那两句白话诗句，"可怜你我忒煞不长进，雪地冰天还要下乡收破书"，充满学者乐于自嘲的书生气，读来让人忍俊不禁。

## 七

1945年5月30日，胡适完成哈佛大学远东系的客座教学任务。同在康桥，这一学年使他和杨联陞间的学友之谊更为深厚了。学年一结束，胡适即回纽约，但是此后他们一直书信频频。第二年夏天，杨联陞任教耶鲁，去纽约更方便了，就时时去看望胡适。6月28日，他在日记里写道："作书寄适之先生。"7月6日，他亲自到纽约哥伦比亚大学："见胡先生。还诗稿，戒油滑，劝练句。"他们又谈起了《水经注》。虽然哈佛燕京学社有邀在先，但胡适告诉杨联陞说下一年也许不能回哈佛任教，可能胡适当时就已在考虑出任北京大学校长。他们交谈的话题一如既往的庞杂而丰富。胡适"谈乾隆时讳禁初不甚严"，然后杨联陞接收了胡适转赠的《敦煌六百年》一册，又借《居延汉简考释》。8月25日，杨联陞又去纽约看望胡适。此时，胡适较为明确地谈到"明春或将回国"，同时出示《水经注提要》一文，并且特意说明，他就此文"曾改写过两三次，以弥缝乾隆题诗误解水经散见大典之缺陷"。

说到再回哈佛客座任教一事，这计划还是出自哈佛燕京学社。1944—1945学年客座任教"中国思想史"一课结束后[1]，

---

[1] 吴浩主编，《胡适英文中国思想史授课纲要遗稿（整理本）》。

学社讨论续聘胡适下一年度来上课，因为远东系研究日本的赖世和要休学术假，历史系费正清教授也不开课。刚提起这一打算时，胡适表明1945年11月他已另有安排，不过可以在春季开课。于是学社把胡适这一学年的春季来任课预算在案，计划1946年春季学期再开"中国思想史"课。但是正如胡适在1945年夏天跟杨联陞提起的，他下一年的计划已发生了重大的改动。9月初，胡适去向已明。9月10日，杨联陞写信祝贺胡适接任北大校长。9月26日，杨联陞又一次来到纽约访问胡适。胡适自然而然就谈起北大事务，意在访求康桥人才，希望杨联陞将来能到北大任教。此后他们一个在纽约，一个在康桥，通信不断。比如，1946年3月1日晚贾德纳从纽约一回康桥，见杨联陞就说，他拜访了胡适，还转告胡适刚给他发了一封长信。

1946年初夏，胡适从复发的心脏病中恢复过来没几天，就动身回国。6月5日，他坐乘塔夫脱总统号远洋轮离开纽约港，在当天的日记里写道："此次留美国，凡八年八个月。别了，美国！别了，纽约！"胡适一生多次远渡重洋，这并非最后一次。漂洋近一个月后，7月4日抵沪时，他日记的笔调一下子滋生了文采："下午三点，船在吴淞口外远远的就下锚了。大雨。天晴后，八点一刻，海上晚霞奇艳，为生平所少见。九年不见祖国的落日明霞了！"作为多年留洋和久居海外的学人，胡适回归故国之际流露的真情，读来令人动心。

接着胡适北上，开始担任北京大学校长。不到三年，国内形势骤变，他的生活不得不再次急转。1949年4月6日，胡

卜居和飘零

杨联陞日记，1957年2月23日（Harvard-Yenching Library）

适离开上海公和祥码头，又一次远渡重洋赴美（胡适在日记里注明，这是"第六次出国"）。而他这一次去，一住就是十年。胡适一生在美国长期生活有三段时间，加起来足有二十五年之久。作为学者，这二十五年里唯有1944—1945学年是他在美国正式教书授课的一段时间，可以说这一学年是胡适在1936年参加哈佛大学建校三百周年校庆、接受哈佛的荣誉博士学位后与哈佛联系最为密切的一年。

再度来美寄居,胡适心情黯淡,国事、家事纷扰,颠沛奔波。杨联陞依然一直和他保持通信,以诗文表达彼此的友情和关切,而通信中引起彼此共鸣的诗句"待等秋风落叶,那时许你荒寒?",正寄托了这两位远离故国的学友、师生的心境。胡适在纽约一直住到1958年4月。虽然这十年里,胡适再也没回哈佛任教,但如同以往,他一有机会,就来康桥和哈佛看书会友,享受他最为怡然自得的时光。因此第三次长住美国时,胡适依旧笃于与哈佛燕京学社的缘分,以及与哈佛的中国学友之故旧情谊。

# 八

哈佛中国校友会在母校建校三百周年校庆时捐赠的赑屃座花岗岩石碑,自1936年以来一直矗立在哈佛园内。我刚来求学,穿过校园时就注意到这块石碑,立览碑文,肃然起敬:

"文化为国家之命脉。国家之所以兴也由于文化,而文化之所以盛也实由于学。深识远见之士,知立国之本必亟以兴学为先。创始也艰,自是光大而扩充之,而其文化之宏,往往收效于数百年间而勿替。是说也,征之于美国哈佛大学滋益信矣!哈佛约翰先生于三百年前由英之美,讲学于波士顿市,嗣在剑桥建设大学,即以哈佛名之。规制崇闳,学科美备,因而人才辈出,为世界有名之学府,与美国之国运争荣。哈佛先生之深识远见,其有造于国家之文化也大矣。"

这是半个多世纪前中国校友会所赠，而碑文实出胡适之笔。令人惊喜的是二十世纪初的三十多年里，哈佛培养的中国学生竟多达千人。时至今日，胡适来哈佛任教已有七十多年之久，石碑也历经新英格兰风霜雨雪的洗刷和侵蚀，但是碑文依然清晰可认。现今哈佛大学的中国学研究、中国校友的数量和中国学生的规模与那个年代相比，不可同日而语，但是邀请中国学者来讲中国思想史似乎成了延续至今的一个传统。1944年秋，胡适在哈佛第一次开讲"中国思想史"，而不久前，汪晖受邀来东亚系就同一主题授课。这正如碑文的结语所言，"自兹以往，当见两国文化愈益沟通，必更广大扩充之，使家之兴盛得随学问之进境以增隆"，可以说是实现了胡适当年期许的愿景，今天的学子思之，当扪心有慰，深感激励。

本文始刊于《文汇学人》2018年11月16日和11月30日。

重识约瑟夫·洛克

洛克传的译稿完成后，为查看已故作者斯蒂芬尼·萨顿（Stephanne B. Sutton）的档案资料，我又一次搭乘地铁来到了哈佛大学阿诺德树种园（The Arnold Arboretum of Harvard University）。时至仲秋，园内小径上满是落叶，两侧好多是从亚洲，尤其是从中国移植来的珍稀树种。约瑟夫·洛克（Joseph Rock, 1884—1962），这位传奇式的植物学家，近一个世纪前，想必也曾多次走过这条小径。

最早听说洛克这个人是在 1992 年，那时我在英国牛津大学刚完成了人类学硕士学位。夏末，藏学家迈克·阿里斯（Michael V. Aris）先生结束了在哈佛大学梵文和印度研究系客座教授的任期，回到牛津。我第一次上他家和他见面时，他饶有兴致地把自己在哈佛任教期间编辑的一本书给我看，书名为《喇嘛、土司和土匪：约瑟夫·洛克在中国藏区边地摄影集》[1]，刚刚由纽约的中国艺术馆出版。从阿里斯那里，我了解到，约瑟夫·洛克是一位美籍奥地利裔植物学家、探险家和民族学

---

[1] *Lamas, Princes, and Brigands: Joseph Rock's Photographs of the Tibetan Borderlands of China* (New York: China House Gallery, China Institute in America Fine Art Museum of China, 1992).

家。二十世纪前半叶,他在汉藏边地生活、考察多年,堪称一位传奇式的人物。不久,经阿里斯力荐,我离开牛津,来到哈佛大学继续求学。虽然学业与藏学相关,但是并没有直接牵涉洛克足迹遍及的川滇甘青边区,也就没机会就此深入探究。等我真正留意洛克的档案资料,用心去了解这个人,直至仔细研读洛克的传记时,已是十年后,而阿里斯已不幸离开人世。

2001年,我开始在哈佛燕京学社工作。当时我的办公室里竟然整整齐齐地存放有一套洛克的档案资料,这重新引起了我对洛克这个人的关注。或许这就是缘分吧!在此期间,哈佛大学图书馆也正大规模地开始图书资料数字化的系列项目,其中一项就是把洛克留存哈佛的田野考察笔记、照片和通信集扫描并上网,以便世界各地的学者随时随地都能使用。不久,哈佛燕京图书馆也着手把善本部收藏的洛克从丽江带来的纳西东巴经文扫描上网,便利学界。在浏览相关的档案资料的过程中,我了解到洛克多年在汉藏边地考察生涯的一些详情:他的确有着传奇式的生活经历,曾在二十世纪二十年代至四十年代军阀争斗、日军入侵和国共交战期间,对西南地区有过独特的观察和体验,并在植物学、地理学和民族文化史等诸多领域取得了杰出的研究成果。所有这些无不勾起我莫大的兴趣和好奇。

令人欣慰的是斯蒂芬尼·萨顿曾著有一部洛克传[1],1974年

---

[1] Stephanne B. Sutton, *In China's Border Provinces: The Turbulent Career of Joseph Rock, Botanist-Explorer* (New York: Hastings House, 1974). 中译本为《苦行孤旅:约瑟夫·F. 洛克传》(李若虹译,上海:上海辞书出版社,2013)。

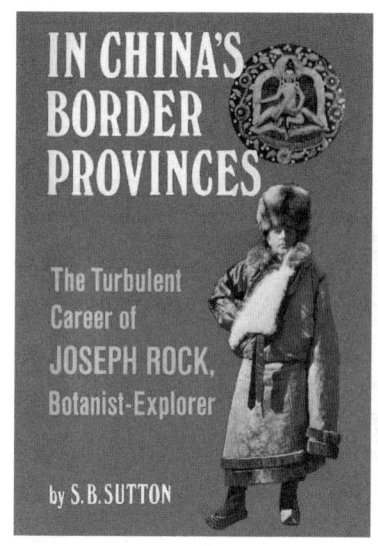

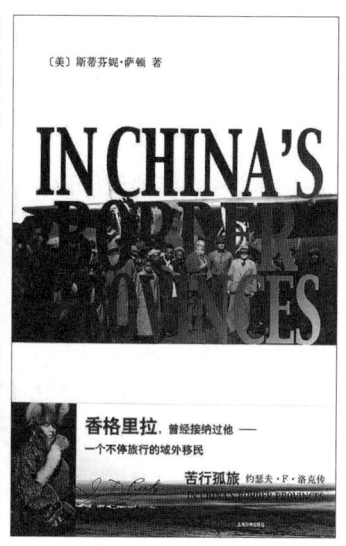

洛克传的原版封面和中译本封面

由纽约黑斯廷斯书屋（Hastings House）出版。哈佛大学图书馆系统存本很少，而三十年以前出版的书早已绝版。我从怀德纳图书馆借出读了起来。洛克其人其事展现眼前，久久挥之不去。

洛克传的作者萨顿曾在二十世纪六十年代末、七十年代初担任阿诺德树种园主任理查德·哈沃德（Richard Howard）的专职助手，同时她也是一位自由撰稿人，从事小说和传记的创作。阿诺德树种园百年庆典之际，萨顿受哈沃德之命，着手撰写树种园的百年史和树种园创始人、首任主任查尔斯·萨金特（Charles S. Sargent）的传记。在此期间，她接触到大量与洛克相关的资料，这个名字引起了她的注意。于是完成树种园百年庆典的著书任务之后，她全力以赴研读洛克的资料，不久决定辞职，一心一意写洛克传。根据萨顿当时申请研究和创作经费的计划书，她写洛克传的初衷有二：一是洛克一生经历丰富，对当时人们了解甚少的东南亚和中国西南地区的文化、政治和社会有过深入和细致的记录；二是洛克个性独特，性情复杂，内心世界时时充满着矛盾。他既有超人的天赋，富有教养，诙谐幽默，又有一副坏脾气，总自以为是，又讲求虚荣，让人难以接近。

近二十年来，有关洛克的故事不计其数，尤其是在丽江古城被列为世界文化遗产后，洛克其人其事几乎成了丽江旅游业最好的广告，吸引着国内外的游客。正由于他的足迹踏及的汉藏交界边地在二十世纪前期鲜为人知，更因为他的个人经历和研究兴趣跨越幅度大，洛克的故事深深地吸引着各方人士：从植物学家到民族学家，从云南原住民到美国《国家地理》(National Geographic)的忠实读者，从青海回民到波士顿的旅行家……应运而生的有关洛克的文章虽有佳作，但也包含不少耸人听闻的轶事，有的纯属道听途说，不乏东摘西抄而成者。而四十年前，萨顿利用当时她能找到的美国国内外各类史料，并走访欧美多处，与洛克以前的同事、朋友和亲戚逐一面谈，竭力捕捉洛克生活的点滴细节，为这部传记搜集了丰富和生动的素材。她的这部作品是迄今唯一一部基于原始资料、个人档案和访谈而著成的洛克传记，既有剖析洛克内心世界的深度，又有描画个人生活细节的生气，笔下呈现了一个活生生的洛克。于是我起了翻译这部传记的念头，不久就动手译了起来。

把洛克和丽江相连在情理之中。洛克在丽江待过很长时间，他甚至还对纳西文化、语言和东巴教做过深入研究。玉湖村迄今按原样保留着他的故居，但是丽江只是洛克在中国考察、探险和从事学术研究的二十七年里一个逗留的处所而已。他最早被美国农业部派往的并不是丽江，甚至不是中国，而是东南亚，任务是找大风子树的树种。后来，他虽然三番五次来到丽江，并在那里生活了相当长的时间，但也曾在汉藏边地的木里、永宁、卓尼和安多等地，度过了生命中相当重要的日子。在那些地方，他做过植物学和鸟类学考察，还做过人类学和宗教学研究，与当地的土司和活佛有过密切的交往。此外，他还在昆明、上海和北京等地生活过，与当时中国西南的大军阀、北京的法国书商、周游中国内地的美国记者和孤居偏僻山区的欧美传教士打过交道，更不容忽略的是为避开中国国内战事的纷扰，他也曾前往越南安居，游走于缅甸、泰国、菲律宾和英属香港等地。

再者，人们一提到丽江，一提到洛克，往往就会想起詹姆斯·希尔顿（James Hilton）的小说《消失的地平线》（*Lost Horizon*），而且以为小说中群山雪峰间的寺院就坐落在云南西北角的迪庆中甸，甚或就是丽江。据说希尔顿是读了洛克在美国《国家地理》上发表的旅行散记系列而激发了写这部小说的灵感。殊不知，洛克在丽江生活的日子远非那么融洽和友好，而丽江并不是香格里拉。生活在丽江，他把身边的纳西仆人称为"自然之子""尊贵的野蛮人"，可又时时带着白人至高无上的种族优越感，对他们颐指气使，而且明确表示作为主子，他不能不分尊卑地和当地人相处。在他内心深处，他自认为是尊贵的"王子",受纳西人伺候是天经地义的。虽然他直至1949年不得不离开昆明的那一刻,都一直计划着"在丽江扎根,直至我的肉身献给燃烧着的火焰,我的骨灰随风散落在这方泥土上",可事实上,每次在丽江住上一阵子,最多三到五个月,他就会感到浑身不自在,坐立不安,想方设法离开。

洛克有多种超常的天分,做起学术研究来具有惊人的毅力和不懈的决心,但同时也是一个充满瑕疵的争议人物。他考察植物品种、考证纳西语能做到一丝不苟,但是为了能在充满博士头衔的学术界维持自己的面子,他竟然扯谎说自己曾得到维也纳大学的博士学位。为了和一位赴约迟到的学者怄气,他义无反顾从那位学者手中抽回自己的文稿,并发誓不让他发表文章。为了满足自己发现世界又一最高峰的虚荣心,他漠视仪器的不足和非专业的测量技术可能带来的误差,急急上报测量结果,多亏美国国家地理学会(National Geographic Society)工作人员的谨慎,才没出大错。他曾结伴而行的朋友埃德加·斯诺对中国劳苦大众深怀同情,可他对此很不以为然,耿耿于怀的是那次在上海,斯诺带他进玫瑰房夜总会邀舞女的不快经历。诸如此类的轶事与他发表在美国《国家地理》上的系列文章以及大部头学术著作交辉成趣,展示他不同凡响的性格和不拘一格的人生。

传记的字里行间透露着洛克苦行孤旅的一生。他一辈子都在路上颠簸,不停地穿梭在两个文明之间,一边是战争动荡的中国,另一边是他所出生和成长的西方,那个"文明的国度"。

在中国,他以西方学者的眼光和敏锐的观察力,来观望和理解民国时期西南地区的政治、经济、文化和社会问题。他的信息渠道就是身边的纳西仆人，同路的西方传教士、记者和外交官，还有藏族土司和喇嘛、回民军帅和纳西东巴。在巧妙地避开中国西南边疆错综复杂的民族关系和军事冲突的同时，他得以接触和掌握了那个地区运作的脉搏。他身边的纳西仆人能根据他的指教，为他做出正宗的奥地利晚餐；甘肃夏河拉卜楞寺寺主第五世嘉木样活佛父子会为他写引荐信，使他能顺利进入果洛藏族部落统治的地盘，进而深入阿尼玛卿山采集树种；他又能和青海军阀马麒会面，并商议求得这位回族将领的援助；他还成了龙云官邸的座上客，向其介绍自己考察、研究彝族文化和历史的兴趣。

在洛克一生的旅途中，不时停泊的另一边是美国和欧洲的学界和上流社会。他幼年时随做管家的父亲寄居贵族府邸，耳濡目染，熟悉维也纳城里人豪奢的生活，长大成人后百般努力，跻身上流社会，力求他人对其学术成就和个人品位的首肯和折服。他凭借傲人的出版成果、非凡的考察探险经历和超人的语言天才，成功地挤入了欧美学术圈。

十九世纪末至二十世纪初，欧洲人对中国的向往是空前的。那个年代，似乎不少西方学者把目光投向东方以求自身，洛克就是其中之一。那个年代有一批堪称"失落的一代"的西方旅行家、探险家、传教士和学者，他们在中国的西部边疆寻求自己的认同和精神归宿，同时也给西方带去了有关中国的各类信息和知识，打开了西方人了解中国、研究中国的窗口。仅就在中国西南一带考察的西方植物学家而言，除了洛克之外，还有大卫·费尔柴尔德（David Fairchild）、乔治·弗雷斯特（George Forest）、弗兰克·迈耶（Frank Meyer）、欧内斯特·威尔逊（Ernest H. Wilson）和金登·沃德（Francis Kingdon Ward）等人。[1]

洛克足迹遍及的中国藏区边地可以说是植物学和民族学的处女地，而且他的研究领域从最初的植物学、鸟类学转移到西南边疆的人文地理、纳西宗教、语言和文化，这在同时代的科学家和探险家中实为罕见。除了在汉藏边地游历的地区广、生活的时间长之外，洛克不同于同时代的其他探险家、考察家和科学家的地方还在于，他毕生纠结于一组组矛盾悖论之中，其中有中国人和西方人、故国和异乡、文明社会和土著部落、漂泊和定居，等等。他是介于两个世界之间的"失落的一代"的一位孤独代言人。

洛克无法忍受同在西南边地的西方传教士的说教，也无法忍受像斯诺这样满怀革命热情、对中国贫苦大众深怀同情的美国记者，对在中国偏僻山区的生活毫无准备就贸然行进，更无法忍受不听他使唤的同路人或是合作者。总之，他无法忍受任何肤色的同行者。更有甚者，作为一个学者，他无法忍受同行的任何异议和丝毫不恭，他敏感的神经受不了别人对他的任何消极的言辞和态度。但是，更具悲剧意味的是他在丽江生活了

---

[1] 可参考密歇根大学人类学系穆尔克和西雅图华盛顿大学郝瑞的著作。Erik Mueggler, *The Paper Road: Archive and Experience in the Botanical Exploration of West China and Tibet* (Berkeley: University of California Press, 2011). Stevan Harrel, ed., *Explorers and Scientists in China's Borderlands, 1880-1950* (Seattle: University of Washington Press, 2011).

这么久,与身边的纳西人朝夕相处,可他时常同样无法忍受纳西人,怀着白人的优越感从骨子里藐视这一东方民族,认为他们缺乏教养,生活质量低下。他和家人的关系也是如此。一直生活在维也纳的姐姐一家是他的亲人。他孤独时百般留恋自己在维也纳度过的童年,想念姐姐以及侄儿们,但是和他们终究不欢而散。这多半无异于他与纳西人、他与生活在中国的西方同路人之间的交往。再者,他无法承受女性的亲密和接近,致使人们传说他可能是同性恋者。

在两个迥然不同的世界之间,洛克面临着永不停息的颠沛流离的旅程,常常为眼下经济来源的短缺和将来生活的无依而担忧。令人感到矛盾的是,他不管何时何处都免不了讲究上流社会的生活方式,舍不得放弃奢侈的起居开销,哪怕冒险动用有限的积蓄,哪怕面临年老时穷困潦倒。而到了晚年,他竟然不得不变卖自己在中国收藏的古董、藏书和纳西东巴经文,还有墓碑拓片,以此维持生计。这也解释了为何洛克的资料会散落在欧美多处学术机构。他的日记存在爱丁堡皇家植物园,书信散落在美国《国家地理》杂志社、史密森尼学会（Smithsonian Institution）、哈佛大学阿诺德树种园和亨特植物学文献研究所（Hunt Institute for Botanical Documentation）,摄影作品出售给了美国《国家地理》和哈佛燕京图书馆,其中不少是重复的。他的个人藏书在太平洋两岸和夏威夷来回折腾多次,最后和他收藏的拓片一起出售给了西雅图华盛顿大学远东图书馆,而这些封尘、库存地下室多年的拓片直到2006年才被学者发现。值得一提的是,他在旅途中就当地的自然环境、气候、水

洛克和他从中国带回的白牡丹（The Arnold Arboretum of Harvard University）

文和地理做过极为详尽的记录，美国政府曾派专人抄录他的笔记。二战末期，他曾受聘在美国陆军地图部担任专职。

洛克一辈子身处动荡不安中，无时无刻不在东西文明间穿梭，无时无刻不在寻求安身之所——年轻时，他寻找自己梦寐以求的远方，中年时四海为家，力求安身立命之处，年老时苦求归宿。他一直希求自己能安顿下来，可是终究迷失在东西文明之间。庆幸的是在生命的最后五年里，他得到了夏威夷马科斯夫妇的慷慨襄助，一直寓居马科斯夫妇家中，而且去世后就在马科斯家族墓地安身。萨顿的洛克传末尾所言极是："（洛克）终于找到了自己的归宿，那就在中西交界的这片土地上。"

我在阿诺德树种园图书馆找到了馆藏档案中萨顿的照片和生平资料，这么一来，洛克传的译稿所需的材料都全了。出了图书馆，我重又走进满园的秋色。园内的中国园林道（Chinese Path）荟萃了从中国中西部移植来的血皮槭树、鸽子树和流苏树等等。一个半世纪来，洛克和阿诺德树种园派往中国的一批批西方植物学家，曾以这座园林为大本营，源源不断把中国的珍稀植物品种越洋移植到这里来。洛克从中国西南地区带来了桦树、椴树、槭树，各类牡丹、丁香、月季和杜鹃，还有一些珍贵的松树、杉树等树种。这些花木早就在园内扎下了根，形成了这家树种园收集和移植中国树种的悠久传统。以前我也曾多次来过，可这一次置身这些花草树木间，真令我恍如回归故里。

本文始刊于《读书》2014年第8期。

记者和博物学家

斯诺与洛克

埃德加·斯诺（Edgar Snow，1905—1972）与毛泽东在陕北和天安门城楼的合影依稀留在我们这一代人成长的记忆里。斯诺是一位美国记者，"中国人民的好朋友"，他的名字与陕北红军、共和国的诞生和辉煌连在一起。多年后我翻译美国博物学家约瑟夫·洛克的传记时，才意外读到1937年之前斯诺在中国游历时和洛克相识并屡有往来。读了汉密尔顿（John Maxwell Hamilton）的《埃德加·斯诺传》和方思吾（Robert M. Fansworth）的《从流浪汉到记者》，又有了更深的了解：一位是到访苏区的记者，另一位是博物学家，同样迢迢千里来中国，同样来了后就难以走开，一辈子和中国结下了不解之缘。[1]

## 走出堪萨斯、走出维也纳

斯诺是土生土长的美国人，来自密苏里州堪萨斯城。二十世纪二十年代"兴旺的十年"把内陆州密苏里推入商品经济的

---

[1] John Maxwell Hamilton, *Edgar Snow: A Biography* (Bloomington: Indiana University Press, 1988). 中译本为《埃德加·斯诺传》（沈蓁译，北京：学苑出版社，1990）。Robert M. Fansworth, *From Vagabond to Journalist: Edgar Snow in Asia, 1928-1941* (Columbia, MO: University of Missouri Press, 1996).

大潮，可斯诺更热衷于中部大草原的传统理想——他高中时就着迷于理查德·哈利伯顿（Richard Halliburton）的游记和马克·吐温的作品，崇尚个人尊严，追求独立自主的思想，被同龄伙伴称作一个"理想主义者"和"追求梦想的人"。他在当地仅上了两个学期学就决意离开家乡，步哥哥的后尘去纽约。他在哥伦比亚大学的夜校上了两门跟广告、新闻写作相关的课后回老家，在密苏里大学新闻学院上了一年学后再次来到纽约闯荡，决心出去看世界，立志当记者和作家。1927年末，斯诺以一笔微薄的投资，竟然在纽约股市挣回了一笔800美元的收入。一下子，他觉得自己看到了通向未来的途径，计划从纽约动身，做一次梦想已久的环球之旅。那时他通过朋友介绍认识了老罗斯福总统的儿子卡米特·罗斯福（Kermit Roosevelt）[1]，时任罗斯福汽船公司首席官。不久斯诺坐上了这家公司的拉德诺（Radnor）号远洋货轮开始远行。他当甲板伙计，每月有25美元收入。这艘货轮一路经巴拿马、夏威夷和菲律宾，开往中国，接着还可能会开往印度。

1928年7月6日，拉德诺号货轮在上海靠岸。此后一年，通过密苏里州大学新闻学院校友的引荐，斯诺在《密勒氏评论报》(The China Weekly Review)担任广告部助理经理，既写文章又做广告。当年的密苏里大学培养了美国第一批报道中国和日本的记者，对刚刚起步的斯诺来说，堪称天时地利的是当时美国驻沪的新闻界几乎被密苏里大学的校友垄断了。他们代表

---

[1] Robert M. Fansworth, *From Vagabond to Journalist*, pp. 43-44.

了密苏里草根派新闻报道风格，和沪上的英国媒体形成了鲜明的对照。刚到上海时，他还曾得到一个担任《汉口先驱报》主编的机会，但是他念念不忘周游世界而回绝了。在上海的最初这一年，斯诺在新闻界初试锋芒，得以在上海、华北和东北旅行，耳闻目睹中国军阀混战和蒋介石刚出山时的乱世景象。

1929年7月，卡米特·罗斯福和西奥多·罗斯福（Theodore Roosevelt, III）兄弟俩结束了川西探险回美，途经上海时，斯诺和他们见面长谈。他们向斯诺描述了溜索过长江、用简陋的水筏漂游澜沧江以及屡遇盗匪的历险，还有四川的金丝猴、云南的岩羊等新奇的见闻。他们特别提到，经过小凉山时见到了永宁土司总管，和正在总管府邸做客的美籍奥地利裔博物学家约瑟夫·洛克。斯诺读过洛克发表在美国《国家地理》上的有关中国边疆的系列文章，如《寻找大风子树》（1922）、《纳西驱病魔仪式》（1924）、《黄教喇嘛之乡》（1925）、《穿越亚洲大河谷》（1926）和《和卓尼喇嘛在一起的日子》（1928），等等。和《国家地理》的许多热心读者一样，他从中了解洛克游走汉藏边地的生动而又令人毛骨悚然的经历、在新奇的文化环境里和当地人密切交往的不同凡响的趣事。在那个年代，中国的边疆鲜为人知，洛克笔下的西南边疆深深地吸引着斯诺。

约瑟夫·洛克本是奥地利人，在维也纳长大，后来移民美国。他天资聪颖，却出身贫寒，年幼丧母，靠父亲在一位波兰伯爵府邸做管家来维持一家人的生计。二十世纪初的维也纳，"生活非常讲究，盛行贵族之风，人们热衷精致的家具、裁缝师特制的衬衫、歌剧院里的豪华包厢和餐桌上的美味佳肴"，伯爵府邸起居豪奢，而洛克一家能有的仅仅是伯爵手下微薄的赏赐。[1] 他从懂事起，就自卑于家庭背景和不幸的童年，满心希望能尽早远走高飞，去旅行，去探险。他十三岁开始自学中文，还学会了拉丁文、阿拉伯文和梵文。父亲指望他能成为一名神职人员，而他自己早就另有打算。他高中一毕业就离家出走。1905年，也就是斯诺出生的那一年，他在北非和欧洲游走了两年后抵达安特卫普。当他误了去艾克斯拉沙佩勒（Aix-la-Chappelle）的火车时，旋即转念，跳上了开往纽约的海轮！他常年游荡，居无定所，因而染上了肺结核。为了治愈屡发的痼疾，他违背医嘱前往夏威夷。[2] 夏威夷和暖的气候和温熏的海风，不仅根治了他的肺病，还激发了他的植物学天才。

如果说斯诺在沪上新闻界起步得益于活跃的密苏里大学校友，那么洛克则以其超群的语言天赋和勤奋，还有绝对的自信，在短短几年内就成为夏威夷树种的研究领域中一名杰出的植物学家，并获得夏威夷学院（夏威夷大学的前身）的教职。洛克在夏威夷的十二年里取得的植物学成就，平常人可能需要花毕生的精力才能达到。后来，大学教职不再能满足他的好奇心，于是他来到美国本土寻找机会。1922年，他被美国农业部派往泰国寻找能治麻风病的大风子树。完成此行回美后，他马上又被哈佛大学阿诺德树种园派往中国甘青地区，到阿尼玛卿山区和祁连山区采集珍稀灌木和针叶树种。继而在1927年下

---

[1] Stephanne B. Sutton, *In China's Border Provinces*, pp. 28-30. 参《苦行孤旅》第35—36页。
[2] Stephanne B. Sutton, *In China's Border Provinces*, p. 32. 参《苦行孤旅》第47页。

半年，他受美国国家地理学会资助，来到中国西南山区，从丽江出发经永宁，去木里和康定一带勘测贡嘎山的高度。正是在永宁土司府邸短住时，他意外见到了找上门来的罗斯福兄弟，听到了来自隔绝已久的外面世界的新闻。当斯诺在上海饶有兴致地听罗斯福兄弟讲川西大熊猫，讲永宁土司和洛克时，洛克完成了木里—永宁—贡嘎山一带的远途探险，回到了丽江。

此时洛克已是一位蜚声博物学界的探险家，刚完成了他过去十年里的第三次大规模考察之旅。此行收获颇丰，他除了勘测了贡嘎山的海拔，还收集了好几千类树种、700多种鸟类，拍了243张玻璃底片彩照和503张黑白照片。可是在丽江玉湖村安顿下来不久，洛克就开始腻烦于眼前安静的日子，心急火燎要计划下一次考察之旅。1930年初，洛克回美重访资助过他的机构，可是正值世界经济大萧条，国家地理学会不能继续资助他的贡嘎山考察之旅，仅仅答应提供少量的经费派他到彝族地区做考察。他的另外两家老雇主农业部和哈佛大学阿诺德树种园也没有额外经费，只有哈佛大学比较动物学博物馆愿意出资让他收集中国西南地区的珍稀鸟类标本。这次的资助力度远逊于前几次，也远低于他的期望，但是无论如何，他要尽快回中国，回到纳西地区做研究，于是他决定出售多年来收藏的珍品，还打算动用积蓄成行。6月，洛克离开美国大陆后先去了夏威夷，辗转多处后，在当年秋天经香港回到昆明。

斯诺在沪上新闻界忙碌了一阵子后，决定开始期盼已久的环球之旅。他于1930年9月25日南下，经福州先去了台湾，接着前往厦门、汕头、广州和澳门，然后再穿过北部湾，来到越南河内。12月初，斯诺坐火车经滇越铁路回到中国。[1]

## 相遇与同行

结束了环球之旅的第一程后，斯诺在1930年12月7日第一次来到昆明。[2] 当地的美国领事史特芬（Harry Stevens）马上跟他说，洛克碰巧就在城里，叫他从酒店搬到领馆来住。洛克是当地少有的来自西方的常客，他进出丽江，多次经过昆明。可这次到了昆明后，洛克正处于一种前所未有的懈怠状态。前不久回美筹资不利使得他意气消沉，他上午躺着读狄更斯的小说，下午起身到城里溜达，还因身体不适频频到当地的法国医院就诊。他有再次远征考察的计划，也明白下一步该何去何从，可就是这样懒洋洋地滞留昆明，迟迟不愿动身。此时，年轻的斯诺裹挟着东南亚的行尘，来得正是时候。

斯诺到的第二天，洛克就约他共聚午餐。初次见面，斯诺告诉洛克，他正打算和两位传教士同行，带上几个脚夫，从昆明一路步行到大理，然后再接着南下缅甸。斯诺曾听史蒂文斯说，这一路土匪四伏，时有生命危险，但他去意已决。听着斯诺兴致勃勃地描述计划中的行程，洛克终于从几个月的懈怠中振作起来，决定着手组织旅行队前往大理。他有过极不愉快

---

[1] John Maxwell Hamilton, *Edgar Snow*, p.31.
[2] Ibid., pp. 31-32. 汉密尔顿的《埃德加·斯诺传》记载斯诺抵达昆明的日期是1930年12月7日，与《苦行孤旅》相符，但是《从流浪汉到记者》记载斯诺在1931年抵达昆明，晚了一年。

的与白人同行的经历，可这一次也许出于一时冲动，他决定约斯诺结伴而行。他以路途安危为由，一再推迟行期，让斯诺苦等。他还不停告诫斯诺，要是急急出行，草率上路，不会在半路上被土匪干掉，就会遭食物中毒之灾。洛克的犹豫不决和斯诺的迫不及待引发了不少纠缠，直到来年1月底他们才得以成行。

斯诺从上海启程，一路单枪匹马，想要南下东南亚却没有充足的装备，难怪洛克对斯诺的行旅计划不以为然。出发后斯诺亲眼看见洛克率领的旅行队浩浩荡荡的规模和架势时，大为震惊。斯诺做过详细的记录："整个行程中，洛克率领的众多侍从分成先遣队和后卫队两支。领队的有厨师、厨师助手和一位大管家。他们沿途选择的驻足休憩地点，既要安全，又得保证有好视野。一旦选好点，仆人们就摊开豹皮地毯，然后在上面架好一张桌子，铺上一块干干净净的亚麻桌布，摆上瓷碗盘、银餐具和餐巾。当随后的人马跟上来时，饭菜差不多做好了。晚餐一般有好几道主菜，之后辅以茶和开胃酒。"相比之下，正如洛克预料的，斯诺这位青年记者不谙世事，路上竟然提议用氰化物来给蔬菜消毒。洛克断言：斯诺这么做，迟早会送命！洛克身体不适时不能骑马，就让四川脚夫用滑竿抬着他，这让斯诺觉得脸红。[1] 而真正让斯诺无法苟同的是洛克一路上对贫民百姓的态度。洛克嫌他们肮脏、身上长满了虱子，

---

[1] Stephanne B. Sutton, *In China's Border Provinces*, p. 212. 参《苦行孤旅》第287页。Edgar Snow, *Journey to the Beginning* (New York: Random House, 1958), pp. 54–59.

而且认为中国的民众个性冷漠,动不动就以"没有法子"为借口或是动武来对付生存困境。洛克情绪低落时甚至写下:"最好这个世界会发生一场大灾难,从而摧毁掉这个不幸、低劣、自私又肮脏的退化的种族。"[1] 与他相反,斯诺对中国的贫苦大众怀有天真的同情心,这使洛克为自己偏激的言行多少感到有点羞愧。[2] 他还向斯诺谈道:"这个国家必将发生一场巨大的革命。到那时我不想参与,但也不会谴责中国人。"洛克还时不时给护卫队的士兵添点钱买大烟,好让他们不去欺诈百姓,也会慷慨地给受病痛之苦的百姓提供救急药品。

一路上他们经历了不少令彼此不快的小插曲。他们携枪弹上路,夜间宿营时就放在枕边以防不测。一次半夜里,斯诺发现自己把随身的枪支落在行李包,起身去取,惊醒了洛克而遭一通数落。洛克甚至还怀疑斯诺在他的旅行箱里翻过东西。斯诺得了湿疹,洛克没有好气地写道:"但愿这玩意儿不会传染。"与出发之前对计划出尔反尔一样,洛克一路喜怒无常。经过两周的跋涉,2月17日他们一行抵达大理。虽则一路平安,但是结伴而行的折腾让洛克深感不快,他埋怨斯诺既不感恩,又没付足该付的行程开销。于是,洛克以他一贯的风格,在日记里再次发誓不再和白人同行。而斯诺显然看到了他们截然不同的生活风格和性情,写道:"到了大理,新年刚过,民众还在沉睡。我与洛克握手道别,心想可能不会再见到他

---

1 Stephanne B. Sutton, *In China's Border Provinces*, pp. 212-213. 参《苦行孤旅》第288页。
2 Ibid., p. 111.

了。"[1] 他们彼此以饱含醋味和恶意的言辞道别。

虽然斯诺在日记里也曾埋怨洛克自私自大,"西奥多·罗斯福介绍的只是洛克的探险奇遇和博物学天才的一面,可忘了他性格为人的另一面"[2],不过他并没有过于责怪洛克。三天后斯诺歇息过来后反思,像洛克这般游历自有其乐趣:迎着冉冉升起的朝阳上路,使出浑身力气翻山越岭,日落时分抵达一处陌生的山谷,不知今晚歇息何处,只图一天的行旅能换来一个安稳觉[3]……这种经历在内心深处引起的那股简单和原始的激动,是城里人感受不到的。斯诺也不得不承认,洛克一路率领着自己的马帮,配有护卫队和准备周全的旅行装备,确实使他感到安全。尽管洛克自高自大,情绪不定、脾气古怪——作为西方人,他长期生活在中国,既想了解中国人而使自己成为当地的一员,又试图以高人一等的"外国王子"自居,把自己和周围老百姓截然分开——斯诺依然认为洛克是一位值得尊敬的博物学家和探险家,要不是遇到他,在这个土匪四伏的地区,自己兴许不能顺利成行,更难以继续南下缅甸。不过洛克对斯诺并没这么宽容,也缺乏理解,他对斯诺的第一印象是"一个笨拙的美国青年,既缺乏生活经验,也没有受过正规的教育,有的是美国乡巴佬的通病——无知却根本意识不到自

---

[1] Edgar Snow, *Journey to the Beginning*, p. 61. Stephanne B. Sutton, *In China's Border Provinces*, pp. 211-214. 参《苦行孤旅》第 286—289 页。

[2] Robert M. Farnsworth, *From Vagabond to Journalist*, p. 78.

[3] Ibid., p. 91.

己的无知"[1]。

斯诺按原计划离开大理南下缅甸。他仅仅雇了一位骡夫兼厨子，赶着几匹马和骡子，随一支配有护卫的商旅队，两星期后抵达伊洛瓦底江畔。途中他被骡子踢伤了膝盖，又染上了疟疾。[2] 身体恢复后，斯诺从八莫去了曼德勒、仰光，接着进入印度，走访了加尔各答、西姆拉、孟买、德里和马杜赖等城市。1932年7月11日，他从科伦坡走海路绕回上海，提前结束了周游世界之旅。这场旅行给他带来了做一名报道中国和印度的新闻记者的自信，他还打算把从云南到缅甸、印度的旅途见闻写成书。同时，他对亚洲，尤其是中国大众的生活，有了深切的体会和同情。他亲眼看到了中国的贫民百姓为生存而苦苦挣扎，也体验到了缅甸、越南和印度等国为了摆脱殖民统治不约而同地发起争取独立的抗争运动。于是他开始集中报道国际民族主义运动和贫苦大众的生活，介绍共产主义思想对亚洲各国反殖民运动所起的作用。[3] 他从此坚信，亚洲大众闹革命、争自由的运动是对受苦难、受压迫的身世的必然回应，并萌生了进入陕北报道工农红军革命运动的念头。

洛克和斯诺在大理分手后，北上丽江，以玉湖村的寓所为据点，回到他探险、采集、考察和研究的日子。他前往附近的永宁、澜沧江等地区为哈佛大学比较动物学博物馆收集鸟类标

---

1 Stephanne B. Sutton, *In China's Border Provinces*, p. 211. 参《苦行孤旅》第286页。John Maxwell Hamilton, *Edgar Snow*, p. 32.

2 John Maxwell Hamilton, *Edgar Snow*, p. 33.

3 Robert M. Fansworth, *From Vagabond to Journalist*, p. 112.

本，为阿诺德树种园采集这个地区特产的一种兰花，还请当地一位东巴帮他翻译纳西东巴经文。洛克的研究兴趣开始逐渐偏离博物学。

## 重逢与分道

且不管原因为何，斯诺和洛克在大理分手后的五年里又有多次见面的机会。这些年里，洛克的精力和兴趣已经转向对纳西语言和宗教的研究，但他依然风尘仆仆，四处旅行。而斯诺先后定居上海和北京，担任芝加哥、纽约和伦敦多家报刊的驻华专职记者，走访各地，忙于报道中国共产主义运动的新动态。

1932年10月，洛克先从丽江经昆明去香港治病，出院后来到上海。多半为了冰释前嫌，他约斯诺见面。上次同行虽有过不快，但是斯诺一直对洛克的学识敬重有加，况且他本来就性情随和洒脱，幽默乐观。老相识重逢的那一晚，他和洛克重温上次远游的经历，兴致来了，还带上洛克去玫瑰坊消遣。玫瑰坊是沪上一家夜总会兼餐馆，以跳脱衣舞的舞女出名，是西方人消夜的好去处。洛克没想到斯诺会带他进这类地方，以至于事后暴怒之际声称："假如事先我知道斯诺带我去的是这等地方，打死我都不会跟他去的。"他还在日记里诉说："斯诺叫了两位美国妞来陪，当他自己和其中一位轻歌曼舞时，我索性叫另一位女孩收拾回家，离开这座城市，回到她母亲身边。"过后，洛克还不停回想舞厅里的一幕："那里所有的一切都围绕着一个字在转，那就是性。我只觉得，那儿有的是最令人恶心的场面，如此粗俗，粗俗得无法用语言来描述。"洛克一直单身、独来独往，从没交过女友，也从未见过这种世面，显然被西方人在上海的夜生活吓着了。对他这位近似禁欲主义者来讲，玫瑰坊之夜实在难以接受。两天后，洛克还为那一晚跟斯诺过不去，义愤填膺地写下对斯诺的不满。[1]

而斯诺轻松享受这一晚的消遣，根本没想到洛克会有如此强烈的反应。随后洛克离沪北上，第一次在北平待了三天。他觉得那里费用不高，而且和沿海的通商口岸不同，没有酒吧、妓院和浓厚的重商风气。北平的图书馆、博物馆和综合性大学，还有中国的传统学者以及谈吐优雅、研读古典经书的绅士深深吸引了他。那里不少受过西式教育的学生积极参与政治辩论，还有很多外国人聚居在西山一带。所有这些让他动心在北平定居，但是几天后他又转念觉得还是回昆明好。于是他启程南下，经过上海时，与斯诺再次见面，当作玫瑰坊的那一插曲根本没发生过。[2]

1933年秋，洛克回欧洲看望家人。次年回到中国时特意先来了北平，因为他又滋生了在此生活的念头。斯诺和妻子海伦婚后移居北平，从1933年开始在北平生活。他既当记者，又兼任燕京大学新闻系的讲师。其间，他和海伦还一起积极介

---

[1] Stephanne B. Sutton, *In China's Border* Provinces, pp.107-108. 参《苦行孤旅》第144—145页。
[2] Ibid, pp. 230-231. 参《苦行孤旅》第310页。

入学生的抗日救亡运动。[1] 洛克 1934 年秋第二次来北平走访斯诺时，带着三位纳西侍从，那时斯诺夫妇已从城里搬到了燕京大学附近。洛克还在为以前的小冲突而过不去，但斯诺根本不把以前的小纠葛放在心上。他们一起吃了午餐后，洛克就去西山一带找房子，还跟斯诺夫妇说起在中国租房的轶事——由于中国人信鬼神，所以那些传说会闹鬼的房子很经济，房租低，干净、没病菌，而且盗贼不会上门。[2] 不过，和上次一样，洛克移居北平的念头转瞬即灭，他再次决定回昆明。[3]

1936 年 6 月，斯诺启程前往陕甘苏区。乘坐拉德诺号远洋货轮来到上海的八年后，这位年轻的美国记者步入陕北窑

---

1 斯诺曾在北平住了五年，其中有一段时间就住在城外的燕京大学校园附近，身居寓所就能看到颐和园。当时他兼任燕京大学讲师，司徒雷登校长也曾邀请他为师生作演讲。至于斯诺和洛克先后与燕京大学和哈佛燕京学社的渊源，那是题外话，但是根据汉密尔顿写的《埃德加·斯诺传》，1933 年前后，聚居在北平的约有近千名西方人士，多从事教育、艺术、外交和新闻，包括斯诺、费正清、拉铁摩尔，还有不少在北平求学、研究的学者。创办于 1928 年的哈佛燕京学社致力于汉学研究和中美人文教育和研究，为不少欧美学者提供赴北平进修、研究的机会，而且在 1945 年至 1949 年为洛克提供了前往丽江从事考察和研究的经费，因此斯诺和洛克与燕京大学和哈佛燕京学社间的联系不足为奇。John Maxwell Hamilton, *Edgar Snow*, pp. 50-52, 55-56.

2 Robert M. Fansworth, *From Vagabond to Journalist*, pp. 171-172. Helen Foster Snow, *My China Years: A Memoir by Helen Foster Snow* (New York: William Morrow and Company, Inc., 1984), p. 131. 参中译本《旅华岁月：海伦·斯诺回忆录》（华谊译，北京：世界知识出版社，1985），第 119 页。海伦书中记载了他们和斯诺这一次在北平见面，还有洛克计划在北平租房的细节。中译本删去了这一段。

3 Stephanne B. Sutton, In *China's Border Provinces*, pp. 241-242. 参《苦行孤旅》第 326 页。1936 年 1 月，洛克还曾路过北平。胡适 1936 年 1 月 3 日的日记："到 Woodbridge Bingham［宾板桥，即伍德布里奇·宾厄姆］家吃饭，此君少年老成，好学而深思，很可敬爱。客人中有 Dr. Rock［洛克博士］是人类学者，久住云南，熟于中国西南民族的风俗习尚。"见曹伯言整理，《胡适日记全编》第六卷（合肥：安徽教育出版社，2001），第 568 页。

洞，见到了毛泽东和周恩来，向世界揭开了中国共产主义运动的面纱。[1] 那时洛克从昆明回到了丽江旧宅。红军两次经过云南北上引起的不安，促使洛克把所有的藏书暂转越南。此后，中国政局动荡，洛克在深受疾病之扰的同时，为了这批藏书的安全，在昆明、越南、缅甸、北平和夏威夷之间来回折腾，还不停琢磨该在何处度过余生。其间洛克还曾到昆明医院，探望刚被红军释放的传教士薄复礼。[2] 当时在华的西方人都非常关注薄复礼事件，他在长征期间向国民党通报红军的行踪而一度被红军扣押随军，参加了长征，被释放后身体彻底垮了。秋天到了，洛克又要动身去东部沿海找好书，然后北上和驻北平的法国书商魏智（Henri Vetch）谈他的《中国西南古纳西王国》（*The Ancient Na-Khi Kingdom of Southwest China*）书稿的出版计划。他在北平见到了刚从苏区回来的斯诺，斯诺在陕北积累了大量的一手资料和访谈记录，正忙于把他的见闻和感受整理成书。他俩匆匆见面，斯诺最关心的就是薄复礼，就向洛克打听这位传教士被扣押随军和释放后的情况。[3] 正如斯诺后来回

---

[1] John Maxwell Hamilton, *Edgar Snow*, p. 215.

[2] 《苦行孤旅》，第 332、336 页。

[3] 薄复礼（Rudolf Alfred Bosshardt），英籍瑞士裔的中国内地会传教士。1934 年 10 月，他和太太罗莎·皮亚杰（Rose Piaget）参加教会活动回来的路上，被萧克手下的红军抓走了。他的太太被放了，但是薄复礼和新西兰来的成邦庆（Arnolis Hayman）则被红军带走，并参加了长征。十八个月里，薄复礼随红军行走了 2500 英里，于 1936 年的复活节才被释放。他后来把这段经历写成 *The Restraining Hand: Captivity for Christ in China*，有中译本《一个西方传教士的长征亲历记》（严强、席伟译，北京：中国画报出版社，2018）。1973 年，他又出版了 *The Guiding Hand: Captivity and Answered Prayer in China*，有中译本《一个外国传教士眼中的长征》（张国琦译，北京：昆仑出版社，2006），萧克为该中译本作序。Stephanne B. Sutton, *In China's Border Provinces*, p. 250.

忆的,"四年后,为了求生存,为了摆脱中央军的围追堵截,红军进行了一万五千里长征",他和洛克曾一起走过的云南一带"正是红军长征所经之地"。[1] 这一次,洛克没有留在北平的打算,却在那里度过了一段难得的愉快时光,特别是带刚认识的来自夏威夷的马克斯夫妇(Alfred Lester Marks and Elizabeth Loy Marks)游京城。后来,在洛克生命的最后年月,正是马克斯夫妇为他敞开了家门。[2]

从这以后,中国战火纷纭,斯诺和洛克的路径也再无交集。[3]。斯诺在1937年出版的《西行漫记》(即《红星照耀中国》)[4] 获得了巨大成功,他在新闻界获得了很高的知名度,被公认为第一位把陕北红军和中国共产主义运动生动形象地介绍给全世界的西方记者。在陕甘苏区的四个月里,斯诺既实现了在中国漂泊八年凝聚而成的理想,又满足了他了解中国共产主义运动的渴望。他对中国的贫民百姓怀有真切的同情心,有为大众求平等、争自由的理想主义信念,这使得他比其他西方记者更能深入了解中国老百姓的生活,更能如实报道陕北工农红军的状况。随后,他的记者生涯全面展开,进入了创作的多产时期。[5] 斯诺一直理智地自称为"仅仅是历史巨浪中漂泊无依

---

[1] Edgar Snow, *Journey to the Beginning*, p. 58.《苦行孤旅》,第336页。

[2] Stephanne B. Sutton, *In China's Border Provinces*, p. 254.

[3] 萨顿在《苦行孤旅》的后记里写道:"我要感谢现已过世的斯诺先生。他当时身体欠佳,还忙于自己的诸多事务,但仍然抽出时间来解答我的问题,并鼓励我完成这部传记。"见《苦行孤旅》,第405页。

[4] Edgar Snow, *Red Star over China*, Left Book Club Edition, London: V. Gollancz, 1937.

[5] John Maxwell Hamilton, *Edgar Snow*, p. 75.

的一穗玉米",但是不管他的个人意愿如何,1941年返美后,他的余生再也无法和中国的共产主义事业分开。[1]

从1937年开始,洛克在中国的生活更加漂泊了,他的迁徙更为频繁,其间遭遇的最大的打击发生在1944年。他把积累的有关纳西语言、宗教和历史的大量研究资料运往美国,邮轮途经阿拉伯海域时被日本海军潜水艇发射的鱼雷击中而沉没,他十几年的心血毁于一旦。洛克的精神因此一度濒临崩溃。他回美国后来到康桥,跟哈佛燕京学社社长叶理绥诉说苦衷,叶理绥答应为他提供资助重返丽江。此后到1949年,他度过了一段短暂的安定日子,完成了有关纳西语言、宗教和历史的书稿,但是几乎没在任何一个地方住上一年之久。虽然他每次离开丽江时都反复表示:"下一次回来,我就真的不打算离开了。我将在丽江扎根,直至我的肉身献给燃烧着的火焰,我的骨灰随风飘散在这方泥土上。"[2] 而实际上他始终在昆明、香港、越南和欧美之间穿梭,就像他自己反复自怜自怨的,"哪儿都没有我的家"。

洛克来自欧洲文化中心维也纳,但是贫寒的出身使他无法进入上层社会,于是他只能在远东享受"外国王子"的生活来满足虚荣心。[3] 中国贫民百姓受压迫的生活境况不免勾起了他儿时的记忆,给他带来很不自在的认同感,于是他试图在丽江

---

[1] Robert M. Fansworth, *From Vagabond to Journalist*, p. 377.
[2]《苦行孤旅》,第277页。
[3] "外国王子"的外号出自 Stephanne B. Sutton, *In China's Border Province*, p. 116. 参《苦行孤旅》第155页。

洛克第一次乘坐飞机抵达丽江，1936年（Harvard-Yenching Library）

的纳西人中寻求归属。而斯诺却不同，他怀揣同乡马克·吐温笔下的大众革命的理念来到中国，坚信贫民百姓也要自由和平等，而且把社会主义的理想视为解决社会不平等和摆脱贫困和压迫的良方。[1] 他从1928年到1936年间的游历和见闻坚定了他的理想，加深了原有的对受苦大众的同情和理解。在陕北的四个月给了他前所未有的震撼：简朴的边区日常生活与北京放松的文化氛围、上海追求物质享受的风气形成了鲜明的对照，他在陕北找到了一直怀揣着的对贫民百姓的深切同情和怜悯的现实依托。虽然那里掀起的共产革命运动和他抱持的美国中部草原老家的平民主义理念并不同，但是苏区追求为大众谋福利

---

1 斯诺和马克·吐温持有相同的政治理念，这可以从斯诺传的扉页上的两段摘录中看出。

的目标不仅吸引着贫苦大众，而且把他们紧紧地凝聚在一起，所有这些都得到了斯诺深深的认同。

## 流放与回归

1949年8月，洛克在战火硝烟中离开了丽江。他期望一旦中国的政局稳定下来，就能再回丽江，继续做纳西研究，然后在玉龙雪山下的杏树和桃树丛中告别人世，因为他多次表达"宁愿死在丽江美丽的群山之间，也不想在美国冰冷的病床上孤独地老去"。和以往多次匆匆来去一样，他以为这次告别也是暂时的。他经香港先去了欧洲，接着辗转到了印度噶伦堡，后来不得不从印度回到了美国。一年又一年，他眼看回中国的希望变得越来越渺茫，终于认定中国的大门已永远对他关上了。他举目无亲，也没有安身之所，只是一如既往地，不停在维也纳、夏威夷、华盛顿和波士顿之间游走。他没有收入，后来连日常开销都成了问题。那时担任哈佛大学阿诺德树种园主任的梅里尔（Elmer D. Merrill）了解他的为人，主动帮忙把他多年存放在夏威夷大学的部分藏书出售给哈佛燕京学社，另一部分出售给西雅图的华盛顿大学，使他得以维持晚年的生计。

辗转一生，洛克终成了一位永远的游民，"也许他年少时离家远走，注定了他将彻底失去可以回归的家园。他曾把中国当作自己的寄居国，可最终遭离弃而流放"。去世前一年，他重返亚洲，但仅仅驻足印度、日本和香港，回丽江终成一个未遂的遗愿。早年，夏威夷治愈了他的肺疾，也为他提供了展露博物学天才的天地，后来更是他多次逃脱孤寂的丽江的理想去处。晚年，在北平认识的马克斯夫妇慷慨相助，在夏威夷为他提供了安身之所。

斯诺回美后，成为《星期六晚邮报》(The Saturday Evening Post)[1]报道中国、印度和苏联的一名资深记者。二战前和战争期间是斯诺职业生涯的一段黄金期，他最先报道了二战期间惨烈的苏联战场、印度独立和甘地被杀等事件，也是最早报道越南和缅甸农民运动的美国记者之一，同时他还把多年行走中国苏区和世界各地的经历诉诸笔端，先后出版了七本书。

冷战时期麦卡锡掀起了"红色恐慌"，迫害左派知识分子和共产主义运动的同情者。虽然斯诺一直表示对共产主义持中立态度，但是屡遭美国联邦调查局密探的盯梢和监视，他的记者生涯深陷困境，文章和报道难以见报，连他的太太洛伊斯也被列入同情共产党的黑名单。他仍然受到同事的敬重，但他的作品和新闻稿不再受欢迎，于是他主动辞去《星期六晚邮报》副主编一职。而他在密苏里州堪萨斯城的老家，除了几次短访，他再不回了。

1959年，斯诺举家迁往日内瓦。作为一位流亡的记者和作家，他依然不断向全世界介绍新中国。常年生活在外，斯诺早就意识到美国已变成了"一个他既不了解，又不能完全认同的国度"。因此他自称"世界公民"，一方面借此表达自己离家

---

[1] 《星期六晚邮报》是美国的一份双月刊杂志，创刊于1897年。内容覆盖小说、非虚构作品、漫画和特写，从二十世纪二十年代至六十年代一直是美国中产阶级间流传最广、影响力最大的杂志之一，每周发行量能达到数百万份。

多年而有"局外人的疏远感",另一方面则指他多年来到亚洲以及世界各地采访、报道,自然而然形成了"国际视野"。"整个六十年代,中美一直未能弥合分歧而会面,斯诺客居瑞士的家就是两国间一处孤零零的边区驻地。"[1]作为中国人民的"美国友好人士"和"美国比较严肃的资产阶级作家兼记者",斯诺本人得以在新中国成立后三次访华:1960年和1964年,他和毛泽东、周恩来做了两次长时的访谈;1970年,斯诺受邀参加国庆大典,作为唯一的外国嘉宾,和毛泽东一起登上了天安门城楼。

斯诺和洛克都在中美建交这一宏大剧目的帷幕缓缓拉开之前去世。[2]今天,玉龙雪山脚下洛克的故居成了洛克纪念馆。洛克从中国采来的杜鹃、牡丹、北京丁香和珍稀杉树、松树等多种花树在哈佛大学阿诺德树种园内生生不息。他留下的老照片分存于美国国家地理学会和哈佛燕京图书馆等多处,他的藏书和东巴经文则被美国国会图书馆、哈佛燕京图书馆和西雅图的华盛顿大学收藏。2002年北京嘉德拍卖场上出现了洛克留下的一册二十世纪二十年代四川和云南的老相册,激起了一股重走洛克路、寻找香格里拉的旅游热。而斯诺去世后,部分骨灰埋在了燕园的未名湖畔,另外一部分埋在斯诺深爱着的纽约哈德逊河岸,那是他从中国回美国后生活了十年的地方,也是哈德逊河流入大西洋,奔向世界的一个出口。还有他留在身后

---

[1] John Maxwell Hamilton, *Edgar Snow*, p. 251.

[2] Robert M. Fansworth, *From Vagabond to Journalist*, p. 224.

的所有档案资料，作为特藏存放于密苏里大学图书馆。时至今日，斯诺还不时被当作西方记者的典范出现在中国的媒体上。洛克和斯诺各自的生命历程堪称奥德赛之旅，以至于汉米尔顿在《斯诺传》结语中向读者发问："如果美国人不能回顾斯诺一生的奥德赛之旅，那么他们怎能懂得该像斯诺那样多去看看外面的世界？"[1]而萨顿为洛克传收笔时，也深有感触：处于"东西交界的夏威夷这片土地"，成了洛克的奥德赛之旅的"归宿地"。[2]

本文始刊于《读书》2021年第9期。编入本书时，作者增加了部分章节和脚注，并对一些段落做了调整。

---

[1] John Maxwell Hamilton, *Edgar Snow*, p. 292.
[2] 《苦行孤旅》，第402页。

游牧学者欧文·拉铁摩尔

# 游牧学者欧文·拉铁摩尔

研究中国内亚边疆的学者，对欧文·拉铁摩尔（Owen Lattimore，1900—1989）这个名字不会陌生，而我是在1992年第一次听说的。那年年末，我将离开英国牛津大学，前往大洋彼岸，进入哈佛大学的中亚研究系开始一段新的学业。临行之际，和陈学毅学友聊起，他说做中亚研究的肯定要看拉铁摩尔的著作，就在我的一本袖珍地图册最后的空白页上认认真真地写下了"Owen Lattimore"及其代表作《中国的亚洲内陆边疆》(*Inner Asian Frontiers of China*)。到了康桥，我上的第一门课是蒂娜（Elizabeth Endicott-West）教授执教的"中国和内亚边疆关系史"讨论班课。拉铁摩尔的名字赫然就出现在课程表上，而《中国的亚洲内陆边疆》的章节为本课的必读资料。可以说，对拉铁摩尔及其学术研究的关注，伴随我迈开研究中亚边疆之旅的第一步。此后多年，我随身携带写着拉铁摩尔的名字和书名的这本小地图册，走过内蒙和川藏的山山水水。

拉铁摩尔不仅是二十世纪上半期研究亚洲内陆为数不多的重要学者，而且对这一地区的地缘政治和生态环境研究产生了深远的影响。早在四十年代，他有关中国边疆的论著就被中国学者介绍过，可是五十年代之后，拉铁摩尔的名字便在中国学界渐渐消隐。后来，从八十年代开始，由于边疆研究的重新起步，中国学者又开始关注拉铁摩尔。通过他的专著和文章，可以了解他的学术观点和漫长的学术生涯，但是对他在哈佛大学的经历和在麦卡锡时代的一段政治磨难，人们却知之甚少。

## 一、游走中国边疆

拉铁摩尔是二十世纪的同龄人，1900年7月出生于首府华盛顿。他的父亲大卫·拉铁摩尔（David Lattimore）曾是一位高中老师，精通拉丁文、希腊文、法文等，为了寻求收入更好的职业，决定前往中国谋职，于1901年举家迁往上海。老拉铁摩尔任英语和法语老师，后来又北上天津和保定任教。[1] 离开美国时，小拉铁摩尔不满周岁。襁褓中，他就开始了一辈子游走世界的生活。

拉铁摩尔在中国度过了少年时光，十二岁时被送往瑞士上学，开始了独立生活。后来到英国上完高中后，他回到了中国，先在天津一家英国的棉纺织公司做进出口生意，后来，又在上海干过保险行业的活儿。他一边工作，一边有空就去中国内陆边疆旅行，随身携带着斯坦因的《中国沙漠废墟记》、贾鲁瑟（Douglas Carruthers）的《未知的蒙古》和斯文·赫定的《外喜马拉雅地区》等游记。拉铁摩尔迥然不同于一心只读圣

---

[1] 二十世纪二十年代回美国后，老拉铁摩尔在达特茅斯学院执教，曾是蒙古学家柯立夫的大学老师。引导柯立夫学习中文的，正是老拉铁摩尔。

贤书的传统学者，他既没进过大学，也没得过任何学位。以他自己的话说，工作经历和走万里路的体验足以使他学会多门学科的基本知识。在天津的进出口公司时，他学到了经济学；在中亚长途旅行中，他掌握了有关政治、经济以及所经地方的一手知识。可以说，他对亚洲内陆的了解大多来自其丰富的阅历以及不同寻常的好奇心和求知欲。

拉铁摩尔在《中国的亚洲内陆边疆》一书的自序中写到第一次来到内蒙边疆的经历："我与当地专做蒙古和新疆贸易的商人谈话后，决定向我当时服务的公司辞职，而进行亚洲内陆旅行。"[1] 漫漫旅途中，1925年在归化（呼和浩特旧城）火车站所见的一幕成了他一生的转折点。他在《边疆历史研究》一书中记载，游牧商队和运送货物的火车同时抵达归化火车站，从骆驼背上卸下的货袋和火车车厢齐齐排着两行，那两行只有两三步之隔，却连接着足足两千年的历史。他感叹道："游牧商队在中亚大陆来回，长途跋涉在汉帝国和罗马帝国之间，而火车则彻底摧毁了内陆边疆已逝的历史，打开了通往未来的途径。"[2] 这一幕给拉铁摩尔留下的至深印象，不仅始终牵引着他往后学术研究的走向，也使他对蒙古草原产生了无法割舍的依恋。由此而起，他对漠北的历史、地理、政治和经济滋生了浓厚的兴趣。

---

1　Owen Lattimore, *Inner Asian Frontiers of China* (New York: American Geographical Society, 1940), p. XVII. 参考中译本《中国的亚洲内陆边疆》（唐晓峰译，南京：江苏人民出版社，2005）。

2　Owen Lattimore, *Studies in Frontier History* (New York: Oxford University Press, 1962), p. 14.

拉铁摩尔夫妇（Smithsonian Institution Archives）

　　1925 年，拉铁摩尔和埃莉诺·霍尔盖特（Eleanor Holgate）在北京相遇。当时埃莉诺随同休假的父亲来到中国，从事艺术史方面的研究。他们相识一年后结婚，然后分头穿越蒙古和西伯利亚，经过千辛万苦在新疆塔城团聚，接着又开始了六个月的中亚蜜月之旅。夫妇俩坐着马车，从塔城去乌鲁木齐，再到吐鲁番盆地，继而沿着盆地边缘，到了阿克苏、喀什和莎车。这对新婚夫妇结伴而行的乐趣，埃莉诺在家书中溢于言表："我们欢快地奔走着，从塔城前往乌鲁木齐。有丈夫陪同真的比独行有趣多了，五天里我们走了三站地。不过，我们真的不在乎啥时候到达目的地，甚至都不在乎有没有目的地！"[1] 他们穿过了喀喇昆仑山口，翻越五千多米的高峰，栉风

---

1　Eleanor Holgate Lattimore, *Turkistan Reunion* (New York: The John Day Company, 1934), p. 65.

沐雨，抵达印度斯利那加。就这样他们开始了一辈子相依相随的动荡生活。

## 二、短驻哈佛

1928年，拉铁摩尔第一次回到美国。此时他虽已婚成家，却身无分文，就业前景渺茫。他基于长途旅行写成的《通往突厥斯坦的沙漠之路》（The Desert Road to Turkestan）一书，获得了学界很高的评价。英国皇家地理学会研究员亚瑟·欣克斯（Arthur R. Hinks）邀请他主讲学会的第三场"亚洲讲座"，前两次的主讲人分别是斯坦因和美国博物学家安得思（Roy Chapman Andrews）。同时，他在《皇家地理学会会刊》和《中亚学会会刊》等期刊上发表的文章赢得了美国地理学会主席以赛亚·鲍曼（Isaiah Bowman）的关注。鲍曼对他穿越中亚的独特经历和他手头的几部书稿慧眼相识，提携他走上了学术之路。鲍曼不仅邀请拉铁摩尔在美国地理学会发表演讲，而且推荐他申请到了美国社会科学研究理事会（Social Science Research Council）和美国地理学会（American Geographical Society）的资助。这份资助使得拉铁摩尔在1928年到1929年间来到哈佛大学人类学系皮博迪博物馆（Peabody Museum）进修。[1] 这是拉铁摩尔踏入学术圈之前，跻身高等学府仅有的

---

[1] 多年以后，哈佛大学皮博迪博物馆的同仁并未忘记拉铁摩尔在蒙古学方面的专长，曾就相关地区的考古发现问题向他咨询。

以赛亚·鲍曼（UW-Madison Libraries）

一段时间。如果说归化火车站的一幕触发了他对中亚的热爱，那么作为一名非科班出身的学术牧人，拉铁摩尔和哈佛学术圈的短暂交往为他铺开了学术生涯的道路，也为他往后的学术生涯奠定了基础。

二十世纪二十年代末置身哈佛园，拉铁摩尔可谓适逢其时。他在人类学系认识了罗兰·迪克森（Roland B. Dixon）教授后，迪克森又把他介绍给罗伯特·巴雷特（Robert M. Barrett）。巴雷特游历喜马拉雅山区后所著的系列游记二十年代广为传阅，颇有影响。时值哈佛燕京学社创办之初，学社正物色欧洲和中国的领衔汉学家前来讲课，传授学问，受邀来哈佛的有伯希和、洪业、钢和泰和博晨光（Lucius Porter）等学者，拉铁摩尔从而有机会结识哈佛燕京学社董事和受邀来访学的一批最重要的汉学家。哈佛文理研究生院院长蔡斯作为哈佛燕京学社的董事，也曾邀请他做演讲，分享他在中国东北的旅行考察的经历和见闻。这几位重要学者的到来为波士顿地区带来小小一股"内陆亚洲热"，他们开始为学生开设有关亚洲的课程。1928年末，伯希和在哈佛的福格美术馆做完有关中国艺术史的课后，拉铁摩尔和伯希和、钢和泰等学者一起应邀参加晚宴。那一天晚宴的东道主卡尔·凯勒写信给远在英国牛津的斯坦因，兴致勃勃地介绍正在哈佛的同道拉铁摩尔以及他的中亚探险，斯坦因在回信中特意提到："我曾在《皇家地理学会会刊》和《中亚学会会刊》上读到拉铁摩尔的文章，他们夫妇历经千辛万苦在新疆重聚的历险，的确充满了勇气、胆量和远征的能耐。"[1]

来哈佛研修的经历不仅为拉铁摩尔提供了和学界交流的机会，而且成为他的代表作《中国的亚洲内陆边疆》的源起。正如他在自序中所写："我们需要继续研究、学习更多的东西。回到美国后，得益于社会科学研究理事会的支持，我到哈佛大学人类学系做了八个月的研究。之后，在1929年，进一步得到美国地理学会的支持——写作这本书的酝酿由此开始——我们又到了中国满洲。"[2]

1929年8月，拉铁摩尔夫妇启程回亚洲。中途停靠日本两周时，当时任职哈佛大学福格美术馆的老友华尔纳向他介绍日本友人，并招待他走访京都和东京多处。他离开日本返华途

---

[1] 斯坦因给凯勒的回信，1929年3月24日，哈佛大学霍顿图书馆馆藏。
[2] Lattimore, *Inner Asian Frontiers of China*, p. XVIII.

Stein Collection,
British Museum,
LONDON, W.C.1.
January 13, 1925.

Dear Mr Keller,

Please excuse my thanking you so late for your very welcome and interesting letter of November 28th. Since I had the pleasure of receiving it, I have been away on a tour of several weeks necessitating rapid movement in different parts of the Continent, and my correspondence has necessarily fallen into arrears.

I remember indeed with real satisfaction the chance which Miss Sykes's kind invitation offered me in July of making your acquaintance and also the promise you were good enough to make of securing information from your friend Mr. Langdon Warner. I was sorry to see from the information now communicated that the wall paintings of the Thousand Buddhas' Caves had suffered seriously during that occupation. Fortunately the number of caves is very large, and I trust those Russian refugees with their usual sociable habits were content to occupy only the most conveniently situated ones.

I was very much interested in what you told me about Mr. Warner and his wife. Please assure him that I appreciate very much the kind way in which he spoke of my previous labours

斯坦因给凯勒的回信（Houghton Library, Harvard University）

on that ground. I myself should be very glad to receive
information as to any published account that may have appeared
of Mr. Warner's travels and explorations. Just at present I
cannot think of any special point of information regarding
Tun-huang for which I should have to trouble Mr. Warner. At
the same time I feel sincerely grateful to him for his kind
offer. That my old friend, the priest Wang, retains a pleasant
recollection of me is very gratifying. Should Mr. Warner
return there I trust, he will give the old man my best salutations.

I am at present kept very busy by the final preparations for
passing <u>Innermost Asia</u>, the detailed report on my third journey,
into print, and this may excuse me from referring to other points
in your letter.

    With all good wishes to you and Mrs Keller,
        Believe me, yours sincerely,

*A. Stein*

中给华尔纳的信中坦率直言："即将返华,不管回去后的经历将充满乐趣,还是令人失望,我实在是迫不及待。"拉铁摩尔即将开始的东北实地研究由美国社会科学研究理事会资助,但是经费不足,在哈佛认识的巴雷特为他提供了额外的资助。

拉铁摩尔回北平时还见到了哈佛燕京学社的另一位董事会成员伍兹,以及钢和泰教授。当时伍兹在中国走访几所教会大学,为刚创办的哈佛燕京学社招兵买马,而钢和泰在哈佛任教一年之后刚回北平,继续接管汉印研究所。在他们的鼓励下,11月2日,拉铁摩尔从沈阳向哈佛燕京学社发出了一份研究经费申请书,计划在1930—1931年度,在哈佛燕京学社的资助下,再次前往北平进修,并且到东北做一年多的实地考察。拉铁摩尔在申请书上罗列了七位推荐人,阵容浩大,其中有美国人类学学会主席、哈佛人类学系的艾尔弗雷德·托泽（Alfred M. Tozzer）、罗兰·迪克森,还有美国地理学会主席以赛亚·鲍曼（后来担任霍普金斯大学校长和哈佛大学顾问委员会委员）、精通多种亚洲语种的人类学家和史地学家劳费尔（Berthold Laufer）、钢和泰,以及老友兰登·华尔纳和英国皇家地理学会会员亚瑟·欣克斯等。

在1930年3月中的董事会上,哈佛燕京学社批准了拉铁摩尔研究经费的申请书,同时得到学社资助的还有梁思成的弟弟梁思永,他将来哈佛大学攻读考古学硕士学位。到1930年夏,拉铁摩尔已经完成了《通往突厥斯坦的沙漠之路》和《高地鞑靼》（High Tartary）两本书,在《地理杂志》《中亚学会学刊》《亚洲》和《大西洋月刊》上发表了多篇论文,还着手撰写探讨蒙古民族主义的《满洲：冲突的摇篮》(Manchuria: Cradle of Conflict) 一书。他对自己学术研究的前景充满了信心，不过，他在《中国的亚洲内陆边疆》的自序中写道："显然还有许多准备工作要做。首先是学中国文字，我虽然会说中国话，却不能自由阅读。我所读过，有许多还不能完全理解。尽管我脑子里装满了民间故事和传说，但不知道这些充满历史事件的中国传说究竟有没有正史的根据。此外，我还想学蒙古文，因为直到那个时候为止，我们在蒙古的旅行完全是由中国商人和士兵陪伴的。1930 年，我们从满洲到北平，在那里住了好几年。最初是由哈佛燕京学社给了我一个研究员的位子……"

1929 年拉铁摩尔得到了哈佛燕京学社和古根海姆纪念基金会 (John Simon Guggenheim Memorial Foundation) 的资助，前往中国研究和考察，往后五年里，拉铁摩尔在中国东北和蒙古大漠做田野考察，并利用在北平的机会，提高中文水平。1933 年，拉铁摩尔回到美国，先后任职于太平洋国际学会 (Institute of Pacific Relations) 和霍普金斯大学。立足于之前打下了的坚实的学术根基，他开始了最有成就的时段，比如他潜心十年著述的《中国的亚洲内陆边疆》一书，1940 年由美国国家地理协会出版，中译本 1941 年在重庆出版。这本书奠定了他在该领域内的地位和影响。时至今日，研究内陆亚洲的学者依然会讨论拉铁摩尔书中的论点，可见其影响之深远。正如耶鲁大学中国史教授濮德培 (Peter C. Perdue) 评议的："和同时代的亚洲学学者相比，拉铁摩尔的研究更为深入，他的研究跨越

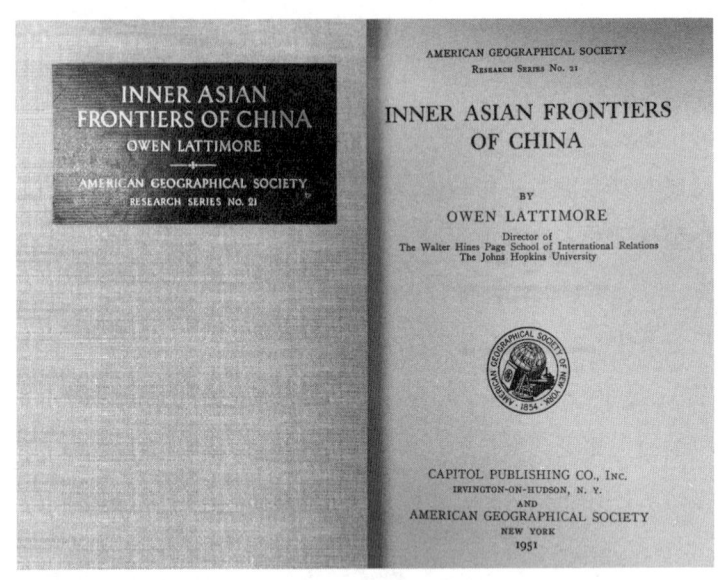

拉铁摩尔《中国的亚洲内陆边疆》，1940年美国国家地理协会版

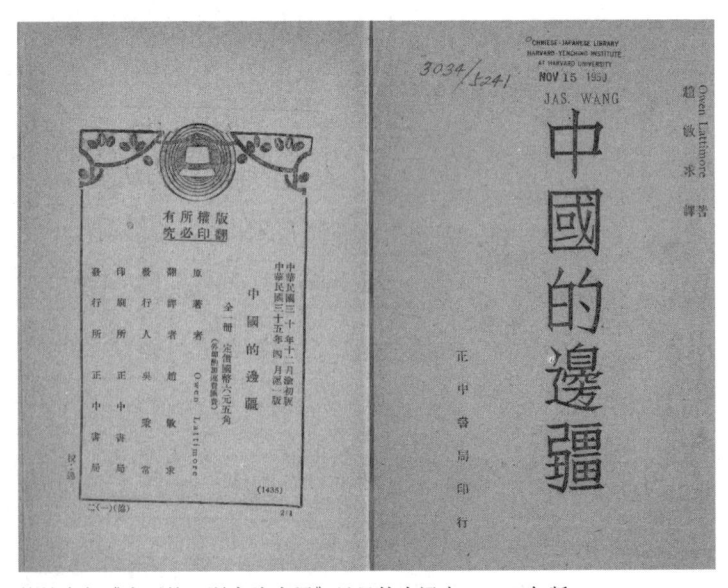

拉铁摩尔《中国的亚洲内陆边疆》最早的中译本，1946年版

国界,以探求中国以及内陆亚洲的地缘政治结构。直至今日,学者依然立足于他的洞见来加深对这一领域的探究。"[1]

鲍曼在1935年开始担任霍普金斯大学校长,聘请拉铁摩尔来任教。一年后,拉铁摩尔担任佩奇国际关系学院(Page School of International Relations)的院长,在院内设立了美国第一个蒙古学研究项目。从1938年到1963年,他一直在霍普金斯大学任教。不过,由于他的专长,期间曾有好几年被借调到一些美国政府部门服务。拉铁摩尔也曾在太平洋国际学会的《太平洋事务》(*Pacific Affairs*)杂志社担任编辑数年,后来在白宫经济顾问柯里(Lauchlin Currie)和威斯康星大学政治学教授高斯(John M. Gaus)的推荐下,经罗斯福总统首肯,拉铁摩尔于1941年7月抵达重庆,担任蒋介石的美方私人政治顾问。太平洋战争爆发后,拉铁摩尔在美国战略情报局的太平洋战区分局工作了两年。学者短期服务于政府机关看似无妨,却为他后来的学术生涯留下了祸根。

## 三、麦卡锡时代

二战后,拉铁摩尔回到了霍普金斯大学,一心一意从事教学和学术研究工作,可是没多久冷战开始。虽然他的文章和言论里含有同情共产主义运动的倾向,但是他并非共产主义的信

---

[1] Peter Perdue, "Owen Lattimore: World Historian", May 2018, at https://moodle2.units.it/pluginfile.php/274105/mod_resource/content/1/Perdue_Owen%20Lattimore_World%20Historian_2018.pdf

仰者。作为一个学者，他始终认为，地缘政治对一个社会和国家起着决定性作用，而意识形态的重要性在其次。命运的走向往往超出个人的操控，拉铁摩尔万万没想到自己会被深深地卷入冷战期间的政治事件，成为麦卡锡时代的中心人物。

1950年至1955年，他受美国政府指控，不得不出席以威斯康星州参议员约瑟夫·麦卡锡（Joseph R. McCarthy）和内布拉斯加州参议员帕特里克·麦卡伦（Patrick McCarran）主持的两次听证[1]，饱受人身攻击和诽谤之苦。历经种种煎熬和折磨之后，他被判无罪。对拉铁摩尔在冷战时期的经历的记述和研究，主要来自出版时间相隔近四十年的两本著作。

第一本是拉铁摩尔本人撰写的《诽谤的煎熬》（Ordeal by Slander）。1950年5月初，第一次听证一结束，拉铁摩尔就在他太太埃莉诺的协助下，趁热打铁，仅在一个月内就完成了这部书的手稿，确实是一气呵成。7月，这本书由波士顿的利特尔与布朗出版公司（Little, Brown and Company）出了第一版，马上二印。8月份，头两次的所有印本告罄，又加印两次。这本书转眼登上畅销榜，先后一共印刷了八次。当时，美国著名杂志《大西洋月刊》（The Atlantic Monthly）认为此书"是一部利用事实爆料的杰作，也是一份对社会现实所做的最重要的记录"。1971年，康涅狄格州的格林伍德出版社（Greenwood Press）出了此书的第二版。三十多年后，纽约的卡罗尔与格拉夫出版社（Carroll and Graf Publishers）又在2004年出了第

---

[1] "McCarthy: Power Feeds on Fear", PBS Documentary, *American Experience,* January 2020.

三版。[1]

另一本《欧文·拉铁摩尔与美国何以"败走"中国？》(*Owen Lattimore and the "Loss" of China*)，是罗伯特·纽曼（Robert P. Newman）的大著，长达 669 页，可以说是一部拉铁摩尔的传记，1992 年由加州大学伯克利分校出版社出版。[2] 纽曼是美国匹兹堡大学传播学系教授，他花了六年时间，仔细翻阅了美国联邦调查局所藏的有关拉铁摩尔听证的档案（所有听证和口供记录），并做了精细的梳理。另外，他还和拉铁摩尔本人进行过长时间的面谈，并参考、利用了拉铁摩尔未发表的部分回忆录。鉴于其原始资料之丰富、对相关人事描述之翔实、对诸多人物和事件的重构和剖析之细致，此书堪称研究拉铁摩尔、研究学术自由和政治迫害之间关系的不可忽略的专著，曾被提名入围普利策奖和美国国家图书奖。据我所知，迄今为止，华语世界只有梁元生先生在《民国档案》上的一篇介绍拉铁摩尔的短文里提及此书，并做了简介。[3] 这本书始终没有在国内相关研究领域内得到详细的介绍和足够的关注。

1950 年 3 月，拉铁摩尔被联合国派往阿富汗，在喀布尔参加一个技术和经济援助项目。3 月 25 日，在寒冷的喀布尔，他和同事们正在炉边烤火取暖时，意外地收到了一份来自华盛顿美联社的电报，告诉他参议员麦卡锡指控他为"苏联在美国

---

[1] Owen Lattimore, *Ordeal by Slander* (New York: Carroll & Graf Publishers, 2004).

[2] Robert P. Newman, *Owen Lattimore and the "Loss" of China* (Berkeley: University of California Press, 1992).

[3] 梁元生，《学者、政客与"间谍"：拉铁摩尔（1900—1989）》，《民国档案》1994 年第 2 期，第 138—140 页。

的头号间谍"。收阅电报时，拉铁摩尔非常生气，但他转而平静下来。[1] 美联社请他就此指控做出答复，于是他先给美联社发了一份简短的回复，申明麦卡锡这一指控纯属子虚乌有，并且说明由于此尚属口头指控，现在他还不能予以详细答复。拉铁摩尔还在回电里说，几天后回美一旦收到书面指控，他即给予详尽的说明和有力的反击。那时，拉铁摩尔并不认识，也不了解麦卡锡这位参议员，更是连做梦都没有想到，早在1949年，他的电话已遭窃听，他的所有行动也都在联邦调查局的监视之中。远在阿富汗，他根本不知道这一指控的来龙去脉，相信一旦回美，事情定会水落石出。这就是《诽谤的煎熬》一书开场的情景。

《诽谤的煎熬》由拉铁摩尔本人执笔，只有第二章是他太太埃莉诺写的。整部书的时间跨度仅仅是1950年的两个月，由他从阿富汗回来受麦卡锡指控开始，然后出庭听证，到被宣判无罪为止。书中对拉铁摩尔从1950年开始的五年煎熬的第一阶段做了极为详细的描述，读来栩栩如生，令人感同身受。

在他为书稿奋笔疾书之时，完全没有意识到1950年5月结束的这一段听证仅仅是冰山一角。为筹集个人政治资本，威斯康星州共和党参议员麦卡锡率先掀起清除美国国务院内"亲共分子"的浪潮。同时，共和党想方设法赢回白宫，把美国"败走"中国的结局归因于国务院内的"赤色分子"和苏联打入政府的间谍的阴谋活动。麦卡锡从二十世纪五十年代初开

---

1 Lattimore, *Ordeal by Slander*, p. 3.

始,四处宣称自己手头有美国政府内,尤其是国务院内间谍的名单。他以超常的手段来制造头条新闻,操控媒体的导向,以至声称美国国务院是"共产党的温床"。往后五年里,这一"苏联在美国的头号间谍"的指控引起的一幕幕闹剧愈演愈烈,耗尽了他的时间、精力和财力,极大地影响了他往后的学术生涯。

从1950年3月下旬开始,美国国会组织了一个专门委员会,来调查麦卡锡指控的拉铁摩尔等十人为"共产党间谍"一案。麦卡锡不仅指控拉铁摩尔是"苏联在美国的头号间谍"[1],而且还以其特有的操纵媒体和煽动大众视听的手段宣称:"有关拉铁摩尔的材料是爆炸性的,如果此案告破,这将是我国历史上最大的间谍案。"他还说:"在美国国务院的间谍网中,拉铁摩尔是阿尔杰·希斯(Alger Hiss)的上司。"[2] 希斯在1948年被指控为苏联安插进美国国务院的共产党间谍,1950年被判有罪入狱。麦卡锡还扬言,在审理此案的过程中,他要不惜一切代价搞掉拉铁摩尔。[3] 如果说希斯被判有罪使尼克松当上了副总统,那么在冷战初期共和党急需救命稻草之时,以麦卡锡为主的共和党议员要是能把美国"败走"中国的事实完全归咎于混入国务院的苏联间谍,他们就可以重整旗鼓,入主白宫。

1950年4月6日,拉铁摩尔一从阿富汗回国就马上出庭参加听证。在听证会上,拉铁摩尔表明自己对国家的忠诚,并

---

[1] Newman, *Owen Lattimore and the "Loss" of China*, p. 215.

[2] Ibid., p. 183.

[3] Ibid., p. 215.

且公布私人信件来证明自己的无辜。主持调查的委员会推出几位证人出庭做证，其中有前共产党员，比布登兹（Louis F. Budenz）、厄特丽（Freda Utley）和菲尔德（Frederick V. Field）等。可是他们都拿不出充分的证据来证实拉铁摩尔"有罪"。经过好几轮听证，调查委员会最后做出结论："麦卡锡指控拉铁摩尔是苏联派来的一号间谍，确无真凭实据。"[1]

1950年7月《诽谤的煎熬》一经出版，就深深触动了冷战期间大众的政治神经，引起广泛关注。正如作者所说，写这本书的目的并不是为他自己辩护，而是要把自己受指控前后所经历的所有细节如实写出来，用以警告读者：每个人都有遭受麦卡锡主义这种无中生有的指控的危险，而1950年3月发生在他身上的一切，以后很可能也会发生在任何人身上。他的儿子大卫·拉铁摩尔曾陪伴父母度过了那一段最艰难的日子，2004年此书第三版出版时，他进一步阐明这部书深远的意义和影响："《诽谤的煎熬》不仅是一段有关父亲勇于反击政治诽谤者的故事，而且向读者讲述了他是如何身体力行维护公民的言论自由权利的。"[2]

当时拉铁摩尔也许过于乐观，可以说他低估了麦卡锡的政治决心和政治势力。出书时，他以为这一"莫须有"的罪名已得到彻底清除。但正如多年后纽曼在书中提到的："（拉铁摩尔）认为1950年7月他已被证明无辜，这可是大错特错。其

---

[1] Ibid., pp. 483-484.

[2] Lattimore, *Ordeal by Slander*.

实,那仅仅是首次交锋而已……拉铁摩尔坚信讲道理和摆事实的重要性,也坚信学术研究和言论自由的力量。这些当然都是知识分子坚守的准则,不过我们可以从他的书中看出,他并没有意识到,美国社会存在着一股顽固不化的反知识阶层的潮流;他似乎也没察觉到,这个国家还泛滥着党派间政治争斗时极不道德的行为。"或许身为当事人,拉铁摩尔根本没有体会到这一事件背后蕴积着的政治情绪之强大和权力斗争之丑陋。

此后一直到1955年,拉铁摩尔继续被当作嫌疑犯,而且经历了第二次指控、上庭听证的折腾,其中反映的美国党派间政治争斗中险恶的细节,在纽曼的《欧文·拉铁摩尔与美国何以"败走"中国?》一书中得到了详述。

## 四、冷战期间:美国何以"败走"中国?

如果把拉铁摩尔的《诽谤的煎熬》和纽曼的《欧文·拉铁摩尔与美国何以"败走"中国?》放在一起来读,那么可以说前者就是一篇长长的引言,仔细勾画出一名学者在政治迫害时的心态,也可以说是从当事人的角度,对纽曼描写的拉铁摩尔第一次听证前后经过的充实。而纽曼参考联邦调查局的大量口供和书面资料,则写出了麦卡锡时代美国政治的丑陋内幕。两书相得益彰,使读者对拉铁摩尔的一生,尤其他在麦卡锡时代的经历,能有最直接和透彻的了解。

纽曼的书由三个部分组成。第一部分"另类"(The Heresy),介绍的是拉铁摩尔年轻时的生活以及从亚洲回美国后一直到 1950 年间，丰富而又不同寻常的求学、旅行和就业的经历。这一部分从他出生不久即随父母前往上海开始，写到 1949 年他从印度新德里开会回来，及至二战彻底拉下帷幕、冷战开始为止。1949 年，虽然美国联邦调查局一直怀疑拉铁摩尔是一名共产分子，曾以非法手段监控他的电话和行踪，但是因证据不足而无法对他起诉。

第二部分题为"审讯"（Inquisition），长达 285 页，占全书五分之二的篇幅，构成了整部书的主体。1974 年美国国会通过了一个信息公开法案（Freedom of Information Act）的补充条款，授予公民调出并审阅联邦政府机构内所存的档案资料的权利，因此纽曼得以调出美国联邦调查局原始资料，用了六年来审阅、梳理和参考大量档案、信件和面谈记录，把拉铁摩尔两次受指控和听证的前后经过阐述得清清楚楚，把错综复杂的政治事件的线索、人物、时间以及前因后果和来龙去脉都阐述得有条有理。由于作者利用了大量的资料，把许多细节天衣无缝地贯穿起来，其内容之详细，读来几乎觉得琐碎，但是对资料的透彻研究，也使他为读者生动展示了冷战期间美国政府和民众对共产主义极度恐慌的心态，以及麦卡锡和右翼的共和党在党派相争的情况下"欲加之罪，何患无辞"的政治手腕。更难能可贵的是作者重现了拉铁摩尔夫妇从 1950 年到 1955 年间在诽谤的阴影下的生活。

1950 年 5 月，麦卡锡一手操纵的第一次听证以宣布拉铁摩尔无罪而告终。麦卡锡对这个结论很为恼火，他指责调查委员会是"向美国红色第五纵队开了绿灯"。1952 年，对拉铁摩尔的控告重新开案，这次由内布拉斯加州参议员麦卡伦领头的参议院内部安全委员会来主持听证，主要是来调查太平洋国际学会以及拉铁摩尔担任主编的《太平洋事务》杂志的运作，指控拉铁摩尔做过假证。在这次听证中，最能显示麦卡伦议员风格的是他质问拉铁摩尔学历的一段审讯：

麦（麦卡伦议员）：拉铁摩尔先生，你是霍普金斯大学的教员吗？

拉（拉铁摩尔）：是的。

麦：你是从哪所院校毕业的？

拉：我并没有从什么学校毕业。

麦：难道你连高中都没毕业吗？

拉：我当年是在英国的一所高中完成学业的，而……

麦：你高中有没有毕业？你能否回答我的问题？

拉：议员先生，我只想跟你说明，我是在英国上的高中，那里并没有高中毕业一说。

麦：请你回答我的问题：你高中到底有没有毕业？你只能用"有"或"没有"来回答。

拉：好的，议员先生。

麦：那你回答呀？

拉：我高中没毕业。我是在英国上的高中，十九岁时上完高中就离开了学校。那里并没有高中毕业或高中毕业证书之类的说法。[1]

---

[1] Newman, *Owen Lattimore and the "Loss" of China*, p. 371.

直到1955年6月28日，审讯和听证才最终得以了结。经过长时间的审讯和听证，联邦法官第二次正式宣布拉铁摩尔无罪。当时拉铁摩尔和埃莉诺正在斯德哥尔摩，当他们从电话中得到这一消息时，长长地松了一口气。可是，要从过去五年浓重的阴影里彻底走出，又谈何容易？

纽曼一书的第三部分"重生和欢庆"（Revival and Triumph）写的是拉铁摩尔1955年后的生活。虽然这部分是本书三个部分中篇幅最短的，但是读起来最为生动和入心，为我们展现了经历五年的磨难后，拉铁摩尔这位学术游牧人四处游走的生活。

1955年，法庭上听证和审讯带来的折磨终于告一段落，但是过去五年的经历和媒体的报道在法庭外给拉铁摩尔带来了短期内难以愈合的伤害，诽谤的阴影依然在学界和大众间游荡。他的论文和著作被禁止发表。美国发行量很大的刊物《读者文摘》（Reader's Digest），从1951年至1954年只刊登了他的三篇文章，而在1955年至1960年间甚至连一篇文章都没发。他在霍普金斯大学的终身教职也深受影响。由于大学董事会内好几位成员依然对他持有偏见，他被降为讲师。后来，拉铁摩尔主持的佩奇国际关系研究所遭解散，创办的蒙古学项目也被取消，甚至连地理系都不愿让他来开课。他只好去历史系，后来等地理系换了系主任后，他才得以回地理系教课，而且校方给他续聘不得不顶着巨大压力。原来他频频受邀做公开演讲，而在1955年后，不仅他受邀的次数大减，而且为他举办公开演讲时也经常遇到麻烦。

1963年，拉铁摩尔欣然接受了英国利兹大学的邀请，前往任教。动身前,他在霍普金斯大学做了一场告别演讲。哈维(David Harvey)对这场演讲做过一番生动的描述:"听众济济一堂,人们估计铁摩尔会提及麦卡锡主义和他在五十年代的那一段经历,他却只字未提。他谈得兴致盎然的,仍然是他深爱着的蒙古草原和那里的朋友们。"[1]

## 五、历史的回声

经历过五十年代的麦卡锡风波,拉铁摩尔夫妇于1963年移居英国,任教于利兹大学,渐渐地,他似乎在美国学界销声匿迹,直到1968年他的著作在美国才得以再次出版。对拉铁摩尔来讲,英国为他敞开了一扇新生活的大门。按纽曼的说法,拉铁摩尔夫妇在利兹大学度过的七年是他动荡的一生中最安宁和最快乐的一段时光,也是他学术生涯的黄金岁月。他为利兹大学创办了英国大学内的第一家中国研究中心。他还不时和朋友们分享自己离开美国后欢快的心情:"埃莉诺和我好多年没这么开心过了。这边总有很多好玩的事儿,和我们来往的有很多有趣的人。奇怪得很,巴尔的摩似乎倒像是一个死寂的英国乡村,啥新鲜事儿都没有,而利兹反而是一座地道的美国城市,充满着内在的能量和创造力,人们敢想敢做。"[2] 这与其道出了利兹和霍普金斯大学所在的巴尔的摩这两座城市的差

---

[1] David Harvey, "Owen Lattimore: A Memoire", *Antipode*, Vol. 15, No. 3 (December 1983), p. 10.

[2] Newman, *Owen Lattimore and the "Loss" of China*, pp. 516-517.

别，还不如说，麦卡锡时代结束后，拉铁摩尔带着不同以往的心态和眼光看待世界。

不过，利兹毕竟是他乡，在那里拉铁摩尔夫妇毕竟是异客。他们的年纪确实也大了。埃莉诺比拉铁摩尔还年长五岁，作为拉铁摩尔一辈子忠实的伴侣和得力的助手，她不仅陪他走过了中国边疆和亚洲内陆的山山水水和崎岖险境，还在他身边度过了麦卡锡时代最艰辛的岁月。漂泊多年后，埃莉诺满心希望回到美国，安居弗吉尼亚。拉铁摩尔从利兹大学一退休，他们就启程回美。但是他们刚抵达纽约肯尼迪机场，埃莉诺突然发病而离世，拉铁摩尔原来井井有条的生活陷入了一片混乱。他真的成了一位蒙古牧人，穿梭、游走在美国麻州康桥、弗吉尼亚、华盛顿和巴尔的摩之间，又不停地在大西洋两岸奔忙，他曾在法国巴黎、英国剑桥寓居数年，再也未能在一处安心定居。他的研究和写作计划很多，但总是难以完工，其中包括他自己的回忆录。后来他有机会走访东京、北京、乌兰巴托、莫斯科、新疆等地，奔走忙碌直到八十年代初。1985 年，他以八十五岁高龄，孤身独居英国剑桥，生活渐渐不能自理，于是大卫把父亲接回美国，安顿在离自己任教的布朗大学不远的波塔基特（Pawtucket）。他自己的房子不够大，为了能就近照顾父亲，就把父亲安顿在离家仅有两条街之隔的一处寓所。

在麦卡锡时代，有学者经受不住麦卡锡以"莫须有"的罪名给他们带来的折磨，而结束了自己的生命，也有学者从此一蹶不振。梁元生便认为，拉铁摩尔"自此精神萎靡"，选择了"自我放逐的生涯"。说是"自我放逐"，也许并不确切，但这段经历对拉铁摩尔还是影响至深。霍普金斯大学的师生曾注意到，麦卡锡时代之后，拉铁摩尔如同"一位潦倒的老人"，讲课时总带着一丝犹豫，再也没有以往的那份自信。不过，拉铁摩尔自己并不以为然，他在1979年的一次访谈里说："作为一名学者、教授和作者，我现在回想起来，麦卡锡时代的那段经历仅仅是我有趣、心满意足的一辈子的一个小插曲而已！"纽曼说，1955年后，拉铁摩尔已经把这段经历甩在了身后，其他学者也认为，多年后，麦卡锡时代带给他的精神创伤已彻底愈合。八十高龄的拉铁摩尔看似已经把三十年前"诽谤的煎熬"视为如烟往事，但是他的儿子大卫最了解：其实，父亲晚年备受抑郁症之困扰，常常借酒消愁。

今天的学者言及学术和高等教育时，理所当然地认为学术应该享有自由，教育独立于政治，免于政府的干涉。其实，美国学界争取学术自由和独立的过程并没有人们想象的那么容易和简单，拉铁摩尔半个世纪前经受折磨的日日夜夜，就为我们提供了最好的参照。拉铁摩尔在麦卡锡时代的经历，也促使许多学者对学术自由和政治迫害间的关系进行深入探讨，为往后学者的言论自由和独立、人格和尊严争得应有的空间。今天，不仅有必要向从事边疆研究的中国学者详细介绍《诽谤的煎熬》和《欧文·拉铁摩尔与美国何以"败走"中国？》这两部著作，而且在当今美国的政治形势下，不管在学界还是政界，重温拉铁摩尔的学术历程，反思五十年代他所经受的麦卡锡主义的诋毁及其带来的折磨，大有必要。

2000年，拉铁摩尔听证事件整整过去了半个世纪，霍普金斯大学有学者在翻阅校内收藏的有关拉铁摩尔的资料时还感叹道,对现在的学者来说,那个政治迫害和诽谤的年代已是那么久远,并且乐观地认为我们应该不会经历另一个"麦卡锡年代"。可是,在今天的美国,党派严重分立,而且如同五十年代的麦卡锡,执政者颇具无中生有、频频制造头条新闻和操纵媒体的手腕,通过介绍这两本书,来好好认识拉铁摩尔这位在麦卡锡年代不弯腰、不屈膝的学者,最合时宜不过。

最近,我才得以仔细阅读纽曼的《欧文·拉铁摩尔与美国何以"败走"中国?》。适值新英格兰的隆冬,天寒地冻,我驱车送孩子到波塔肯特的一家画室参加活动,而我自己随即钻进街边的一家咖啡店坐下,读完此书。最后一章写的便是拉铁摩尔从英国剑桥移居新英格兰安度晚年的日子。拉铁摩尔从二十五岁便开始穿越亚洲内陆的高原、沙漠和戈壁险滩,游走世界多处,而在暮年,他回到了美国,定居新英格兰。正是眼前大西洋岸边的这座宁静的海湾小城,为这位行万里路的游牧学者,留下一处永久安身歇息之所。

本文的部分内容以《拉铁摩尔在麦卡锡年代》为题,发表于《读书》2019年第3期;部分内容以《游牧学者拉铁摩尔在新英格兰》为题,发表于《文汇学人》2019年11月18日。

# 丹尼尔·艾伦与钱锺书的一段书缘

# 丹尼尔·艾伦与钱锺书的一段书缘

我有幸认识丹尼尔·艾伦（Daniel Aaron）教授是在他去世前半年。

2015年秋天，赵一凡先生从北京回到母校哈佛，要逗留几周。赵老师说他需要到图书馆查些资料，但此行最重要的任务是来看望他的导师——三十多年前就从哈佛大学英美语言文学系荣休的百岁老人丹尼尔·艾伦。我在校的时间不算短了，可还真的是第一次听说校园里还有一位年过百岁的教授。满怀好奇，翻开旧校报，得知艾伦是哈佛大学唯一的百岁教授，而且他还坚持每天来办公室。

赵老师到了后，来我办公室兴冲冲地说，艾伦教授有两本藏书，钱锺书送他的，有钱先生的签名、题字和印章。老先生有意捐给学校的怀德纳图书馆（Widener Library），但赵老师劝说，这两本中文书还是送给哈佛燕京图书馆（Harvard-Yenching Library）更合适。艾伦听着在理，一口答应。我想见艾伦心切，自告奋勇地说："我去取，给燕京图书馆送去！"于是和赵老师约好时间，到艾伦教授处取书，转交哈佛燕京图书馆。除了为图书馆的善本馆藏锦上添花外，我更想借机拜访这位百岁学者。

丹尼尔·艾伦，1992年
(Harvard Gazette)

按约定的时间，我兴致勃勃上了巴克中心（Barker Center）的二楼。赵老师已在英美语言文学系的过道等着，昏暗的过道中有一道亮光，从唯一敞开着的房间投射出来。我跟随赵老师穿过昏暗的过道，随着亮光走进艾伦的办公室。

霎时有些恍惚，觉得误入一处世外桃源。办公室内没有电脑，也没有打印机。书桌上文稿和信笺散乱放着，只见一台大学通用的老式座机电话，左边角落低处还放着一台旧式电动打字机。艾伦瘦削的身子踏踏实实地坐在轮椅上。据赵老师说，艾伦原来人高马大的，天天骑自行车来校园，可现在来回由校车接送。1992年的校报登载了他的照片：艾伦轻快地把着自行车，满脸笑意。原来是他被窃的自行车失而复得之时拍的。

我说："艾伦教授，非常高兴认识您。您退休了，还每天坚持来办公室，真是用功！"他有点不好意思："哎！我来办公室并不是来干活的，其实是来睡觉的。刚准备动手写点东西，就犯困，打了个盹醒来，往往就很难收回精力。费了好大劲才回想起刚要做的事，所以办公室是来了，可做不了什么。"赵老师说："丹，这就对了。西藏的活佛就这么过日子的，似睡非睡间完成修炼！"（后来细读艾伦教授的自传才明白，他上中学时好猎奇，最向往的是西藏和巴布亚新几内亚等神秘异境。）

哈哈大笑声中，艾伦就把事先准备好的两本书交给了我。书放在学校常用的资料袋里，硬皮纸袋完好无损，但一看光泽褪尽的绛红色就知道时日已久。他并不懂中文，但这么多年，他一直珍藏着钱锺书送他的这两本书：一本是人民文学出版社1980年出版的《围城》，另一本是上海古籍出版社1981年出版的《旧文四篇》。两本书的扉页都有钱锺书用毛笔写的题词和签名。写的是英文，却带有中文书法的笔锋。

钱先生在《围城》的扉页上写着：

To Professor Daniel Aaron, an abiding Humanist in the Age of "insane specialization in the Inanities"
from Ch'ien Chungshu
Peking Jan. 20, 1981.
钱锺书敬赠

> To Professor Daniel Aaron, an abiding Humanist in the Age of "insane specialization in the Inanities"
> from Ch'ien Chung-shu
> Peking Jan. 20, 1981.

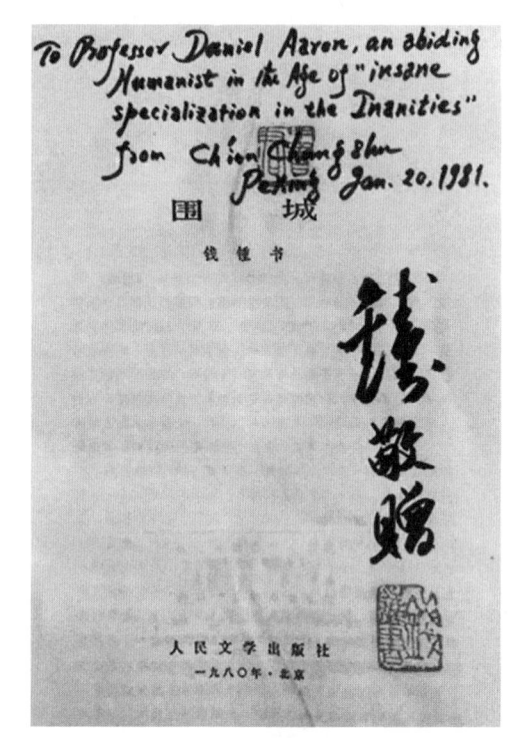

《围城》扉页（Harvard-Yenching Library）

> To Professor D. Aaron,
> In the present case the curse of Babel is for me a blessing in disguise because I shall not be found out!
> Ch'ien Chung-shu
> 21. i. 1981.

《旧文四篇》扉页（Harvard-Yenching Library）

在《旧文四篇》的扉页上写着：

To Professor D. Aaron,
In the present case the curse of Babel is for me a blessing in disguise because I shall not be found out!
Ch'ien Chungshu
21.1.1981.

书拿在手里，我先想到了1979年4月钱锺书先生曾来访哈佛大学。北京大学的高峰枫和南京大学的卞东波就此写过文章。当时钱锺书来时见过好几位教授，比如韩南（Patrick Hanan）、海陶玮（James R. Hightower）和方志彤。于是我自以为是地认为这两本书肯定是当时钱锺书见艾伦时送的。但是后来仔细看了钱锺书先生落款的日期，才知道那是钱锺书访问哈佛近两年之后的事。谈话间，艾伦提到他当年初次到北京，中国社科院派员接他时惊奇的模样。想来这两本书是艾伦后来走访中国社科院时钱锺书送的。

见艾伦后不久，我来到学校珍藏档案的霍顿图书馆，调出艾伦的材料，查看后知道书是1981年艾伦第二次访问中国社科院时钱锺书送给他的。当时是中国改革开放后中美学者互访的一个黄金时段。钱锺书1979年访美。1980年和1981年艾伦相继两次访问中国，1980年是前往讲学，1981年则是作为美国社会科学代表团的成员。尤其是1980年那一次，艾伦在中国待了整整一个月，他去了北京、西安、上海、杭州和广州，应邀在中国社科院、北京大学、陕西社科院、上海社科院、上海师范学院、复旦大学、广东社科院和中山大学等多处讲学。1980年6月4日去复旦大学外文系讲爱默生和索尔·贝娄,对此,八十年代从复旦大学前往哈佛大学攻读比较文学博士的叶扬先生在一篇回忆文章中写道:"那一年六十七岁的他,叼着烟斗,侃侃而谈。当日的讲题是美国现代文学……袅袅烟云中,他奕奕的神采,潇洒的风度,渊博的学识,给我留下了极为深刻的印象。"[1]

艾伦是哈佛大学培养的第一位美国文明专业的博士。他于1912年出生在一个从俄罗斯移民美国的犹太家庭,儿时从芝加哥搬到好莱坞。十岁时就失去了父母双亲,之后又回到芝加哥完成中学。在密歇根大学完成本科后进入哈佛大学研究生院,那时他的老师是骑着马来校园的。1939年,他尚未完成博士学位就开始在麻州的史密斯学院(Smith College)任教。他在那里一直待到1971年才离开,应聘回到哈佛大学,任教于英美语言文学系。艾伦静观世事兴衰,深谙学界内外变迁,可谓美国近百年史的见证人。从远处说,三十年代末艾伦在研究生院当助教时,曾经批改过肯尼迪总统在哈佛上本科时所写的美国文学课论文。就近处看,2010年因其在美国文学和文化方面的突出成就,奥巴马总统授予他国家人文奖章(National Humanities Medal)。在艾伦的档案中,我还读到了海伦·文

---

[1] 原刊于《文汇报·文汇学人》,《澎湃新闻》2015年4月24日转载,https://www.thepaper.cn/newsDetail_forward_1324400。

德勒（Helen Vendler）教授的贺词："大家都知道你是美国文学和文化史的专家，对学术事业锲而不舍，公正无私，总是站在大众的一边，从日记、报纸和趣闻轶事中寻求自己独特的角度来揭示民众对时事的不满和讽喻。"[1]

赵一凡在的那段时间，又给老师做中国菜，又带他上中国餐馆。不久，他回去了，我惦记着这位百岁老人，午休时抽空跑上巴克中心的二楼，看看过道上是否有从艾伦办公室透出来的亮光。只要他在，办公室的门总是敞开着的。

深秋又一个大好晴天，我再次来到艾伦的办公室，把哈佛燕京图书馆收到他捐赠藏书的致谢信交给他。我跟他说，中午时分我匆匆来过几次，但是碰巧他都不在。他说最近身体时好时坏，并不能天天来。我看他脸上有些倦意，就问要不要来杯咖啡。他看着我，殷切地说："那实在太好了！可我真的不好意思麻烦你。"我赶紧说："不麻烦，不麻烦。这边过去到星巴克很近的。请稍等，我马上回来。"我跑出巴克中心，急速走过麻州大道。在星巴克前走过，想了想，虽要多走上五分钟，还是让艾伦尝尝来自伯克利的比兹咖啡（Peet's）吧！艾伦边喝边说："身在校园的中心，去哪儿都方便，可又觉得自己离世事已很远很远。"[2]

我跟艾伦提到，钱先生的太太杨绛也健在，和您年纪相

---

[1] 丹尼尔·艾伦档案，哈佛大学霍顿图书馆藏。
[2] 艾伦教授的同事、研究美国诗歌的海伦·文德勒教授在纪念艾伦教授的晚宴上说："生命中的最后两年，他每天都出现在哈佛的办公室里，会有世界各地的朋友和熟人给他打电话，同他交谈，对他而言，这是一种友谊的表示。"

仿，同样勤于笔耕。艾伦说："对呀，不过我比她还小两岁呢！"我们聊着，又进来了一位政治学系的教授，也是抽空来看他的，向他介绍学校最近的新闻。话说"政治正确"的风潮行之过甚，再加上近来高校内的种族问题再度敏感，校方正在考虑更改本科生宿舍舍监（house master）的称谓。"Master"的叫法将停止使用，只因这有可能会引起与种族歧视相关的误解。艾伦只是静静地听着，似乎在琢磨着这股日渐高涨的风潮。

转年夏天，在外跑了一大圈后刚回到学校就收到赵老师的电邮，得知艾伦老先生4月底走了。而5月末，在北京的杨绛老人也走了。八十年代初中国的大门打开后，艾伦走访北京，认识了钱锺书和杨绛夫妇。生活在地球两端的一些学富五车的大学者，终于得以走到一起，多么难得！而今，几位老学者相继都走了。

艾伦带走了沉甸甸的学问，也带走了一个世纪的光华和沧桑。我从图书馆借来2007年出版的艾伦自传《美国学者》（*The Americanist*）[1]，读了两遍。他成年后历经十四任美国总统，书中对他们做了惟妙惟肖的描述和评论。

罗斯福当选之前，他一直觉得总统竞选犹如节假日一般稀松平常，周而复始，远不如重量级拳击决赛和一年一度的美国棒球大联盟冠军赛来得精彩。对罗斯福之后的历任总统，他有不少坦率而又精辟的评说。比如，尼克松对他而言始终是一个

---

[1] Daniel Aaron, *The Americanist*, Ann Arbor: University of Michigan Press, 2007.

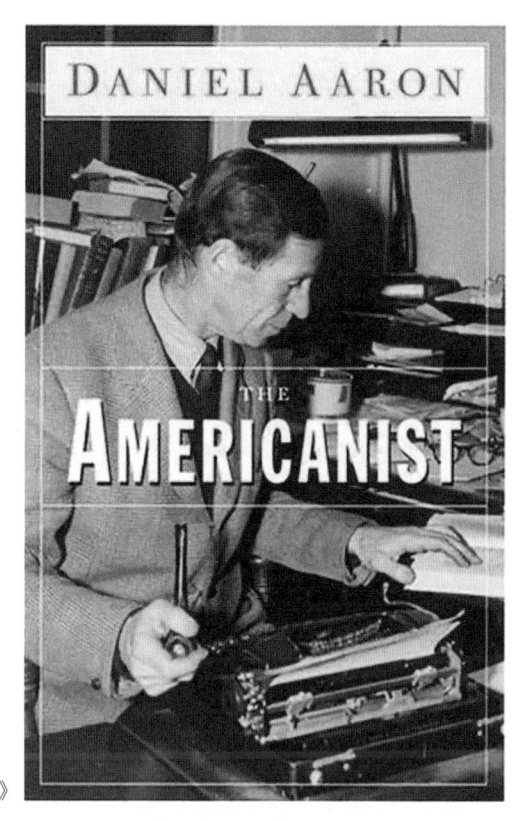

艾伦自传《美国学者》

难解之谜。作为一个传统的保守派人物，尼克松的个性复杂，因此倒比一般的共和党领袖有趣得多。电视上的和生活中的尼克松形象相左，他缺乏感染力而又竭力指望通过言辞表达其诚恳和清白，再加上他时有的莫名其妙的谨小慎微的举措，令人纠结、费解。艾伦紧接着写道，尼克松辞职后继任的福特总统说不上有任何伟大之处，但是他至少理顺了前任留下的政界烂摊子，以其简单、坦率、友好和正当的态度重建起国民对白宫的信任。之后的卡特，在艾伦看来，是美国总统列队中的另类，他坚强、睿智并有信誉，但更为亲切的是其来自佐治亚乡村的"木匠"形象。其后，艾伦不得不承认里根以他"山姆大叔"的形象和轻松、热情及亲和的神态赢得了共和党，甚至一些民主党的支持，好莱坞的演技无疑帮他在电视屏幕上频频赢得掌声。但是，作为一个倾心左派的知识分子，艾伦认为里根的走红归根结底只能说明这个国家易于蔓延"流行病"。麻州州长迈克尔·杜卡基斯（Michael Dukakis）竞选总统时败给老布什让艾伦很失望，可如他所料，即便老布什能力平平，言行缺乏诚意，但是布什家族拥有的巨资、里根引发的"流行病"以及选民物质至上的心态，再次把一个平庸、缺乏自信、没有想象力但富有政治野心的共和党人推入白宫。

写到比尔·克林顿，他的笔调开始兴奋起来。多年之后，终于有一位年轻而富有活力的民主党人入主白宫，连克林顿的南方口音都足以让他开心。他借用爱默生的话说，克林顿就属于那种人高马大、富有能量的男子，既理解大众，又懂得议政，谈论贸易、法律、战争和宗教信仰，无所不能。他们要的是权力，而不是蜜糖。艾伦总结得极妙："但是对克林顿来讲，权力和蜜糖两样，他都要。"这当然给他带来了莫大的麻烦，同时也把他那位"漂亮刚强、引人注目而又令人敬而远之"的太太推上了媒体聚焦的中心。

2016年大选半年前，艾伦先走了。作为一位自由派的知识分子，没听到那位"漂亮刚强"的女士落选的消息可真不是坏事。面对这场史无前例的选举的结果，难以想象艾伦该有怎样的感叹，不过，他其实在书的结尾处已明确给出了两个美国的图景："一个是山姆大叔的国度，勇猛无畏、不可调教，蛮横无理而又野心勃勃，外显文明，内藏野蛮；而另一个美国说的就是一个有福的国度，一个英雄和小丑共享的家园，一个乐观、友善、好客的民主之邦。"艾伦心目中认同的当然是第二个美国。美国大选落下帷幕，今天，面对"勇猛无畏、不可调教，蛮横无理而又野心勃勃"的山姆大叔重又打道回府，我们也不应惊慌失措。

话说回来，《美国学者》一书中最为精彩、读来让我感同身受的还是艾伦笔下的史密斯学院及其所在的新英格兰小镇北安普敦（Northampton），怀旧却并不感伤。他对二十世纪四十年代至六十年代麻州西边北安普敦的人文学界以及学者之间的亲密交往，做了细致入微的描述。当然，身为美国历史和文学方面的资深学者，艾伦教授深谙美国总统史。他把这和自己在北安普敦的时光糅在一起，栩栩如生地记下了起家于北安普敦镇的柯立芝（Calvin Coolidge）总统漫步小镇街头的场景，也提及南希·戴维斯（Nancy Davis，即后来的里根太太）和尼克松的大女儿朱莉·尼克松（Julie Nixon）先后入学史密斯学院的经历。2016年秋天郊游时，我来到了这座小镇。眼前层林尽染，落叶开始飘零，新英格兰的郊外风景依旧。史密斯学院内、北安普敦小镇的路上，可有艾伦的足迹？

本文始刊于《读书》2017年第1期。

史学文人的领衔者

怀念孔飞力教授

四月的麻州康桥镇冬寒未退,沿着柯克兰街去哈佛园内的纪念教堂参加孔飞力(Philip A. Kuhn)教授的追思会。十五年前同样的一个四月天,孔老师在我的博士论文证书上签字后,我从他的办公室跑出来,兴奋地急步穿过的也是这条街。眼下,原先欧洲研究中心路边丛生的丁香花多半被园丁给砍掉了,而玉兰花苞仍在冷风中哆嗦。只有耳边的阵阵鸟鸣依旧。

一

我是孔飞力教授在哈佛大学东亚系任教后期的学生,拜孔教授为师是在哈佛大学文理研究生院上博士班二年级时。刚开始博士班时,我仅仅注重藏文和狭窄的藏学专业课。为了拓宽研究视域,在范德康(Leonard van der Kuijp)教授的鼓励下,我决定去修孔老师的课。

跟孔老师修的第一门课自然是他的清史档案阅读研究课。清史档案课是哈佛为中国近现代史研究生开的招牌课,始于费正清之时,专门引导学生利用清朝档案做研究。费正清退休之后,二十世纪八十年代开始由孔飞力教授授课。他们合编了这门课的教材，教材中包括对清史档案的选编和不同种类的介绍以及基本词汇的中英文对照。每个学生课前得对课上研读的清朝的原始档案做好充分的准备，提供相关历史事件的背景知识，准备好译文，轮流讲解一份份清朝档案。期中过后不久，每个学生得约见孔老师，一对一谈论学期论文的选题和采用的史料。接近期末时，每个学生有机会向同班同学介绍论文的构想、论点以及使用的原始材料，然后得到同班同学的反馈，以便对学期论文做最后的修改。这门课结束之时，我以乾隆年间廓尔喀战争期间的汉藏关系为题，写了学期论文。采用的主要史料有《清实录》《钦定廓尔喀纪略》《宫中档》等。后来，论文中涉及乾隆晚期治藏策略的部分纳入了我的博士论文。

这门课一上完，我直截了当地告诉孔教授自己要把清史加入博士生资格考试的想法，并请他担任我的大考和博士论文评委，孔教授二话没说就答应了。接着我又修了他为准备资格考试的博士生开的中国近现代史研究讨论班。那一年这门课上刚有杜克大学历史系的穆素洁（Sucheta Mazumdar）教授来历史系客座，在她分享自己构思《中国：糖与社会》一书的经历时，孔老师也谈了他写《叫魂》一书的来龙去脉。两位老师都说，做史学一定要有开放的眼光和视角，尽量从看似毫无关联的事件和区域中寻得内在的联系。[1]

---

1 Sucheta Mazumdar, *Sugar and Society in China: Peasants, Technology and the World Market* (Cambridge, MA: Harvard University Press and Harvard Asia Center, 1998). 中译本为《中国：糖与社会——农民、技术和世界市场》（叶篱译，广州：广东人民出版社，2009）。Philip A. Kuhn, *Soulstealers: The Chinese Sorcery Scare of 1768* (Cambridge, MA: Harvard University Press, 2006). 中译本为《叫魂：1768年中国妖术大恐慌》（陈兼译，上海：上海三联书店，1999；北京：生活·读书·新知三联书店，上海：上海三联书店，2012、2014）。

和其他教授的研究生讨论班不同的是，孔老师的课上总有不少亚洲来的学者。对来访哈佛燕京学社的东亚学者想要参加他的研究生讨论班的请求，孔老师总是慷慨相允。历年来，他不仅时常仔细审阅哈佛燕京学社访问学者的申请材料，提供中肯的评审意见，推荐优秀的年轻史学者，还在入选的学者在哈佛逗留研究期间，请他们参加自己开的研究生讨论班课，不时和他们切磋、讨教。

在计划和准备博士资格考试时，孔老师在我准备的阅读书单上，特意添加了几位美国年轻学者颇有影响的专著，比如米华健（James A. Millward）写新疆和盖博坚（Kent R. Guy）写《四库全书》编撰的专著。此外，他还特别强调："可别忘了列入中国学者的专著，比如戴逸、王锺翰先生的书，还有韩国的汉学家闵斗基的专著，也得读。"孔老师一直强调，他的研究离不开和中国史学学者的密切合作和切磋，对韦庆远和鞠德源等先生的协助，他深怀感激，并且时时提醒我们，不能忽略中国史学家在领域内做出的独到的贡献。

博士生资格考试完成后，写论文期间我还不时在他每周的办公时间登门求教。在论文即将完成的那一年，还修了他一门题为"海外华人"的会议式课程，这门课把清史和清朝后半期的边疆移民史纳入修课和研究的范围。他当时正在著述一部与此相关的中国近现代移民史。[1] 学期末布置学期论文时，孔老

---

1　Philip A. Kuhn, *Chinese Among Others: Emigration in Modern Times*, Lanham: Rowman & Littlefield Publishers, 2008. 中译本有：《他者中的华人：中国近现代移民史》（李明欢译，南京：江苏人民出版社，2016）；《华人在他乡：中华近现代海外移民史》（李明欢译，新北：台湾商务印书馆，2019）。

师对每个同学说，上交论文时麻烦大家多印一份，因为他正在写的海外华人专著，需要参考和借鉴所有学生有关这一议题的论文。他的诚恳和认真，令我记忆尤深。

在这门课上，他时不时会走题，做极有趣的点评。他说，海外华人可以说是一批迷失在不同文化之间（lost between civilizations）的移民群，他还由这个话题引申到常春藤盟校在录取亚裔方面的不公做法。让我难忘的还有他对双关语的熟识以及惯有的诙谐、幽默的调侃。他信手拈来"Pacific War"和"Burger King"两词，说是这有多滑稽和讽刺——两个意义相左的词放到一块儿，称呼一场众所周知的战争和一家快餐店！"Pacific War"的说法能理解，但对"Burger King"的说法多年来一直不解，总想到下次见孔老师一定问问他，可一忘再忘。最近阅读中看到了"burg(h)er"（欧洲的自由民）一词，才恍然大悟孔老师妙用的幽默。

二

孔飞力教授是中国近现代史的专家。早年在费正清门下就学，1964年从哈佛取得博士学位以后就职于芝加哥大学，担任中国史教授。1978年告别芝加哥大学历史系，回到哈佛，担任东亚系的弗朗西斯·李·希金森历史学讲座教授（Francis Lee Higginson Professor of History）。七十年代末，中国学尚未正式起步。1978年孔老师置身神学街2号后，校报马上报道说孔老师的到来意义重大，并且说他将引领哈佛中国学的发展。两年后，孔老师出任东亚研究中心（费正清中国研究中心的前身）主任，历时六年。正如人们所说，他对哈佛的中国学的拓展起着举足轻重的作用。

孔飞力教授是哈佛大学东亚系的一位领衔教授，他带的学生很多，每周两小时的办公室时间，他位于东亚系二楼拐角处的办公室门外过道上总是站着好多学生，耐心等着向孔老师见面求教。他的办公室内三面堆满了高及天花板的藏书，窗户对着神学街和柯克兰街，窗外就是校区里最高的威廉·詹姆斯大楼。他总是把收到的好多资料和书籍慷慨相赠。每隔一段时间，他会把大堆中国近代史研究资料或是自己不用的书籍拿到课堂，分给学生们。有时，他索性把大堆书放到办公室门外，见者有份。往往他刚把书放下，转眼就被学生抢光了。孔老师晚年身体欠佳，但仍一直惦记着他的藏书何去何从。直到后来亲友同事帮着安排妥当，捐赠给学校的图书馆，分送给同事和学生之后，他才安下心来。

他曾多次对我提意见，写论文时一定要先想到读者，学术文章同样要写得生动易读，千万别把一个饶有趣味的故事写成一篇干巴巴的论文。孔教授出版于1990年的《叫魂》，几乎成了学生做论文的范本，而且其中文版成为中国史领域的一本畅销书。不管目标读者是专攻中国史的学者，还是想了解中国历史的普通读者，孔老师的著作总能做到行文简洁，论述深入浅出，即便是纯学术作品，读来也毫不枯燥。孔老师说，易读的学术书写起来可真不容易，得花好多时间反复琢磨、推敲，一改再改才成。

孔老师对我的博士论文初稿的指点，我铭记在心。他说："论文是可以的，但不要忘了你的论文并不仅仅是写给领域内的十来位'已经得道的专家'（enlightened specialists）看的。"他建议我在论文开篇补叙，介绍十八世纪清朝与蒙藏地区的地缘政治形势的大致情况，以便读者在进入多仁家族的盛衰史之前，了解一下那一时期清朝边疆地缘政治的基本形势。他每每提醒，读者并不了解作者的专业背景和学术用语，所以一定要把事件的前因后果向他们交代清楚。孔老师接着更是语重心长地说，我们学者写东西可得想到更广的读者群，要知道他们也愿意读，因此要写得清晰易懂。

论文完成的证书上需要三位导师的签字。在范德康和欧立德（Mark Elliott）教授爽快地在证书上签上大名后，我约见孔教授。我按约定的时间到他的办公室，他先让我坐下，然后自己去东亚系的行政办公室交代一些系务（孔教授那几年任东亚系主任）。我坐着等他来，心里惴惴不安，唯恐博士论文中有大的偏差，尚需大幅度的修改。我越等越急，越急越觉得时间都凝固了。窗外初春的阳光慷慨洒入，办公室内书架上排满的书籍，此时在我眼里却显得格外沉重，还有构筑在窗外冷气机上鸟窝里放肆的鸟叫声在等待中更觉嘈杂，倍添我的不安。

不久，孔教授回来了。我站起来，赶忙递上博士论文批准证书。他先道歉，说真不该让我久等，然后说，论文开头加了十八世纪初清朝满蒙地区的地缘政治概况那一段，上下文读起来就流畅多了，然后他在我的论文证书上签了名。我一边连连道谢，一边接过证书，和孔教授告辞。我跑出东亚系的大楼，如释重负，转身上了柯克兰街。浓郁的丁香花的芬芳让我感到清新，牛津街口科学中心前那块空地忽然显得格外开阔。进入哈佛园内，阳光下校园内交错的小路一下子显得井然有序。

## 三

博士论文一完成，我就开始在哈佛燕京学社工作，曾有两年在波士顿大学和威尔斯利学院兼职教中国史课。其间正值孔教授给本科生上中国通史大课。哈佛东亚领域的老师们都知道这门始于费正清和赖世和的课俗称"水稻田"课。一旦有空，我就会到哈佛楼去听孔老师上课，为刚走上讲台的自己充电。那时我时常会在教室里或是东亚系楼内外见到他。孔教授年逾古稀，满头白发，但是总是背着双肩背包，精神抖擞，迈着大步子。

我在内亚系做的一次演讲，孔老师百忙中拨冗前来参加。那时我正为是否接受南部一所大学的教职而犹豫不决，便向他请教。他先是以惯有的诙谐口气跟我说："这可是第一次任教的好机会。你不去的话，我去！"后来，思前想后，我回绝了那份教职，告诉孔老师时，他不仅理解，而且鼓励我说："相信你一定会找到自己称心如意的工作的。"

在我开始工作不久，哈佛的中国史同仁失去了钱金保同学。他从苏州大学历史系毕业，来哈佛攻读博士学位之前在第二历史档案馆工作，深谙档案史料及其运作。和他一起上孔老师的清史档案课时，他有关中国档案的小故事，给大家带来不少乐趣。钱金保毕业后在日本研究中心做博士后期间，一天在麻省理工学院的羽毛球场上，因突发心肌梗死离世。孔老师在他的追悼会上讲，中国社会的传统就是这么悠久而根深蒂固，从偏远而贫穷的苏北农村也能走出精英，草根里出了这么优秀的史学者。他走了，这是我们大家的巨大损失。在座的家人和师生闻之无不落泪。

2007年5月3日，孔飞力教授上了荣休前的最后一堂研究生讨论课。我收到了历史系沈艾娣（Henrietta Harrison）老师的邮件，告知这堂课后会有一个小聚会，庆贺孔教授在哈佛历时三十年的教学生涯。我们几位已经毕业但还在校园任职的老学生，沈艾娣和东亚系的普鸣（Michael Puett）老师，还有课上

孔飞力老师最后一课

的学生们，同聚在柯克兰街9号小楼的研究室，举杯庆祝孔教授荣休。虽然孔教授此后不再正式授课，但是我们一直在校园里相见。之后我们几乎每年都在东亚系一年一度的毕业典礼上碰面，共进毕业午餐。

孔教授退休后虽然来学校不如以前频繁，但他对哈佛燕京学社的访问学者情有独钟，总抽时间和他们聊研究课题，虚心向他们了解中国国内最新的史学动向，一如既往，孜孜不倦。一旦学生、学者们提到自己的研究深受孔老师的启迪时，他总是以谦谦君子的风度，连连说："不敢当，实在不敢当。"每当收到来自中国清史学者远道而来的问候时，他总是向我们介绍这位学者的研究领域，并给予慷慨的评价。

那时我们每年都邀请东亚系的教授来学社，和访问学者座谈，聊他们的学思历程和现在的研究课题。只要日程能排开，孔老师总欣然前来，畅所欲言，和来自东亚的学者们聊他的最新研究。2007年和访问学者的座谈会上，他聊的是即将脱稿的《他者中的华人》一书。2008年秋天，他和我们谈的是对中国宪法史研究的一些想法，这是他完成海外华人史之后的一个新的研究方向。

2008年春，学术界期待已久的《他者中的华人》面世，被列入了裴宜理（Elizabeth J. Perry）教授主编的"东亚国家的中央与地方关系"丛书。大家在费正清中心的大厅欢聚一堂，为他办了新书庆贺会。孔老师历来对自己的作品精益求精，和我们交流，表示自己对几个细节略抱憾意。

## 四

追思会上，来自世界各地的中国史学者在哈佛纪念堂内济济一堂，怀念孔老师的治学为人。柯伟林（William Kirby）教授写道："我做文理学院院长时，菲利普（即孔飞力）是东亚系的系主任，但我倒觉得我有必要向他汇报（以听取他的意见）。"宋怡明（Michael Szonyi）教授的研究曾经涉及闽南及温州地区的历史，孔老师和他聊起研究时，还特意让他和我聊聊温州，说我是当地人。他在悼词中说："菲利普是一个很棒的学者，而更让我难忘的是他对我和我的家人的善待，还有他的睿智。他的诙谐、幽默，对一位史学家来说，又是多么难得。"孔老师治学严谨，对己对人都是如此，而在师友、同事和学生急需之际，他又最善解人意。

最近东京大学石井刚教授在哈佛燕京学社做的学术演讲中解析他对"文"的理解："文"实际上蕴含学术团体（community）之意。就此我联想到孔老师为"文"的一生。孔老师走了，他的银发和挎着双肩包在神学街上走过的身影不再，哈佛广场上他常和同事用午餐的卡萨布兰卡（取名于他最喜爱的影片）餐馆和燕京餐馆也都已消隐于闹市，但是他毕生从事的"文"业永存。这不仅包括他少而精、部部影响深远的中国社会政治史的论著，还有他多年来带出的一批又一批的学生。孔飞力教授在芝加哥大学历史系任教十五年，也在剑桥神学街走过了将近四十载。这么多年来，跟随孔老师的莘莘学子中，走出了一批批举足轻重的史学者。他们组成了一个中国史的学术团体，承载着孔老师几十年学术生涯中的言传身教和学术风范。

二十六年前，孔老师在《叫魂》一书的开篇写道："中国已将保存清代文献的巨大宝库向来自世界各国的研究者开放。这确实可被视为现代学术史中的一大壮举，无疑对我们了解人类社会生活的状况至关重要。对其重要性的认识，我们才刚刚起步。"孔老师当时对中国的史料对外开放的乐观话语，至今听来，犹如空谷足音，对今天的中国人文学界而言，弥足珍贵。世事更迁，难以预料，可从事人文学自始至终就是一门孤单、寂寞的行当，需要学者经年独坐冷板凳。正是有了孔飞力老师这样的领衔人，史学文人才不再落寞。

本文始刊于《文汇学人》2016 年 7 月 15 日。

陈庆英老师,从德令哈来……

动荡、慌乱的四月。短住纽约，半隔离中等待核酸检测结果，等候机票，急着回国看望病中的父亲。惊闻陈庆英老师离世的噩耗，无比痛心。和陈老师的女儿小华联系，得知老师走得安详、宁静，才稍得安慰。

第一次听说陈庆英老师该是在二十六年前。1996年初，我在川藏、青海和内蒙古转了近一年后返回哈佛继续我的学业。那时范德康教授刚被聘为藏学教授，我们这批博士生终于有了领路人，他给我们开藏文典籍精读课，就在哈佛广场教堂街52号的梵文和印度研究系二楼。那学期，我们选读的是《汉藏史集》。除了跟范教授学习欧洲的汉学传统抠字、读典籍的本事之外，印象最深的就是他跟我们介绍陈庆英老师："研究元史、蒙藏关系尤为出色的学者，来自青海，太太是青海蒙古族。"我在藏学领域刚刚起步，于是迫不及待地去查找陈老师的著作，开始研读陈老师和王辅仁先生合著的《蒙藏民族关系史略》。这部书出版于1985年，第一次把十三世纪至十九世纪中叶，元明清时期的蒙藏历史讲得一清二楚，生动地叙述了多民族互动的进程和蒙藏民族错综复杂的漫长历史，我深深受益，之后多年反复参阅、引用这本书。

而我第一次见到陈庆英老师是在来年的夏天。我们几位博士生和范德康教授一同参加第五届北京国际藏学研讨会，而陈老师和我都在历史组。他发表了以《西藏首次遣使清朝史实探讨》为题的论文，对1639年清朝入关之前的满藏接触做了深入浅出的分析，而我利用《多仁班智达传》中讲述的驻藏大臣策巴克受贿一案，讨论乾隆年间清朝官员和西藏地方权贵的关系。会后，与会学者一起参观中华民族园时，我才有机会和陈老师交谈。他提到，我做博士论文还可以到第一历史档案馆，参阅有关的汉文和满文资料。我们一见如故。

后来范教授曾和我提起他和陈老师相识的缘分。当年范教授还在西雅图的华盛顿大学任教时，看到陈老师藏译汉的《汉藏史集》《萨迦世系史》以及一系列有关萨迦派帝师和元朝蒙藏关系的富有开创性的论文，特意让他在青海任教的一位学生去西宁，登门拜访陈老师。后来在1991年首届北京国际藏学研讨会上，他们第一次见面，果然发现彼此有那么多共同的研究兴趣。

1999年春，范教授在哈佛燕京学社的资助下，邀请陈老师来哈佛合作。陈老师和师母永红来到波士顿，入住萨默维尔镇默多克街。陈老师和我时常互相走访，记忆中的那个夏天，我刚做了妈妈，有陈老师来访学，和同学们一起特别热闹。我们还一起聚餐、包饺子，师母的牛肉胡萝卜馅饺子特别鲜润，咬一口，油渍渍的馅儿里喷出那个鲜香味儿，以后再也没尝到如此美味的饺子了。我跟陈老师说，他来了真好，有那么多问题可以当面向他请教。我们每次坐下来就会慢慢聊开，真觉得从他那里得到的全是藏学的珍宝，而且一旦谈开来，并不是书呆子般一味聊学问，更多是在聊家常中讲起各自研究兴趣的来由。师母不时从旁补充，给陈老师慢悠悠的叙述添加了不少饶有意趣的独特经历。

陈庆英老师祖籍广东台山。他的父亲在南京中央政治学校上学时，正逢抗战，又因祖父去世，前往越南扶柩回籍，战乱间无法返回南京复学。后几经波折，他的父亲从云南大学毕了业，而后前往四川工作，在南充安了家。陈老师是在南充出生、长大的（因此带有一口浓重的四川口音），1958年他上高一时，举家迁往青海。他回忆说，当时一家六口仅靠父亲的收入，家境拮据，而青海当时倒有不少工作机会，高三时他曾一度想从西宁高中退学进工厂，但是在沧石校长的帮助下，他坚持到了毕业，并顺利考入青海民族学院新创办的物理系，第一次有机会和青海的蒙古族和藏族接触。尽管六十年代初的青海民院数理化系科教学条件差，起步维艰，但从内地高校下放来的"右派"老师们却能按照大学课程正常授课。1961年下半年，青海的一些大学下马了，但他所在的民院保留了下来，不过规定只为藏族牧区培养中学教师，因此学校要求学生用一半课时修藏语——先学字母、拼音和基本文法和口语会话，然后深入牧区学藏语。陈老师第一次有机会体验藏族牧民的生活。

在中国藏学研究中心（以下简称"藏研中心"）的央珍做的访谈中，陈老师详细介绍了那时和藏族牧民一起吃穿住行的经历——他去了青海湖边的共和县倒淌河乡，日月山下的麦乃亥公社，住在牧民家里，几乎没有说汉语的机会。在牧区生活的半年里，牧民干的活儿，他都干，放羊、剪羊毛、拔牛毛、砍柴、烧柴、擀毡子、装卸驮子，学用窝尔多甩石子，用火皮袋鼓风烧火煮茶，还搬过两次帐房，从冬春草场到夏草场，从夏草场到秋草场，还参加牧民的婚礼和生产队的会议。除了学藏语，最大的收获可能是过惯了牧民的生活：夏天在高山牧场皮袄不离身，难得洗衣服而长有虱子、满是酥油味道。吃的方面，他也适应了吃糌粑、羊肉，喝奶茶；住的方面，尽管主人尽力照顾大家，让出帐房里最好的地方，但也是在草地上铺块油布或者垫子，下雨时帐篷还漏雨；行的方面，要学会骑马，还要学会对付路上遇到的牧犬。陈老师后来回忆青海湖边的场景时说："在湖东的秋草场，我们的帐房正对着青海湖，在风和日丽的傍晚，在帐房里喝着奶茶，面对倒淌河入口的河畔草原和大海一样蔚蓝的湖面，看到夕阳慢慢落入湖中，的确是难得见到的美景……我真正体验了高原牧民生活的艰辛和他们的善良、乐观。我们离开的时候，牧民依依不舍，有的还骑马送行一段，好像是送自己的亲人远行。"陈老师对这段生活的感受和记忆，不仅闻之深切，而且实实在在地融入了他日后对蒙藏历史和宗教文化的研究及其著作之中。

从牧区实习回来，青海民院物理系被并到了青海师范学院。之后两年里，陈老师不仅学习藏文版的物理教材，还开始阅读藏族古典文学。那时青海人民广播电台在播放藏文《格萨尔王传》，青海人民出版社和上海文艺出版社还分别出版了《格萨尔王传·霍岭大战》的藏汉文本，陈老师开始从中理解和享受藏文古典文学之美，但是那时他并没有机会接触藏传佛教和历史方面的典籍。1967年，陈老师开始任教于海西蒙古族藏族自治州红卫中学（即现在的德令哈第一中学）和海西州民族师范学院。陈师母永红是格尔木的蒙古族，于是陈老师也结交了不少蒙古族的亲戚、朋友，学了蒙古语的日常用语，住过蒙古包和藏区的帐房。他还带学生参加秋收，在察尔汗盐湖挖过钾肥矿。他日后回忆，那里最可怕的数盐钾滩上的大蚊子。在海西的生活经历构成了陈老师日后难得的研究背景，正如他跟央珍说的，"以后读到这方面的书籍，许多场景仿佛就在眼前，对书中的记述也能够按照生活的实际去理解"。[1] 1978年"文化大革命"后第一次招收研究生时，几乎出于偶然，陈老师报考了中央民族学院的古藏文专业，被顺利录取。他离开了青海，离开德令哈，来到了北京，半路出家步入藏学。那一年，陈老师三十七岁。

陈老师来哈佛访学时我才了解到他步入藏学的经历，之后再读他的论著，他笔下的文字忽地滋生了活力。那时我刚开始写关于多仁班智达家族的博士论文。这一贵族家族史文本写得有趣、生动，不同于藏族传记写作历来重高僧大德的佛教修炼而轻世俗凡事的手法。记得我和陈老师聊起传记后半部中记述的多仁丹津班珠尔进京的经历，包括他染上天花和把汉地的扬琴传回藏区的生动见闻和有趣史事。我一提起，陈老师马上娓娓道来，讲开了天花在汉藏交往史中有着不可忽略的角色，值

---

[1] 这一段介绍陈庆英老师的求学经历，大部分参考并引用央珍对陈老师做的访谈内容，见《中国藏学》2016年第S1期。陈老师的女儿陈立华又帮助添加了一些细节。

陈庆英（左二）随王尧先生等学者一行访问日本大正大学，1990年

陈庆英（左五）和中国藏学研究中心同事在承德，1991年

陈庆英（右一）和邓锐龄、沈卫荣在哈佛，1999年

得深入研究。他提到五世达赖喇嘛进京朝觐顺治皇帝、六世班禅喇嘛经蒙古地区前往承德进而入京时，一路行程筹备和朝觐安排上，事无巨细都得考虑到天花的隐患和后果。陈老师对汉藏史敏锐的学术意识让我豁然开朗。这一议题近年来得到了学界的密切关注，已展开不少专题研究，足见陈老师眼光之深远。

陈老师从哈佛访学回国后，我们一直保持着联系。2001年我完成博士论文后，陈老师曾向我提议，如果国外没有合适的机会，可以考虑回国，到中央民族大学、高级佛学院或藏研中心等教研机构工作。后来我在哈佛燕京学社落了脚，但和陈老师一直有着非常愉快的合作。他先鼓励我把博士论文译成汉文，还自己写了序言和书评，在藏研中心内部出版。2000—

2002年间,我们合作申请到了日本丰田基金会的资助,通过洛克在甘青藏区的经历来研究二十世纪二十年代的甘青民族关系。陈老师特意为我寄来的整套《西北行记丛萃》系列,多年来成了我的案头书。在我翻译《洛克传》时,陈老师为他的三位学生提供了学研合作的机会,让他们帮着翻译洛克和哈佛大学阿诺德树种园主任萨金特教授之间的全部通信,还为我的译作写了序。后来,我们就有关六世班禅的各方史料不断通信,并多次见面交流。一方面,这是我博士论文的延伸;另一方面,陈老师多年来也一直关注对班禅世系的研究,尤其是涉及六世班禅进京及其与东印度公司的交往。他还特别注意到,《六世班禅传》中写六世班禅染上天花而圆寂之前,曾把两位印度瑜伽师召至跟前。这一细节确实打开了研究六世班禅和周边地区交往的一个新的取向。

陈庆英在北京的中国藏学研究中心历史研究所

2001岁末我到北京查阅资料，陈老师带我一起去第一历史档案馆看有关策巴克-多仁家族贿赂事件的汉文档案，并查找满文档案目录。从档案馆出来，陈老师熟门熟路，带我穿过西华门内的一条幽秘小径，左拐右弯就进了故宫。当附近的门卫发现我们来路不正时，在身后吆喝起来，我们加快步子，消隐于宫中。陈老师和我深有默契，意外的冒险给我们查看档案之行倍添乐趣。正值农历新年前夕，藏研中心年前团拜聚餐，陈老师和师母带我一起参加。觥筹交错间，师母从旁轻轻地捅一捅陈老师："老陈，你也过去给人家领导和同事敬杯酒，说几句新年祝酒词去。"陈老师笑眯眯看着师母，不紧不慢地说："这个场合端着酒杯说的话，大家离开酒桌就忘了。"此后每逢应酬难当之际，我总想起陈老师的这番话，于是嘈杂间依然能静静坐着，心里还有说不出来的踏实。

往后多年，我一到北京出差，得空就去看望陈老师。坐上地铁，从惠新西街北口站出来，穿过川流不息的北四环东路，就到了藏研中心大院。他在藏研中心的办公室和后院的寓所成了我在京歇脚、学术充电的最好去处。我总是先给陈老师打电话，他就会从中心大楼后边的宿舍楼下来，接我到家中或是去办公室小坐。常常是先喝茶聊天、叙旧，然后就带我穿过亚运村小区，溜达到他特意选的江浙风味的富春江餐馆，我们边吃饭边聊一些近来国内外的学术动态和彼此近来关注的学术课题。2010年我们一家离开北京回波士顿时，行前陈老师特意送了一幅来自聂塘卓玛拉康寺的白度母唐卡，让我们带上。这幅唐卡一直放在我家中楼梯道最高的一面墙上，每天上下楼，白度母端庄、慈和的面目，温静、怡然的浅笑，还有观十方无量佛土和六道众生的七目，带给我深深的宁静。2016年夏，我到北京出差时又和陈老师在藏研中心的办公室见面，他还是带我去富春江餐馆。记得那天比较热，一坐下，陈老师就要了酸梅汤，说夏日里忙来忙去的，消消暑很重要。陈老师跟我分享最近刚刚完工的《西藏通史》项目，我深知他作为这一项目的总主编肯定付出了不少心血。我还记得他跟我聊起，以后回国可以找个县城，安安静静地住下，读读书，写点东西，生活既经济又便利，还不闹腾，挺好的。怎能想到，那竟成了我和陈老师的最后一次见面！

陈老师近年从北京迁到了四川。他告诉我："我在四川成都的邛崃，《史记》中就有司马相如、卓文君的故事。离成都市区七十公里，现在有高铁可通，半小时到市区。"他还提到，

陈庆英在青海贵南陀乐寺，2017年

陈庆英（左）和范德康在四川邛崃家中，2018年

范德康教授在川大讲学时，还去过他那里。

这两年，我一直想着下次回国就去邛崃看他，体验一下他所说的小县城的安宁日子。2019年夏，故宫博物院的罗文华研究员请陈老师为扎什伦布寺图录撰稿，也让我写一篇有关班禅喇嘛世系研究状况的综述。陈老师让女儿小华发来了他的一篇《受封和朝觐——清前半期的班禅额尔德尼和扎什伦布寺》时，我才得知他病了，住院治疗后刚回家休养。他知道我也为图录作文后，来电邮说："关于六世班禅到九世班禅，确实还有很多值得研究的问题，以后再慢慢做。我把我的文章做了一些注释，主要是藏文资料的出处，请查看。"这确实是汉藏史上一段非常重要的时期，如能以班禅喇嘛的角度出发，还有许多领域可以开拓。得知最后选编时拙文没被纳入，陈老师鼓励

我投给四川大学的《藏学学刊》。在张长虹教授和期刊的编辑同事的帮助下，拙文得以在第24辑刊出。陈老师得知后非常高兴，称赞这些年"《藏学学刊》在学界的影响增大了不少"，并分享了他早年与黄布凡合作的《阔端召请萨迦班智达书信译解兼论其历史背景》一文和他近年与女儿小华合作的《1414年大慈法王奉命进京朝见及永乐皇帝的安排》。陈老师最后一次和我分享的这两篇论文，发表的时间相隔几十年，但是他利用一手史料，以藏史中往往被人们忽略的议题和事件为切入点，行文和史料一如既往的扎实，学术价值依旧。2021年秋，曾和陈老师在藏研中心共事的四川大学藏研所熊文彬教授来哈佛燕京学社访学时，特意带来了陈老师的问候。不久，我又收到了陈老师发来的2022年新年祝福。我期待着不久就可去四川看望陈老师，听他讲最近的研究和著述。可疫情之下，只有遥遥无期的等待，见文如晤，只能有时而翻阅书架上陈老师的论文集和专著。

陈老师离开德令哈，进中央民族学院师从王尧先生攻读研究生时，研读敦煌吐蕃文书中的古藏文资料而写成的《〈斯坦因劫经录〉〈伯希和劫经录〉所收汉文写卷中夹存的藏文写卷情况调查》《一份敦煌吐蕃驿递文书》和《土地面积丈量——试析吐蕃时期的土地制度》等文章，迄今仍有待学界突破。毕业后，他对《萨迦世系史》《汉藏史集》和《朗氏家族史》等重要的藏文史料做了翻译和研究，对元朝的西藏地方制度有了开拓性的阐述和分析，著有《元朝帝师八思巴传》《元朝在藏族地区设置的驿站》《夏鲁的元朝帝师法旨》《卫藏地区的萨迦派和元朝的关系》《元朝帝师制度及其历任帝师》《关于元代西藏的户籍清查》和《元代朵思麻宣慰司的设置年代和名称》等论文和专著，均为研究元朝藏史的开拓之作。之后陈老师在青海省社会科学院工作的十年里，他和王辅仁先生合著的《蒙藏民族关系史略》，他主编的《中国藏族部落》和《藏族部落制度研究》都是研究安多藏区不可或缺的案头参考书。其间他还在塔尔寺藏文文献研究所全力以赴研究塔尔寺的历史文物和碑文，编写了塔尔寺藏文藏书目录，并合作编撰了《塔尔寺概况》。

1993年，陈老师回到北京进入藏研中心历史研究所工作后，研究重点转向元明清时期西藏地方与中央朝廷的关系。他写的有关满蒙藏交往史的《三世达赖喇嘛索南嘉措生平事迹探》《西藏首次遣使清朝史实探讨》和对章嘉·若必多吉与乾隆皇帝的关系等系列论文构成了这一领域重要的研究取向。这些文章和他早些年整理的《五世达赖喇嘛年谱》开启了对历代达赖喇嘛的系列研究，其重要性经久不衰。他还承担了《西藏地方是中国不可分割的一部分（历史资料选编）》《元以来西藏地方与中央政府关系档案史料汇编》《历辈达赖喇嘛生平形象历史》和《西藏通史》等大型课题项目的总主编任务。其间，陈老师由多年的研究积累而著成的《达赖喇嘛转世及历史定制》成为研究活佛转世这一看似熟悉但仍缺乏精深、系统研究的议题的必读之作，曾被译为英文和意大利文出版。近年来，陈老师和王晓晶合写了《瑜伽师浦南吉尔事迹考——从〈六世班禅传〉解读》《六世班禅灵柩回藏考》和《六世班禅东行随从种痘考》等有关六世班禅的论文。此外，陈老师还把一系列重要的藏文史籍，比如《红史》《汉藏史集》《萨迦世系史》《王统世系明鉴》《三世达赖喇嘛传》《四世达赖喇嘛传》《五世达赖喇嘛传》和《章嘉国师若必多杰传》等译成汉文。他的学问意识，对藏文史料孜孜不倦的研读和融会贯通的理解能力，使他得以在藏学的很多领域开风气之先。在自己不断推出研究成果的同时，陈老师还时时提醒学界同仁，藏学领域还有许多尚待深入研究的课题，比如西夏王朝和元朝藏史之密切关系。他很早就向学界提出，西藏的吐蕃王朝和后弘期都有很多汉文、藏文的记载，唯独分裂割据时期没有可靠资料可依，因而造成了藏史研究的一大空缺。为了填补这一空缺，他认为除了了解唃厮啰王朝和古格王朝之外，还需要深入研究西夏王朝，因为西夏是汉藏和蒙古、女真等北方民族夹杂的一个地区，可谓藏族和周边民族交往的一条极其重要的桥梁，它不仅延续和融入了吐蕃王朝的文化、制度，也创造了自己的语言和宗教文化，比如元朝的帝师制度从西夏因循而来，就是一个最好的例证，因此了解西夏，会大大地帮助我们了解这一时期的藏史。[1]

陈老师并不停留于已经取得的学术成果，而是时时关注藏学领域内的新走向。他在藏研中心创办三十周年之际和央珍做的访谈中提到，自2000年以来，他自己原有的学术自信"无

---

[1] 扎西龙主：《西夏王朝与元代藏族历史——访著名藏学家陈庆英先生》，《西藏大学学报》，第22卷第4期，2007年，第1—4页。

形中慢慢消失了，感觉到自己不懂的地方太多了，写文章、做讲座反倒觉得不那么有把握了，不那么敢下笔，不那么敢发挥了"。这实为陈老师谦诚之辞。其实，他的论著和译著，不管是八十年代有关敦煌吐蕃古藏文文献的，还是研究元朝萨迦派帝师和蒙藏关系的，或是他细心辑成的塔尔寺珍藏的藏文典籍目录，或是最近二十年里编撰而成的大型项目和数十年里完成的藏文史籍译著，都是国际藏学界无法绕开的，其深远的学术价值和影响迄今不减。陈老师言及近些年来下笔之难，实际道出了西藏史研究已进入一个新阶段——如何结合其他领域来拓展研究取向和视角，如何把区域史和世界史结合起来研究藏史，已成为现今业内学者致力所向。

陈庆英老师在 1978 年离开德令哈后，从事藏学教研四十余年，他一向严谨治学，谦和提携后辈，在学界有口皆碑。陈老师安详离世而得安息长眠，这是他的大福报。可惜陈老师带走了现今学界实为难得的一片宁静，也带走了那么多有趣的话题和愉快合作的机会。我深深地怀念着他，怀念和老师结识、合作和一次次见面畅谈的愉快时光。往后到北京，何处落脚？去了成都，何以安放再访老师的期盼？老师赠送的白度母唐卡会一直伴着我，护佑我跨过一道道坎。他留存身后的有等身的著作，更有谦卑为文、诚善待人的品德；他的著作和品德定会继续引领着藏学研究，激励业内的后学走得更稳更远。

本文始刊于《澎湃·思想市场》2022 年 6 月 29 日。

布拉特尔书店

二十多年前刚来波士顿求学时，常常会在周末搭乘地铁到城中溜达。波士顿市中不大不小，正适于周末闲逛。在下城十字区（Downtown Crossing），从华盛顿街一拐入西街，就有一家叫布拉特尔的旧书店（Brattle Book Shop）。即便是初来乍到波城的外乡人，也不难找到这家书店。那时去过几次，还曾花了5块钱购得一部大开本的十三世达赖喇嘛年代的西藏摄影集，爱不释手，珍藏至今。后来，有了车子，不再坐地铁去城中了。又有了孩子，添了房子，就更没时间了。似乎再也顾不上去城中闲逛，更顾不上进旧书店悠闲地翻书了。于是，布拉特尔书店也就被甩到了脑后。

不久刮起了一阵亚马逊的旋风。转眼，康桥哈佛广场周围的书店，尤其是旧书店，纷纷倒闭。眼见书市日益萧条，我猛然想起城中的布拉特尔书店，可安然无恙？时下放长假，百无聊赖之际，上城中转转，看看西街的布拉特尔书店还在不在。坐上红线地铁，出下城十字站，上华盛顿街，往右一拐入西街就看到了书店红砖外墙上的作家壁画。书店还在！时光依旧，过去的二十年凝于一时。

布拉特尔书店有着悠久的历史，早在1825年就开业了。

布拉特尔书店外景

最早位于波士顿玉米丘区的布拉特尔街。后来，城建不断，街区翻新，布拉特尔街早就隐没于高楼间了。根据书店老板肯尼斯·科劳斯介绍，这家书店是他的父亲乔治·科劳斯在1949年从当时业已破产的书店老板那里接手过来的，此后这家书店就由科劳斯家所有，掌管至今。后来波士顿城建日益频繁，书店前后搬迁七次，不过，真正的沧桑巨变发生在1982年。那倒不是城建所致，而是在2月的一天凌晨4点，科劳斯一家被电话惊醒。书店惨遭火灾，原有的木质结构的书屋连同数万册藏书一夜间落为一片灰烬。四年后，新的书店在废墟旁落成，也就是现在这家书店所在，而原来的废墟地，现在用来在户外摆放散架书，任读者在露天自行翻阅，每册书的售价1到5美元不等，看中进屋付费即可。

肯尼斯年幼就随父亲乔治在书店里玩耍、转悠。据他父母说，牙牙学语时，肯尼斯说的第一个字就是"书"。提起这桩轶事，肯尼斯自嘲说这故事有些玄，不过他承认，儿时父母言谈间总是离不开有关书的话题。他在波士顿拉丁中学毕业以后上了麻州大学，毕业后原计划到威斯康星大学专攻化学，但那时他的父亲身体欠佳，于是只好先留下来帮忙张罗书店。从此他就再也没离开，一晃四十多年过去。他的太太原来是在书店帮忙的一位伙计，后来和肯尼斯成家后，两人一起经营书店。于是这家书店就成了一家夫妻店。

布拉特尔书店的三层布局，二十多年来没多大变化。一楼出售有关波士顿以及新英格兰地区的地方史和设计、烹饪、艺术史、建筑史、军事史等主题的书籍，也有文学批评和诗歌方面的。二楼有世界文学、游记、宗教和哲学、美国史、社会学、政治学、商业、法律等专业书籍,也有园艺学、自然科学和天文等学科的书,还有不少有关写作的专著。一楼通往二楼的狭窄楼道边墙上,贴满了历年来书店出售的善本书的大幅海报,其中包括1906年的梭罗(Henry David Thoreau)著作的手稿版、玛格丽特·米切尔(Margaret Mitchell)《飘》(*Gone with the Wind*)的首印版和塞林格(J. D. Salinger)《麦田里的守望者》(*The Catcher in the Rye*)的首印版等。三楼是出售善本书的场所,读者只需把随身携带的背包寄存在书店的前台,即可进去随意浏览和翻阅。

和二十年前相比,书店整齐多了,原来一进门地上琳琅满目的美国《国家地理》等杂志和大堆书现在都不见了,所有的书都上了架。虽然再没有在旧书堆里翻书的惊喜,但是为学有专攻的读者带来了很多便利。多年没来,这一次我还注意到书店进门处添了一个橱柜,陈列着几本精选的善本书。即便是关于并非显学的中亚研究,布拉特尔的书架上也不乏一流书。仔细一瞧,单就中亚探险和考察方面,书店竟然收藏有斯文·赫定的好几本书,包括他的罗布泊游记和由瑞典文译来的英文版自传。我还在三楼善本架上第一次看到他所著的《热河》(*Jehol: City of Emperors*)一书,可谓惊喜。特别值得一提的是书店里十九世纪末、二十世纪初甚至更早期的西方人游历藏地边疆的游记收藏之全,实为难得。

这个年代旧书店依然故我,实在难能可贵。说起网络书店,肯尼斯深知,即便具有悠久历史、独特经营风格、忠实的

书店曾收藏和出售的善本

读者以及一流的货源和品味，但是作为书商，他必须正视时代带来的挑战。过去眼见巴诺书店要在街区内几步之遥开张，肯尼斯就觉得如坐针毡，但是渐渐也就习惯了。而今，在亚马逊的冲击下，实体书店几乎要成为历史。

布拉特尔书店能生存至今，不仅在于其悠久的历史、开放的经营网络和一位富有经验的亲手掌管的老板，还有一个非常重要的经济支持就是老板拥有这家书店的地产，没有支付租金的压力。他直率地说，租金的压力是许许多多书店不敌亚马逊的根本原因，仅仅是波士顿城中寸土寸金的地租就使得不少实体书店入不敷出，因资金告罄而倒闭。

哈佛 COOP 书店，2022 年

  上海有福州路，北京有琉璃厂、福隆寺街，东京有神田神保町，可是波士顿并没有一个书店聚集的街区。哈佛广场原来书店密集，但是最近十五年来逐一减少，现在能撑住门面的是哈佛园边上的麻州大道上的哈佛书店（Harvard Book Store）和合作书店（COOP）。原来康桥褚山街上偌大的一家二手书店早就关闭了，而二十年之前保街上的那家专售亚洲学专题的书店开张没几年就悄无踪影。麻州大道和布拉特尔街之间的帕尔默街和教堂街交叉口处曾有一家环球书店（Global Bookstore），专售世界各地的地图和旅行指南，曾是校园周围我最喜欢的一家，同样逃不脱倒闭的厄运。

  经过几十年的折腾，肯尼斯能识时务，深知书商不能无视网络对传统书店的挑战。他说，这是一股无人能挡的潮流，除

哈佛广场教堂街 Raven 旧书店，2015 年

非有一天大家全都切断了电源。现在他的活动范围不局限在书店，他和波士顿的公立图书馆系统建立了密切的合作关系，频频在各家分馆举办活动，还成为州里善本书评估委员会的成员，常常受邀鉴赏古书。酒好不怕巷深，人们纷纷前往他的书店咨询藏书的价值和真赝，请他帮忙物色和索取善本。布拉特尔书店早已不仅是出售旧书的场所，而且是古书爱好者分享家珍的中转站。正如肯尼斯所说，在这个信息技术时代，如果一家书店一个星期内在业内悄无声息，就会开始受到人们的冷落，以至于被遗忘。因此，经营书店的同时，他不时外出参加波士顿地区甚至全国范围的公立图书馆系统的活动，还参加评估家藏古董价格的电视节目。此外，他还欣然出任波士顿地区的哈佛大学、麻省理工学院等多家大学图书馆善本书的鉴

赏人。

最近，肯尼斯应邀来到了我们镇上的公立图书馆，介绍布拉特尔书店的藏书和他收购、出售二手书的趣闻和轶事。这是他维持这家书店的运转、抬升其声誉的诸多努力之一。他特别强调，布拉特尔书店不仅是可让读者购得心仪的二手书之处，而且还承载着厚重的波士顿以及新英格兰地区的地方史和出版文化，是我们了解阅读史和出版史的好去处。多年来，这家书店一直尽其所能地向读者展示过去近二百年的阅读史和书店业，时至今日，读者依然源源不断而来，忠诚的老顾客某一天生病来不了时，甚至会特意给书店打电话告假。肯尼斯饶有兴致地和我们分享多年来登门造访藏书家、鉴赏藏书的乐趣，除了慧眼识得不少善本书之外，肯尼斯还为藏家鉴定他们带来的古董书。肯尼斯每到一处，演讲后最重要的活动就是义务为前来参加的读者当面鉴定他们带来的藏书。读者们人手一书，排着长队，一一等着他的青睐。书一上手，肯尼斯前后翻阅一番，不管是旧版的圣经，还是德语版的儿童插图读本，他在两三分钟内就能大致说出书的版本和相关的出版背景以及收藏价值。无疑，肯尼斯为维持布拉特尔书店所付出的竭诚服务，正是亚马逊网所无法替代的。

如今，布拉特尔书店依然在波士顿城中的西街开着。一家店的坚守，真是要靠数代人的努力。

本文始刊于《读书》2015年10期。

# 狱中阅读记

奇恩·塔巴克希 撰

李若虹 译

原文题为"My Prison Reading"，发表于2019年9月6日《纽约书评》(*The New York Review of Books*)，作者奇恩·塔巴克希（Kian Tajbakhsh）为美国哥伦比亚大学教授。

德黑兰，2008年7月20日——"我可以带本书去吗？"

来逮捕我的人可能都觉得好笑，我竟然自以为不等读完一本书就能出狱。不过他还是点点头，以示默许。

除了地上的一条毯子和一部《古兰经》，单人牢房空空如也，但是我被准许带进来一本书和一副眼镜。我裹着毯子，抬头看到荧光灯的亮光透过厚重的金属门上的小铁窗射进来，于是我对准一缕光线，翻开书读了起来。

有时，我难以入眠。灯泡高悬在上，总是亮着，发出微弱的光，也不知道到底是白天，还是夜晚。我只得放慢阅读的速度，尽量拉长眼下的这本书给我带来的和家人的唯一的联系。这本书给我带来安慰，同时也勾起了一阵阵的酸楚，因为我带入狱中的是卡勒德·胡赛尼（Khaled Hosseini）的《追风筝的人》（*The Kite Runner*）。书中讲述的那个令人伤心、痛苦的故事就发生在我生活的世界的那个角落。其实，我真希望能快快读毕，好把书放到一旁。

当我意识自己在德黑兰的埃万（Evin）监狱来日方长时，一阵恐慌袭上心头，因为我实在难以想象，一旦读完手头这本书，我该如何打发日子。想到眼前空茫而又无边无际的时光，我感到惧怕。在这间与世隔绝的牢房内，个人活动的空间缩小了，而时间却被拉长了，长得让人害怕。想象力如同野马脱缰——希望、恐慌、乐观、畏惧、屈从、惊惧和宁静，种种感觉轮番在心头奔驰，翻来覆去，相互冲撞。

此外，我还做点别的来分心。一天几次，我站在浴室喷头下，奔流的水柱浇灌着全身，我闭上双眼，强劲的水势冲到脑壳，我的思绪在轰鸣回响声中消隐。就那几件换洗衣服，洗净了后，我再清理脚下粗糙的地毯。我还不停地来回走动，尽量使自己疲累不堪。我还使出全身力气去打蚊子。这番运动使我感到稍稍坚强些、平静些。可是，当坚强和平静过去后，狱内依旧，只有四壁和我自己。

我试图按曾经学过的方法来静坐、冥想，尽量清空思绪。但是在这种格外伤感、脆弱之时，静坐冥想中出现的是沉静的圣者被焚于柱上的形象，袅袅烟雾中难以辨认。我努力了一阵子后心想："这简直是浪费时间！我不能就这么陷入困境而无法自拔。即便这能奏效，我也不愿清空自己的思绪。恰恰相反，我要有所思、有所想！"我随即明白：能集中心思和情绪的最好办法就是阅读和思考。

手头的笔和纸是给我准备审讯用的，可现在我用来做笔记，还列了一张书单，写上我想读的书。我跟看守们纠缠了两三个月后，终于能趁我妻子巴哈尔（Bahar）一周一次来探望的时机，把书单递给她。之后，她每次来看我时就送来四五本书——有历史著作和传记、随笔等作品，也有小说，大多是英文的。原本这些书都散乱在家中的办公室，现在巴哈尔挑了几本送来。不过，她拿来的所有的书先得经过一番审查，然后只有其中几本能传到我手中。我竟然拿到一本《新政权》(*The New Regime*)，这是有关法国大革命史的。

不久，我还让巴哈尔上亚马逊网购，把书先寄往在巴黎的表哥那里。受经济制裁，亚马逊的零售商不能把书直接邮寄到伊朗。书到了巴黎后，表哥再帮着转寄到巴哈尔那里，然后巴哈尔再通过监狱把书转到我手中。

渐渐地，我把攒的书在地上码成了一排，沿着三米长的墙角边排放整齐（监房只有两米宽、三米长）。这些书大小不一，颜色多样，主题各异，就这么静静地被安顿在这个酷似书架的空间里了。于是我期待着，期待着下一本新书的到来。

注目我狱中的小图书馆，我开始感受到自己的时间观发生了惊人的变化。小图书馆内的藏书越多，眼前的光阴越发呈现出一种伸手可触、让人心领神悟的质地。这彻底扭转了原有的狱中时光无涯的恐慌感：我不再觉得时间多得无以打发，反而感到自己拥有的时间变得少而又少。原来漫无边际、茫茫无度的时间开始收缩。

待读的书排得越长，我越发觉得每一天、每分钟都显得如此短暂。以往最难受的是清晨醒来时刻，可现在我对阅读的渴望抹去了每天睁开眼那一瞬间的失落。巴哈尔来探监时，我又要了十来本书，她忍不住问："你在这儿到底还得待多久？这么些书，你真的都能读完？"虽然我也想到，这些书，也许我怎么都读不完，然而我深知它们对我意味深长：牢房里的小图书馆里放的等待我去读的书越多，我就越有信心去克服眼前的无助感，越能把握如何度过往后每一天。

我逐渐体会到，身在狱中并不适合读小说。读小说时，读者需要让心思放松，随着故事情节的发展来享受翩翩的联想，而这往往会使幽禁中的狱人产生惧怕之念。

书籍也为我打开了牢房通向外面世界的门户。想到世界各地的书商连成的网络，想到经由他们的互动才得以把一本本书传到我手中，我为之兴奋，也备感安慰。

我订了一本多年前在纽约新学院曾见过的一位法国作家的书。读他的书，我感到自己又和老同事取得了联系。在一条脚注中，我还看到了我认识的一位波兰知识分子的名字，这再一次把我和外面世界更紧密地连接起来。一位朋友多年前给我的一本书中留有铅笔注的眉批，现在翻开又看到他的手迹，我不禁回想起我俩上次在巴基斯坦一座清凉的山间小镇见面的场景。我正想着这些朋友们，想到他们也许也正惦记着我呢。在我的小牢房内，等我去读的书排得越来越多，仅这一点就足以使牢房内的空间扩展、时间缩短。

那我在狱中都读了些什么书呢？朋友们给我寄来了西默农（Simenon）、黑塞（Hesse）、卡赞扎基斯（Kazantzakis）和莎士比亚的著作，还有安·拉德克利夫（Ann Radcliffe）的《乌多夫堡秘辛》(*The Mysteries of Udolpho*)、陀思妥耶夫斯基（Dostoyevsky）的《赌徒》(*The Gambler*)、格雷厄姆·格林（Graham Greene）的《我们在哈瓦那的人》(*Our Man in Havana*)和《人性的因素》(*The Human Factor*)，还有约翰·勒卡雷（John le Carré）的小说。另外，维克兰姆·塞思（Vikram

Seth）的《合适郎君》（*A Suitable Boy*）置放家中的书架上好多年了，现在我终于有机会把它读完。这本小说叙述了印度独立后那种散漫而又简朴的生活基调，作者笔下的女子闺房，"虽然是一个深受禁锢的小场所，却映射了整个世界"。这几乎是我经历的监禁生活的一个隐喻，想到这一点，我不禁打了一个寒噤。

的确，我也读《古兰经》，但起码可以说，读《古兰经》并非易事，尤其是要一气读完。另外，霍梅尼在长达四十年里写的文章和演讲让我大开眼界。改革派成员认为，1977年伊朗革命许诺的民主理想中途被强硬派劫持了，随后他们中的不少人遭监禁。不过，从霍梅尼的书中我了解到，事实与这些改革派者声称的恰恰相反，霍梅尼坚定不移地忠于他坚信的伊斯兰共和国的正统观念。

说来也许让人难以置信，我还读了埃里希·弗洛姆（Erich Fromm）和威廉·赖希（Wilhelm Reich）的专著，了解专制人格以及对自由的恐惧。墨索里尼统治下的意大利的日常社会生活史向我们展示了法西斯主义庸腐和无能的一面，这给我带来了些许安慰。还有肯尼斯·波洛克（Kenneth Pollack）著的《波斯之迷》（*The Persian Puzzle*）一书，称道伊朗得力的保安体制，我身陷狱中读此书，只觉得格外离奇。

那本关于法国大革命史的《新政权》，是入狱几个月前一位纽约同事向我推荐的，现在我正按他说的来做，仅此足以让我感到自己并非与世隔绝。不过，当我读到书中写的拿破仑不到十年就建立了一个专制政体时，实在有些灰心。要知道，就在这么短的时间内，拿破仑就能重建一个专制制度来倾轧百姓，统治整个法国。从中，我能得到的教训就是专制制度的复活远非想象！

一旦有机会，我就托人给狱友哈利赫·埃斯凡迪亚里（Haleh Esfandiari）也寄些书。她后来把自己的狱中经历写成一本题为《我的监狱，我的家》（My Prison, My Home）的回忆录，想来她也从书中寻得了安慰。

对许多学术界的同行来说，没工夫读书是人人皆知的一种心理负担。入狱前，我眼见大多数人不好好读书或是几乎不读书，甚至我还时不时听不少知识分子和学者抱怨说"实在没有时间读书"，进而他们往往只是蜻蜓点水般阅读，却又不愿承认。对此我只感到震惊。

在监狱里，我重新找到了阅读的乐趣，也重新认识到阅读并不是一件乏味的琐事。在与世隔绝的四个半月里，我几乎读遍了手头所有的书，一本接一本，从头到尾，由封面至封底。我慢慢地读，小心翼翼地读。我使用静坐的方法，对阅读就像对待艺术或上帝的感召般倾心一注，而不是把看书仅仅当作汲取信息的手段。我逐渐意识到，用心读好书的根本意义是给予思想之源以养分而有助于引发新的想法，并促其成熟，再给这些新的想法以新的挑战，进而形成一种能让人心领神会的生活观。

狱中有一天，我在停车场站着，眼见监狱庞大的前门直通向外，却被看守严严实实地把持着。我和巴哈尔刚刚在这儿待了半个小时，那时她怀着五个月的身孕，发着热汗。即便我身陷囹圄，即便我不得不回到那间幽暗、与世隔绝的监房，可就在那一刻，我却感到一股由衷的快乐：德黑兰的山脚，那是一个清爽、明亮的夏日清晨，阳光照射下，周围高耸的参天大树是这座监狱所坐落的曾辉煌一时的遗迹的历史见证。这些古树和周遭的环境极不协调，但优雅、静谧。

巴哈尔正要往泊车处走，她忽地想起了什么，停下脚步、转身。她眯缝着双眼远眺太阳。她大约觉得这准是我想知道的消息，于是深含同情地跟我说："我差点忘了，那位我们曾经一同就餐、你特欣赏的美国哲学教授，叫理查德·罗蒂（Richard Rorty），对吧？他去世了。"我缓缓走开，步履沉重，可马上想到了罗蒂写的书，想到他那些将一直留存世间的著作，心里才好受一些。就是从他写的书中，我懂得了阅读和写作是我们发现自我的方式，而发现自我就是对"个人完善"（罗蒂的用语）的一种近乎宗教般的追求。

在埃万监禁的一百四十天里，我最大的缺憾就是巴哈尔怀着女儿哈斯蒂（Hasti）时我不在她身边，她得独自承受所有这一切。我现在明白，和狱中人相比，狱外人的日子更难熬。一人受监禁，许多其他人由亲情的纽带连着，也就一同失去了自由。不管怎样，狱中以阅读度日，我始终无悔。

面对孤独，阅读是人能做的最好的一件事。

谨以此文纪念理查德·罗蒂。

写于 2019 年 9 月 6 日

译文始刊于《读书》2020 年第 8 期。

# 从哈佛园到神学街
## 哈佛燕京学社迁址忆述

四处大兴土木的年代，老建筑的拆建往往触动人心。与世界各地高校楼房的变化和楼址的更迁一样，哈佛燕京学社在 1958 年迁址牵动着一段学术史的记忆，也和眼前大学校园内外新老建筑交替的现场相呼应。造访哈佛园（Harvard Yard）时不难注意到，老哈佛园（Old Yard）内博义思同楼（以下简称"博楼"）和怀德纳图书馆西侧之间矗立着一巍屃石碑，这是哈佛大学建校三百周年时中国校友会给母校赠送的一份厚礼，可是石碑的选址远离现今哈佛东亚学的教研重地，令人好奇。其实，屃碑的选址不仅牵涉到博楼和神学街二号（2 Divinity Avenue）两座教学楼先后作为东亚学驻地的兴建和装修的往事，而且事关二十世纪前半期哈佛学科创建和发展的一段重要历史。

康桥哈佛园内外，做学生时我去得最勤的就是哈佛园外北边的神学街二号楼和哈佛园里的博楼。初来乍到，我进的第一座教学楼就是神学街二号，慕名前往楼内的哈佛燕京图书馆（Harvard-Yenching Library）。这楼前有两尊石狮子，很容易识别。多年里，先来上课、进图书馆，毕业后就在楼内工作。而常去哈佛园内的博楼，是在做学生的最后一年。那时一边写论

博义思同楼和赑屃石碑，2017 年（Harvard-Yenching Institute）

文，一边做助教，带中国通史课的本科生和东亚学专业的大二学生，每星期小组讨论会后都要见学生答疑。我图方便，看中了位于中心地带的博楼。楼内宽敞、舒适的蒂克诺休息室（Ticknor Lounge）里，可以喝咖啡、吃午餐，也可以聊天；过道上还有电脑，可随时查看邮件。除了见本科生，我还不时拐入楼内歇脚。往后在哈佛燕京学社工作多年后才明白，学社先后坐落于博楼和神学街二号，与这两幢楼结下至深渊源。

# 一、博义思同楼

博楼是哈佛园内最古老的建筑之一。和波士顿地区以"博义思同"（Boylston）取名的小镇、街道一样，顾名思义，这幢楼的兴建和波士顿世家望族之一的博义思同家族息息相关。1828年,沃德·博义思同(Ward N. Boylston)去世后给哈佛大学留下了一笔资产。根据他的遗嘱,这笔经费要用于修建一座石料建筑,其内部该设有一处演讲厅和一间化学实验室,部分空间得用作解剖学博物馆和图书馆,存放他本人收藏的医学、解剖学著作和解剖学相关的版画。按博氏遗嘱,哈佛在1858年聘用了舒尔茨和舒恩(Schulze and Schoen)建筑设计公司[1],选好哈佛园内东南边的楼址,开建新楼。新建的博楼有两层,以其意大利文艺复兴风格显赫于校内其他乔治时代复兴风格的建筑群,外墙由麻州罗克港(Rockport)产的上等花岗岩石块砌成。建成后的最初二十年里,博楼主要用作解剖学的博物馆和图书馆。

和校园内外其他教学楼相比,博楼除了其建筑风格引人注目外,还是哈佛园内装修最为频繁的一幢教学楼。在大楼建成后的一个世纪里,历经多次装修、扩建和空间的调整。1871年,皮博迪和斯特恩斯(Peabody and Stearns)公司承接了博楼的扩建项目,添加了第三层。扩建后,化学系及其实验室迁入博楼。化学系本来设在哈佛园正中的大学楼(University Hall),建有美国第一家化学实验室,但是楼内结构和设施不宜作化学实验室。虽然化学系迁出大学楼而入驻博楼乃权宜之

---

[1] 保罗·舒尔茨(Paul Schulze)是十九世纪一位杰出的建筑师,为哈佛大学设计了埃普敦教堂(Appleton Chapel),即现在的纪念教堂(Memorial Church)和博义思同楼。1857年,舒尔茨移居纽约,并和保罗·舒恩(Paul Schoen)联手创办了舒尔茨和舒恩建筑设计公司。

计，但一待就是半个世纪。其间博楼第三层在化学实验课中曾引发火灾，火苗穿透下层的木质地板。1928年马林克罗特楼（Mallinckrodt Chemistry Laboratory）在校园外的牛津街建成后，化学系及其实验室撤离博楼，位于大学黄金地段的博楼一下子腾出不少空间，于是好几个部门相继迁入。隔壁的怀德纳图书馆的装订部需要额外空间来安置新的装订机以装订散叶的旧书，于是就近挪入博楼，便于馆员来回活动。另外，历史系所在的罗宾逊楼（Robinson Hall）空间吃紧，趁机把供本科生使用的藏书挪到博楼内。也正是在这个时候，博楼为哈佛大学最早的一批汉文和日文藏书提供了一处集中存放的场所。[1]

哈佛大学收藏汉文和日文书籍始于二十世纪初。当1879年戈鲲化来哈佛第一次开设中文课时，哈佛几乎没有中文藏书可言。直到1910年，图书馆才开始零星收集了一些中文书籍。1914年，日本东京帝国大学教授服部宇之吉（Hattori Unokichi）和姊崎正治（Masaharu Anesaki）来哈佛哲学系任客座教授，回国时捐赠了1600册日文书籍，这为哈佛日文藏书奠定了基础。[2] 而真正使得哈佛的汉文和日文藏书全面改观的，是二十世纪二十年代来自美国铝业大王查尔斯·马丁·霍

---

[1] "Boylston Hall", at https://rll.fas.harvard.edu/pages/boylston-hal. Philip J. McNiff, "The Boylston Hall Library", *Harvard Library Bulletin* 4, No. 3 (1950): 411-412.

[2] Kuniko Yamada McVey, "By Accident and Design: Some Provenance Stories behind Interesting and Curious Japanese Materials in the Harvard-Yenching Library", paper presented at the conference "Beyond the Book: Unique and Rare Primary Sources for East Asian Studies Collected in North America" (Stanford University, 2015). 这篇文章被收入 Jidong Yang, ed., *Beyond the Book: Unique and Rare Primary Sources for East Asian Studies Collected in North America* (New York: Columbia University, 2022)。

戈鲲化（Harvard-Yenching Library）

日本学者服部宇之吉和姉崎正治（Harvard University Archival Photographs Collection）

尔（Charles Martin Hall）的一笔遗赠。

1925年9月，霍尔遗产董事会筹备在中国设立一个研究中心，旨在通过哈佛和燕京大学以及中国其他教会大学之间的合作，推动中国高等教育和对中国文化的研究。在燕京大学校长司徒雷登（John Leighton Stuart）、图书馆馆长洪业和哈佛商学院院长董纳姆（Wallace Donham）等人的协商下，霍尔遗产董事会成员与燕京大学达成了临时协议，合作建立"哈佛北京中国研究学社"（Harvard-Peking Institute for Chinese Studies）。当时哈佛大学图书馆的第一任馆长柯立芝（Archibald Cary Coolidge）希望燕京大学图书馆能为哈佛图书馆代购汉文书籍，这一想法得到了洪业的支持。双方达成临时协议，霍尔遗产董事会委托司徒雷登物色一位中国图书馆员采购书籍，而且双方就购书计划、选书原则、装运设想、交易细则进行了商讨。这是哈佛燕京学社与燕京大学合作购书的开始，即燕京大学图书馆为哈佛大学图书馆代购汉文书籍。[1]

1927年，柯立芝在哈佛第一次开设一门远东历史课，逐渐积累了一些有关东亚的书籍。那时哈佛图书馆仅有的汉文书和日文书存放在怀德纳图书馆，散落在不同楼层[2]，且苦于没有专人负责管理。柯立芝慧眼结识裘开明，聘他进行哈佛的汉日文书籍的整理和编目。裘开明当时正在哈佛攻读经济学博士学

---

[1] 以下关于哈佛燕京学社的决议，均出于霍尔遗产董事会及学社董事会的会议记录等资料。另参王蕾，《燕京大学图书馆哈佛购书处历史研究》，《国家图书馆学刊》2013年第6期，第103—104页。

[2] Robert F. Byrnes, "Archibald Cary Coolidge: A Founder of Russian Studies in the United States", in *Slavic Review*, Vol. 37, No. 4 (1978), pp. 652-653.

霍尔，1903年（Harvard-Yenching Institute）　　洪业（Harvard-Yenching Library）

位，他留洋前曾是厦门大学的图书馆馆长，深谙汉文古籍善本。他后来自然而然接管了这批藏书，继而负责汉和图书馆，开始了他在哈佛长达四十年的图书馆生涯。

1928年1月，在霍尔遗产董事会的资助下，哈佛燕京学社在麻州正式注册创办，入驻哈佛大学。而化学系从博楼搬出之后，为这一新成立的机构提供了办公之处，也为哈佛最早的汉和图书提供了一个存放空间。最早的4000多册汉文藏书和1000多册日文藏书，被称为"汉和文库"。[1]

汉和图书集中存放博楼成为发展东亚教研的一个好开端。根据《哈佛图书馆简报》（Harvard Library Bulletin）的记载，

---

[1] "Boylston laboratory to be utilized as supplementary annex for Widener Library Binding will go in basement", *Harvard Crimson*, October 3, 1928.

哈佛燕京学社汉和图书馆藏书旧影（Harvard-Yenching Library）

哈佛燕京图书馆藏书（Harvard-Yenching Library）

1929年博楼经过全面装修后，为哈佛的汉和图书提供了一处安家之地。[1] 而这也促成了哈佛远东研究的机缘，标志着哈佛燕京学社及其藏书一起入驻哈佛的漫长历史的开端。当时担任文理研究生院院长的蔡斯（George H. Chase）同时也担任哈佛燕京学社的董事，他在董事会上报告说："汉文和日文书籍移入博楼后裨益诸多，图书馆还成了哈佛的中国学生会聚的场所。"学者以书为友，以书会友。自此之后，汉和图书馆不仅是哈佛东亚学藏书之地，而且也是哈佛东亚研究领域的师生交友、探讨学问的好去处。1929年夏，哈佛汉和文库正式改名为"哈佛燕京学社汉和图书馆"（The Chinese-Japanese Library of the Harvard-Yenching Institute），由哈佛燕京学社负责管理。[2]

## 二、神学街二号

正当哈佛燕京学社以及汉和图书馆在博楼安顿下来之际，新成立的地理考察研究所（Institute of Geographical Exploration）在老校园外的"蛮荒北郊"（现在的神学街一带）开工动土，奠基建楼。

说到地理考察研究所的兴建，不得不提亚历山大·汉密尔顿·赖斯（Alexander Hamilton Rice）。赖斯出身富家，本科毕

---

[1] "Rearrangements in Boylston", *Harvard Library Bulletin*, Vol.3, No. 3 (1949), pp.447-448.
[2] 王蕾，《燕京大学图书馆哈佛购书处历史研究》，第103—104页。文中提到汉和图书馆从1929夏季开始"由哈佛燕京学社和哈佛大学文理学院共同管理"，其实应该是由哈佛燕京学社管理，直到1976年管理制度再次更改。

业于哈佛，是一位执业外科医生，但是业余热衷于南美探险。赖斯能在母校建楼、创办地理考察研究所，离不开他的太太埃莉诺·怀德纳（Eleanor Elkins Widener）。埃莉诺是当时波士顿上层社会的一位社交红人，她的前夫乔治·怀德纳（George Dunton Widener）和收藏古籍的儿子哈利·怀德纳（Harry Elkins Widener）不幸丧生于泰坦尼克号沉没事故，埃利诺为纪念丈夫和儿子，向哈佛捐资修建怀德纳图书馆，这已广为人知；但是人所不知的是她和神学街二号的创建也息息相关。1915 年，埃莉诺·怀德纳再婚赖斯。夫妇一度计划给美国地理学会（American Geographical Society）捐款，以赖斯担任学会主席为交换条件，但遭到学会的严词拒绝。当时担任学会主席的是以赛亚·鲍曼（Isaiah Bowman），从此他和赖斯结下私怨。[1]

赖斯夫妇转而和哈佛联系，洛厄尔（A. Lawrence Lowel）校长接受了他们的捐赠，同意为他捐赠成立的研究所建楼，并授予赖斯教授头衔。埃莉诺来自费城，当年构建怀德纳图书馆时聘用的霍勒斯·特朗博尔（Horace Trumbauer）建筑公司总部设在费城。现建新楼聘用同一设计师，采用了乔治时代复兴风格的设计。由于赖斯热衷南美探险，楼面刻有南美动物和南半球地图的浮雕，至今保留完好。[2] 大楼于 1929 年奠基，1930 年建成，也就是现在的神学街二号。

---

[1] 叶超等，《地理学是一门脆弱的学科吗？——哈佛大学撤销地理系事件及其反思》，《地理科学进展》，2019 年第 3 期，第 312—319 页。

[2] Bainbridge Bunting, *Harvard: An Architectural History* (Cambridge, MA: Harvard University Press, 1985), pp. 167-168.

赖斯夫妇如愿以偿，地理考察研究所在1931年成立挂牌，赖斯既是第一任所长，又享有教授头衔。巨额捐赠看似为赖斯带来了名望，但是哈佛地理学领域的学者一致认为，赖斯并非学者，担任教授和研究所所长实为名不正、言不顺。行内学者称他为"坏家伙"，认为他身在哈佛实为"麻烦"。[1] 地理考察研究所成立后，地质科学学部的地理系教授都不愿与赖斯来往，并远离该研究所。

虽属同一学科，地理系和赖斯的研究所形同陌路，但到了四十年代末，两者同遭厄运。二十世纪初期，地理学尤其是人文地理在哈佛的发展可谓一波三折，在四十年代后期更经历了一场有关学科存亡的轩然大波。当时地质科学学部所属的地质学和地理学教授与校方争相讨论该不该继续发展人文地理学、该不该设地理学等学科上的大问题，而这场风波的导火线是评审人文地理学者阿克曼（Edward A. Ackerman）晋升终身教授一事。当时地理系有布莱恩（Kirk Bryan）和惠特尔西（Derwent Wittlesey）等学者从事人文地理学，这一领域虽不算强大，但颇有发展潜力。[2] 助理教授阿克曼当时被公认为人文地理学界一位杰出的年轻学者，前途无量，但是他的晋升一事却引发了学科内各方矛盾，不仅致使他未得晋升，连同人文

---

[1] Neil Smith, "Academic War over the Field of Geography: The Elimination of Geography at Harvard, 1947-1951", *Annals of Association of American Geographers*, Vol. 77, No. 2 (1987), pp. 156, 167.

[2] William M. Davis and Reginald A. Daly, "Geology and Geography, 1858-1928", in Samuel E. Morison ed., *The Development of Harvard University since the Inauguration of President Elliot, 1869-1929* (Cambridge, MA: Harvard University Press, 1930), p. 328.

地理学也无法在哈佛立足。

对这一纷争的缘由、矛盾以及地理学科发展的历史和走向，地理学者史密斯（Neil Smith）曾引用多方档案，对此事前后经过做过详尽而又深入的分析。[1]据史密斯所述，学者间的个人恩怨和学术政治纠缠其中，包括早年赖斯和鲍曼的个人恩怨。可以说，赖斯和鲍曼两位既是哈佛大学地理系一度兴盛的原因之一，又是致使地理系惨遭闭门的当事人。因此，当人们在讨论哈佛该不该继续维持地理系时，地理考察研究所自然而然被推到了风口浪尖。虽然鲍曼维护地理学作为一个学科在学界的正当地位，但对哈佛地理系的发展却怀有异议，对系内教研持否定态度。当时的哈佛大学校长柯南（James Conant）系科班化学家，自然科学背景出身，本来就对人文地理学科不怀好感。故而，柯南和文理学院的邦迪（McGeorge Bundy）院长一致认为，人文地理学非但不该在哈佛有立足之地，而且根本算不上是一门名正言顺的学科。于是地理系的下场也就可想而知——地质科学学部最终取消了地理系，人文地理学从文理学院的学科版图上消失了，而赖斯的地理考察研究所随之名存实亡。[2]1951年，也就在地理系取消三年后，地理考察研究所也被取消了。赖斯于是撤离哈佛学术圈，和太太退居罗得岛新港（Newport）的米拉马尔豪宅（Miramar Mansion）。神

---

[1] Neil Smith, "Academic War over the Field of Geography", pp. 155-172. Neil Smith, *American Empire: Roosevelt's Geographer and the Prelude to Globalization* (Berkeley: University of California Press, 2003).

[2] Neil Smith, "Academic War over the Field of Geography", pp. 155-172; *American Empire: Roosevelt's Geographer and Prelude to Globalization*, pp. 438-444.

学街二号人去楼空，留归大学派用。

## 三、哈佛燕京学社之乔迁

博楼建成后的一百年里历经数次装修、改建，楼内的功用也一变再变，只是灰白色的花岗岩外观始终依旧。1949年初楼内历史系藏书和本科生用书被挪到了怀德纳图书馆和新建的拉蒙特图书馆（Lamont Library）后，哈佛燕京学社得以占用整个一楼的面积，有了更大的行政运作和学术活动空间，足以为远东系（时称"远东语言系"）和远东区域研究项目提供办公的空间，并为不断增加的汉和藏书资料提供足够的存放位置。[1]

从1928年开始到五十年代初，哈佛燕京学社入驻博楼的二十多年内，博楼逐渐成为哈佛发展东亚教研的重地。三十年代至四十年代，周一良和杨联陞等学者受学社资助来哈佛攻读博士学位时，几乎都是在博楼内度过学生时光。他们在日记和回忆录里对自己进出博楼的汉和图书馆的生活都有过详尽的记载。周一良回忆道："［在哈佛］我的学生生活极为单调，读书之外还是读书。工作地点两处：一是博义思同楼中哈燕社的汉和图书馆，那里中日文藏书之富可以比美国会图书馆。一是魏德纳［怀德纳］图书馆亦即哈佛的总图书馆，研究生可占

---

[1] "Rearrangements in Boylston", pp. 477-478. Phillip J. McNiff, "The Boylston Hall Library", p. 413.

一张用格子隔开的小桌,自由取阅库中书籍,还可留置桌上长期使用,方便异常。"[1] 杨联陞也在日记里屡屡写下自己在博楼图书馆内遍览群书,搜寻典籍、史料,考据引证,并屡遇学友的时光。当年的学者尤其勤奋,即便是圣诞、新年假期或是周末,杨联陞来博楼的汉和图书馆借书,也常发现叶理绥、柯立夫和洪业都在各自办公室用功。胡适在1944—1945学年任教哈佛时,学社就把他的办公室安排在博楼内,后来旅次波士顿时也曾特意走访博楼,使用汉和图书馆。[2]

如前所述,哈佛大学三百周年校庆时,中国校友会捐赠了赑屃石碑。石碑就立在作为东亚研究据点的博楼外,紧挨怀德纳图书馆大楼的西侧。那些年里,博楼在哈佛的知名度日增,哈佛校报《哈佛深红报》(*The Harvard Crimson*)在1944年还做了专题报道,称博楼为东亚研究学生的"麦加",还特别介绍哈佛燕京学社主办的国际学术活动,"在中国北平以燕京大学为据点,而在哈佛园则立足于博楼"。[3]

第二次世界大战后,随着东亚学的不断发展,哈佛燕京学社以及汉和图书馆面临着一系列问题。首先是空间的紧缺。汉和藏书剧增,尤其是从中国源源不断地运来的大量书籍。比

---

[1] 周一良,《周一良学述》(杭州:浙江人民出版社,2000),第18页。
[2] "到Boylston Hall,他们已给我预备好了一间房子作我的office。"见曹伯言整理,《胡适日记全编》第七卷(合肥:安徽教育出版社,2001),第445—446页。另参曹伯言整理,《胡适日记全编》第八卷(合肥:安徽教育出版社,2001),第445—446页。
[3] "Chinese Institute in Boylston Hall Is Mecca for Students of Orient", *The Harvard Crimson*, September 15, 1944, https://www.thecrimson.com/article/1944/9/15/chinese-institute-in-boylston-hall-is/.

如，柯立夫在哈佛燕京学社资助下获得博士学位后，于1944年服役于美国海军而被派往中国北方，同时他还担任了钢和泰创办的汉印研究所的代理主任，为汉和图书馆收集了不少善本，其中最大的收获就是日军战败退出天津时，柯立夫说服侨居天津的日本人为汉和图书馆捐书，得到了5000多册日文书籍，由学社支付费用运回哈佛。他自己也收集了不少满文和蒙古文的珍本典籍，现存哈佛燕京图书馆。[1] 二战后哈佛有关远东历史和政治的课程所需的书籍一律存放在博楼内，和汉文、日文藏书同存一处，便于师生使用。[2] 1951年秋在哈佛燕京学社的董事会上，叶理绥社长传达了汉和图书馆裘开明馆长提出的书库空间紧缺的问题——图书馆的一半藏书将不得不挪到拉蒙特图书馆。接着，1952年春的董事会上，叶理绥社长再次提出汉和图书馆书架不够的问题。他说："1941年大学曾在博楼添加了两层书架，当时由于钢材紧缺，没能装第三层，现在到了该让学校装上第三层书架的时候了！"

其次，博楼内的空间、设施和条件不适于长期存放善本。图书室内缺乏对温度和湿度的妥善控制，有碍善本书的保存，而且下暴雨时楼内曾发过大水，善本藏书室内积水，导致藏

---

[1] 参王冶秋，《琉璃厂史话》（北京：生活·读书·新知三联书店，1963）；孙殿起辑，《琉璃厂小志》（北京：北京古籍出版社，1982）。谢兴尧在《书林逸话》中也写道："至其销路，时购买力最强者，若哈佛燕京社、大同书店，皆购寄美国，年各约数十万元……又近三四年来，燕京大学及哈佛［燕京］社因时会关系，挟其经济力，颇买得不少佳本。"见谢兴尧，《书林逸话》，载《堪隐斋随笔》（沈阳：辽宁教育出版社，1995），第30—31页。

[2] Phillip McNiff, "The Boylston Hall Library", p. 413.

书严重受损。1952年的学社董事会上第一次提出了学社和图书馆需要迁出博楼的想法，因为当时学社确实担心博楼内的空间和设施不适于长期保存书籍，尤其是善本，况且还有火灾之虞。在这种情况下，哈佛燕京学社和汉和图书馆迁出博楼势在必行。

再者，二战后美国的高校正经历着学科变化、调整和发展的新状况，虽然动荡不定，但也为东亚学提供了发展的契机，哈佛自不例外。在哈佛燕京学社支持下，哈佛的东亚学得到长足的发展，开设了不少新项目和新课程。从1954年开始，学社设立访问学者项目，每年邀请东亚学者驻访于哈佛燕京学社，从事一两年独立的学术研究。从1956年开始，哈佛燕京学社以及远东系由赖世和执掌，东亚语言教学和东亚研究也得到进一步的发展。费正清和赖世和认识到东亚对美国的现实意义，从1946年为本科生开设东亚通史大课，俗称为"水稻田"（Rice Paddies）课，修课的学生一度竟有120人之多。随后，哈佛燕京学社和远东系对教研空间的需求一年比一年紧迫，博楼一楼和地下一层越来越拥挤，而且不仅空间不够，楼内的基本设施问题也越来越严重。学社董事会不得不考虑学社及其图书馆外迁的计划。

当时文理学院正计划把一些系科或研究所迁入神学街二号，使得腾空已久的空间能派上用场。为了妥善保存汉和图书馆的藏书，并为图书馆和师生的学术活动提供更大的空间，文理学院院长、学社董事会成员之一的麦乔治·邦迪曾提议，将学社和图书馆迁入康桥花园街（Garden Street）、设有防火系统的格瑞植物标本楼（Gray Herbarium），但是叶理绥社长以花园街离哈佛园太远为由，否决了这一提议。1954 秋在学社的董事会上，邦迪院长正式提出将学社迁入神学街二号原地理考察研究所楼址的设想。那一年开春时，叶理绥社长曾走访神学街二号，但认为空间不够，非扩建不可。学社并没有马上搬迁的计划，于是董事会决定先给博楼装上防火警报设施。

1955 年秋，董事会对学社迁入神学街二号做了详细的讨论。虽然没有决定立马动用神学街二号，但是一致认为该楼装有防火设施，更适合图书馆使用。董事会还强调，将来汉和图书馆对入驻学社的访问学者和研究生会越来越重要。到了 1956 年 11 月 13 日，董事会把原来尚处讨论阶段的搬迁计划视为当务之急，因为博楼接连发生事故，先是失火，再是藏书室进水，不能不令人为图书馆的善本担忧。至此，学社外迁已成定局。不久，学社董事会议定将学社及其图书馆搬入神学街二号，搬迁之前，对神学街二号进行装修和扩建。[1]

神学街二号的装修和扩建于 1957 年由谢普利、布尔芬、理查德森和阿伯特设计公司（Shepley, Bulfin, Richardson & Abbott）承接。该楼的一楼和地下一层得到重新装修，又往后扩建，增添的侧翼一共四层——前三层为图书馆所用，增加了大片藏书的空间，第四层为创建不久的哈佛统计系暂用。而往东边扩建的部分，建了一个能容 275 个座位的大演讲厅，即燕京演讲厅（Yenching Auditorium）。从建筑风格而看，扩

---

[1] 从 1957 年到 1959 年间，哈佛燕京学社董事会的会议记录保存了有关学社搬迁和装修、扩建神学街 2 号的详细记录。

建的部分在规模和建筑材料的使用方面都做过精心考虑，尽量做到既和原建筑的风格相吻合，又和邻近的闪米特博物馆（Semitic Museum）般配，弥补了神学街上毗邻的两座楼风格相左的缺憾。[1]

1958年夏，神学街二号的装修、扩建完成后，哈佛燕京学社以及汉和图书馆顺利搬入。[2] 从此，远东系的教授们各自有了独立的办公室，图书馆也有了充足的书架空间和阅览场地。刚搬入时，楼内还有一间地理考察研究所留下的地图室。统计系于1972年迁出后，腾空的楼内第四层的空间也归图书馆使用，即今天的善本部所在。迁入新址后，哈佛燕京学社和远东系有了更大的藏书和教研空间。波士顿艺术家斯塔尔（Polly Thayer Starr）在1962年向哈佛燕京学社捐赠了一对来自北京的大理石狮子，不仅为神学街二号楼锦上添花，而且从此成为这座楼作为东亚研究重镇的地标。

时移事迁，东亚学的师生、学者纷至沓来，访问神学街二号时，门前的两尊石狮子常常吸引人们的注意力，使他们想当然地把神学街二号的构建和哈佛东亚学的起步合为一谈，而大楼正门上面标志南半球和南美历史遗迹的浮雕远不及门前的石狮子引人注目。长时间内，除了熟知哈佛地理系二十世纪中期内情的前辈学者之外，几乎没人关注赖斯留下的标志南美地理的浮雕，更无人知晓这座楼创办前后近似丑闻的往事。赖

---

1 Bainbridge Bunting, *Harvard: An architectural history*, p. 168.
2 1958年11月24日的董事会就在神学街2号的会议室举行，这是学社搬迁后在该楼内举行的第一次董事会。

哈佛燕京学社首任社长叶理绥
(Harvard University Archival Photographs Collection)

斯的地理考察研究所曾在二十世纪三十年代至四十年代一度风生水起，可那段历史仅仅留存在少数人的记忆中，埋藏在档案馆内。直至1998年，赖斯的学生布拉德福德·沃什伯恩（Bradford H. Washburn）才把地理考察研究所的记忆带回了神学街二号。沃什伯恩毕业于哈佛后曾担任赖斯的副手（后来担任波士顿科学博物馆馆长）。半个世纪后，他重返故地，为纪念导师专门设立了一方名匾，镶嵌在入门厅堂的右墙上，刻有神学街二号最早的创建人赖斯的生卒年和贡献，道出了这幢楼的前世今生。[1]

---

[1] "A Nod to Ham Rice", *Harvard* Magazine, March-April, 1999. 沃什伯恩为纪念赖斯而设的纪念名匾上写着："亚历山大·汉密尔顿·赖斯，他慷慨地建立了这座建筑，并在1930年至1951年间维持地理考察研究所的运转。他和同事们在此，为从空中绘制世界地图奠定了基础。"

哈佛燕京学社汉和图书馆搬迁，1958年
(Harvard-Yenching Library)

哈佛燕京学社，康桥神学街二号（Harvard-Yenching Institute）

## 四、结论

1957年扩建神学街二号时，哈佛燕京学社的董事们曾乐观地预言，新的空间至少能用上十五、二十年。一个甲子过去了，那时的远景早已成了过去。最近十年到二十年里，亚洲学领域内的师生期望校方支持，再度扩建神学街二号。虽然这个愿景的实现仍然遥遥无期，但是远东系迁到神学街后得到的长足发展业内人士有目共睹。

相比之下，哈佛的地理学尤其是人文地理学所遭遇的厄运终未得逆转。哈佛在1948年取消地理系带来的损伤还在于其久远影响，无形中决定了国际地理学界往后多年的发展走向。虽然北美的一些高校在五十年代之后也曾陆续创办地理系，但往往不善而终。往后二十年里，甚至到了八十年代，在哈佛不时还有学者、学生提出恢复地理系的要求，但是或因经费短缺，或因地理学依旧难得校方的重视，或因人事纠葛，呼声也罢，建议也罢，恢复地理系一事终究不了了之。哈佛的地理学自四十年代末落入荒凉地带，再无起色。

而哈佛燕京学社以及汉和图书馆一迁出，博楼立马开始又一次大规模的装修。哈佛一度计划彻底铲除博楼并重建，但是根据博氏家族的遗嘱，只有保留大楼原有的花岗岩外观，才得以继续使用这一家族的捐赠，于是博楼带着历史遗迹的外壳就这么留了下来。[1] 楼内的演讲厅还在，但是化学实验室、解剖学博物馆和图书馆早已挪到了校园北边的博物馆区。经过一个多世纪的装修、改建和调整，今天的博楼已转身成为集教学和办公功能于一体的教学楼。博楼毗邻怀德纳图书馆、威格尔斯沃思楼（Wigglesworth Hall）和格雷斯楼（Grays Hall），楼内有罗曼语言和文学系、语言学系、古典研究系以及妇女、性别与性研究专业，远东系的影子早已荡然无存。从1928年到1957年哈佛燕京学社以及汉和图书馆在此安身的历史也鲜为人知，只有楼外的赑屃石碑从1936年至今，一直矗立于博楼的东北角，偶尔勾起人们对哈佛燕京学社和东亚学与博楼建筑史的一段往事的追忆。

哈佛园内外博楼和康桥神学街二号看似互不相关，实则维系着久远的学科发展史。两座楼在一个世纪里的变迁，展示了二十世纪前半叶哈佛建筑和学科互动的一幅图景，斑驳陆

---

[1] 建筑师罗伯特·奥尔森（Robert Olson）描述装修多次后的博楼时说："当今的教学办公楼套上了一套古迹的外壳（an academic office building inserted within a historic shell）。"

离，印证了建筑师们的精辟之言。如法国建筑师努维尔（Jean Nouvel）说"新境况需要新的建筑"，而美籍德裔建筑学家密斯·凡·德·罗（Mies van der Rohe）也曾说过"建筑可以被看作一个时代的意向在空间上的展示"。教学楼的构建、修葺、扩充和学科的创办、发展、兴盛相辅相成，牵涉到"象牙塔"内外多种因素的互动，其中千丝万缕的细节编织着一系列有关学科盛衰、学者互动、人事纠葛和行政运作的故事，既有扣人心弦的情节，又有天时、地利、人和的契机，更有无可奈何的结局。

本文始刊于《二十一世纪》2022年4月号（总第190期）。

# 后记

如要描画二十世纪前期中西学者间的学术碰撞和交流，我们可以找出十至十五位学者来介绍。这些学者历来都非独善其身而闭门造车，从他们的学思历程中，我们不仅能了解那时的中国学界，更会知晓汉学领域中外学者密切交往和合作的一段重要的学术史。过去几年里，从研读原始资料开始，我陆陆续续写了十几篇随笔，讲述这些学者交往的逸闻和趣事，捕捉他们学术之旅的转弯处和交接点。这本集子并非专门书写这些学者的学术研究，而意在叙述他们学旅途中生动的际遇和穿插在汉学学术史中的个人经历，梳理他们的学研脉络，以勾勒二十世纪兴起的汉学在中国、欧美学界的路径。每一篇都缘起于我的求学经历、研读兴趣和工作所在的便利，面对广大的读者而写。因此，我尽量避开晦涩的学术用语和枯燥的证述，以学者的个人经历为主线，努力展现前辈人文学者对学问的孜孜求索和待人的诚挚温馨。

1993年初，我从牛津来到波士顿，积雪满地，开始了在哈佛大学三十年的学旅生活。到文理研究生院报到的第一天，我就去了康桥神学街二号的哈佛燕京图书馆，门前的两尊石狮子就是地标。此后进出无数次，毕业后也就留在同一幢楼里，任职于哈佛燕京学社。短期求学而后落地生根，我再也没离开。初来乍到的第一站不仅成为我长驻之处，而且让我看到了善本古籍，遇到国际汉学界最优秀的学者和老师，并得以探寻前辈学者在此求学立足、成就学问的足迹。从中我也深深体会到对一个学术团体而言，学者、图书馆和出版缺一不可，三者的配合与协作，引出了学术史上的趣事和成就。

哈佛燕京学社创办时，正值"敦煌塞上及西域各地之简牍""敦煌千佛洞之六朝唐人所书卷轴"和"中国境内之古外族遗文"等发现为欧洲的汉学提供大量的研究资料[1]，因此学社早年支持的人文学深受欧洲汉学传统的影响，重语文学和文献的训诂考据，重汉地与边疆的交流和融合，曾资助过不少有关边疆学、考古学及语文学的研究，为中亚研究出过不少力，因此这里讲述的每一位学者及其故事多多少少都与此相关。从史学史的角度来看，这些汉学家和中国学学者与哈佛燕京学社的关联，他们与那时的中国学界和中亚地区的缘分，既道出了学社创办早年对北美汉学的深远影响，又穿插着中亚学和中国学术史的研究方向，还引出了二十世纪前期人文学界的开放和交流带来的"东西学者何处不相逢"的际遇和学术史的轶事。我追溯和探寻的是这些学者的足迹和话音，以及他们的足迹的交接处和话音的融合点，同时回应着我自己求学的兴趣和读写倾心所在。对学术史的叙述就是追寻被时空打散的片段，从而尽

---

[1] 李零，《我心中的张光直先生》，载《四海为家：追念考古学家张光直》（北京：三联书店，2002），第78页。

量接起原先的纽带。

这十几篇文章写作的时间并不长,但前后却有相当长的酝酿过程。按写作时间先后来看,写孔飞力教授的是最初的一篇,缘起于近四十年前复旦大学哲学系季桂保系友的鼓励和《文汇学人》李纯一编辑的帮助。由此似乎开启了一道闸门,先辈学人的故事和提携我多年的老师们的言传身教,不断浮现。同时又承蒙三联书店《读书》杂志的饶淑荣编辑和曾诚编辑的悉心关照和合作,接着又陆续完成了好几篇。每一篇落笔前先是回想着自己历年来的所学所感,接着进档案馆和图书馆翻阅原始材料,再就是怯生生写出,成文之际,既有学识疏薄的不安,但也怀着发表的期待。

对洛克和斯坦因的兴趣,实出近水楼台——哈佛燕京学社藏有他们的资料。先完成的是《苦行孤旅:约瑟夫·F. 洛克传》的汉译。洛克从一位深入中国西南部边疆的植物学家,转身成为一位研究纳西语言和东巴文化的学者,何尝离得开哈佛大学和哈佛燕京学社?早年他被哈佛大学阿诺德树种园派往甘青和西南地区搜集珍稀树种,后来得到哈佛燕京学社的资助,得以长驻丽江从事纳西的文史研究,离不开当年叶理绥社长出于欧洲汉学传统的影响,对中国边疆的情有独钟。此外,起意叙述洛克和埃德加·斯诺的相遇,源于《洛克传》的翻译。何处不相逢,这纯属学术和学者交接的缘分和天意。

我在哈佛燕京学社工作不久得知学社藏有斯坦因的资料,非常惊喜,于是写斯坦因的想法念兹在兹,但是真正去研读和动笔写作是在 2018 年的冬天。通过研读哈佛大学霍顿图书馆馆藏的斯坦因-凯勒档案以及哈佛大学艺术博物馆馆藏的萨克斯档案，我对斯坦因第四次探险的来龙去脉有了清晰的了解。而阅读斯坦因传记，又不能不被斯坦因和马继业的友谊所感动，身世和时代把这两位旅人连接在一起。他俩客居边城喀什的缘分和游走中亚、穿梭于不同文化之间的人生，百年后该引起多少人的共鸣！

文集中篇幅较长的几篇都与汉学、边疆学有关。我多年来一直很想写写柯立夫的书生生涯。早在1993年初，每周走进蒂娜（Elizabeth Endicott-West）老师的课堂，给我留下印象最深的是，她手持一两张卡片，娓娓道出中国及其边疆和蒙古帝国、清帝国数百年错综复杂的历史。当然，蒂娜的课上不能不谈拉铁摩尔及其《中国的亚洲内陆边疆》。虽然蒂娜在普林斯顿攻读博士学位时在牟复礼门下，但柯立夫是她研究蒙古达鲁花赤的导师。蒂娜曾说，柯教授对自己的《蒙古秘史》译文精益求精，以至于译本的下卷尚未出版。我还了解到，柯教授远住新罕布什尔州，和他相伴的有农场里的牛羊，还有自家的图书馆。

可是写柯立夫教授的想法转而被我抛置脑后。到了2014年，葛兆光老师和戴燕老师夫妇来哈佛燕京学社访学，我们有过多次愉快的交流。那一年春季来哈佛访学的还有北大的邓小南老师和东京的李廷江老师。学社学年末的龙虾宴上，葛老师还跟我们分享读哈佛燕京图书馆馆藏的杨联陞日记的感受。葛老师说杨联陞的日记精彩、写实，留下了汉学学术史的许多珍贵记录。"里边有很多有关哈佛燕京学社的记录，有趣极了，值得好好研读。"葛老师的一番话我听得在意，就一直搁在心头。写孔飞力教授一文在《文汇学人》发表后，我愈发强烈地想走访柯立夫的图书馆，写写柯立夫先生了。

柯立夫没给学校和东亚系留下档案资料，但他和杨联陞在同一时期任教于东亚系，想来很可能会有不少交接，于是我自然而然又想到了葛老师提到过的杨联陞日记。图书馆同事王系早已帮着从库房调出了两箱杨联陞日记，我在善本部的阅览室坐下，翻阅不到一个小时，正如我料想的，杨联陞笔下"柯立夫""柯"或是"Cleaves"频频出现。[1] 连着两个月，见缝插针，我浏览了杨联陞留下的四十多册日记。虽然杨联陞主攻中国经济史，但对中国文史乃至蒙古文史和金元史都有着很深的兴趣和学养，甚至曾让柯立夫教他学蒙古文。这两位学者几十年亦师亦友的交往和切磋正是"文明新旧能相益，心理东西本自同"[2] 最好的印证。

文集中有几篇短文写的是中国学者重返国际学术界之后，通过哈佛燕京学社，和哈佛的教授们交流的经历和感受。这些经历虽大不同于二十世纪三十年代至五十年代时中西学者的相遇和交流，却也展示了改革开放后中国学术界难得的生动一面。于八十年代初在哈佛燕京学社资助下取得哈佛博士学位的赵一凡老师，让我有幸结识了他的导师丹尼尔·艾伦教授。细

---

[1] 杨联陞日记中第一次出现柯立夫的记录是在1946年9月3日。杨联陞与当时波士顿的华裔学者圈交往甚密。仅那一天的日记里，除了他和柯立夫的交往，他还记下遇见了叶理绥、洪业、陈观胜以及贝聿铭夫妇。

[2] 该对联由宣统皇帝的帝师陈宝琛所书，哈佛燕京学社藏。

阅艾伦教授的档案，我惊喜地发现：除了他和钱锺书的书缘之外，在八十年代初哈佛燕京学社恢复和中国高校的合作后，艾伦教授曾经为学社选拔、物色了好几位比较文学和英美文学领域内拔尖的年轻学者来哈佛求学、研究。

2022年春，我痛失陈庆英老师。怀念陈老师的一篇收入了这一集子，并加入刊于《读书》的另两篇。陈老师年轻时从德令哈到北京，成为藏学领域卓有成就的学者；塔巴克希先生从德黑兰的伊万出狱后来到哥伦比亚大学任教，而布拉特尔书店收藏不少有关中亚的旧书……所有这些都走过一段从中亚古道到新大陆的旅程。

旅途中的艰辛和磨难，自不待言，最让我铭记于心的是这些学者途中一些动人的细节。斯坦因第二次探险途中，双脚被严重冻伤，庆幸的是他得以及时就医，不仅保住了双脚，而且不影响往后的长途行走和远征。长驻喀什的马继业夫妇在中亚和苏格兰之间往返多次，千里迢迢，但不管怎样，他们都会带上孩子同行。胡适来康桥同哈佛的学友们叙旧、谈天，常常一聊到夜深，留宿赵元任或杨联陞家中，索性就和杨联陞挤一个床铺。杨联陞和柯立夫是相交几十年的学友，每逢圣诞，杨联陞会给柯立夫送上饺子和好茶，而到了中国新年，柯立夫会给杨联陞的儿子汤姆送上压岁钱，年年不误。夏季，杨联陞会应邀到柯家，或在尼德姆镇，或在新英格兰北边的农场，临走时柯立夫总让杨联陞捎上几株芍药或杜鹃之类的花，在院里栽上。而艾伦教授1980年走访中国多家高校后写的报告中一段对钱锺书的一段描述最为生动："钱［锺书］英俊，小个子，看上去不觉他年已古稀……谈话中，他从一个话题跳到另一话题，而且语速快（让我想起以赛亚·柏林），快得我都跟不上他的思路……他现在谢绝了所有的应酬和邀请，只和他优雅又有情趣的太太静居北京一处文化要人集中的街区，据说他还一直为贫困家庭的学生提供资助。钱锺书机灵又和蔼，可以说他是迄今我在中国，甚至可以说在任何其他地方遇到的一位最出色的人物。"[1] 而说起孔飞力老师，我又怎会忘记这样一幕——当年我在他每周两小时的办公时间去见他，好不容易等到前面的同学出来，进去忙不迭要讨教，可他先塞给我两块巧克力，笑着认认真真地说："你拿上，吃了这脑子才能转。"

二十世纪前期，中亚对汉学研究至关重要，而汉学开始从欧洲传往北美时，哈佛燕京学社对哈佛乃至美国的汉学和中国学的发展起着举足轻重的作用，学社与许多中亚学者和汉学家有着深厚的学术渊源。这是我写这些随笔的契机，也构成了这本文集的中心线索。二战以后新兴的中国学取代了欧洲的传统汉学，这可谓时代对学术的要求，势在必行。今天，学界试图以跨学科的时域走出全球史的新路，摆脱区域研究的窠臼。虽则不易，但哈佛燕京学社仍将坚守学术传统，继续发挥久远的学术影响。

这些文章得以结集出版，我要特别感谢哈佛燕京学社和哈佛燕京图书馆的同仁们，还有哈佛大学档案馆和霍顿图书馆的馆员们，他们的敬业给我的研究和写作带来了莫大的便利，他

---

[1] 丹尼尔·艾伦档案，哈佛大学档案馆馆藏。

们提供的原始资料成全了这本书。能够成书也离不开无私的编辑，离不开始终给予鼓励的亲友和一批善意和忠实的读者。感谢华东师范大学唐小兵的热心帮助，向我推荐了上海文艺出版社肖海鸥编辑。海鸥的敬业和高标准让我时时感到作者对编辑怀有的谦卑与敬意。如果没有海鸥的支持和耐心等待，这些文章仍会散落四处。葛兆光老师一心向学，专注、敬业，一直是我读书和写作的楷模。他爽快应允为拙文结集作序，给了我莫大的信心和鼓励。对葛老师的谢忱，深怀在心，在此难以言表。在此，我要特别向中国社会科学院高山杉老师和北京外国语大学王丁老师表示由衷的感谢。他们细心阅读校样，指出文中多处错误，耐心予以指正。两位老师精益求精做学问的态度提醒我往后阅读史料时不得有丝毫马虎。笔者才疏学浅，文集中难免还有讹误，在此恳请读者谅解和指正，不过书中的所有错误均由作者承担。

图书在版编目（ＣＩＰ）数据

从中亚古道到新大陆 / 李若虹著. -- 上海 : 上海文艺出版社, 2024
ISBN 978-7-5321-8996-0

Ⅰ．①从… Ⅱ．①李… Ⅲ．①文史－文集 Ⅳ．①C53

中国国家版本馆CIP数据核字(2024)第063125号

发 行 人：毕　胜
责任编辑：肖海鸥
封面设计：周安迪
内文制作：常　亭

书　　名：从中亚古道到新大陆
作　　者：李若虹
出　　版：上海世纪出版集团　上海文艺出版社
地　　址：上海市闵行区号景路159弄A座2楼 201101
发　　行：上海文艺出版社发行中心
　　　　　上海市闵行区号景路159弄A座2楼206室 201101 www.ewen.co
印　　刷：苏州市越洋印刷有限公司
开　　本：1240×890 1/32
印　　张：10.75
插　　页：11
字　　数：228,000
印　　次：2024年7月第1版 2024年7月第1次印刷
Ｉ Ｓ Ｂ Ｎ：978-7-5321-8996-0/I.7086
定　　价：68.00元
告 读 者：如发现本书有质量问题请与印刷厂质量科联系　T:0512-68180628